JN006545

楽しみの技法
趣味実践の社会学

秋谷直矩・團 康晃・松井広志
編

edited by
AKIYA Naonori,
DAN Yasuaki,
MATSUI Hiroshi

ナ カ ニ シ ヤ 出 版

目　次

トランスクリプト表記法凡例

本書に収録されている論考のいくつかでは、人びとのやりとりを転記（トランスクリプション）するために、ゲイル・ジェファーソン（Jefferson 2004）によって考案された書き起こし記号を用いている。本書では、それを日本語へ適用した表記システム（西阪・串田・熊谷 2008）に若干の変更を加えたものを採用している。本書で使用している記号は以下のとおりである。なお、章によっては必要に応じて追加・省略している。詳細については、各章を参照されたい。

、	音調がまだ発話が続くように聞こえることを示す。
?	語尾の音調が少し上がっている。
↑	直後に声がかなり高くなっている。
↓	直後に声がかなり低くなっている。

::	直前の音が延びている。コロンの数が多いほど長く延びている。
-	声が途切れている。
〉〈	この記号で挟まれている部分の発話の速度が相対的に早い。
°°	この記号で挟まれている部分の発話の音声が相対的に小さい。
=	この記号をつけた上下行の発話が間髪入れずに続いている。
(言葉)	括弧内の発話がはっきりと聞き取れないことを示す。
(空欄)	括弧内の発話が聞き取れないことを示す。
(数字)	括弧内の数字分（0.1 秒刻み）の沈黙がある。
(.)	0.2 秒未満の沈黙がある。
(nod)	頷いている。
(( ))	括弧内に分析者による注記を示す。
hh	呼気音。
gh	吸気音。
h	笑い声（hehehe/hahaha/huhuhu と表記される場合もある）
言(h)葉(h)	笑いながら話している。
¥言葉¥	笑い出しそうな声で話している。
[	この記号をつけた上下行の発話が同時に始まっている。

参考文献

Jefferson, Gail 2004 "Glossary of transcript symbols with an introduction," in Gene Lerner (ed.), *Conversation Analysis : Studies from the first generation*. John Benjamins, 13–31.

西阪仰・串田秀也・熊谷智子 2008「特集『相互行為における言語使用――会話データを用いた研究』について」『社会言語科学』10 (2) : 13–15.

はじめに

團 康晃

あなたの趣味は何ですか

新型コロナウィルス感染症緊急事態宣言が明けておよそひと月がたった、2020年の7月にこの文章を書いています。私たちがこれまで何気なくやってきた楽しみや趣味は、新型コロナウイルスを想定した「新しい生活様式」のもとで大きく変わりました。例年であればゴールデンウィークに観光地へ旅行に行ったり、週末に趣味のサークルを楽しんだり、友だちとカラオケに行ったりすることを楽しんできたのではないでしょうか。しかし今は自粛ムードの中で、人と会う楽しみを避けていることに気づきます。

私はここ数年、社会調査の授業で、学生とともに街にでて参与観察を行っていました。しかし、今年は遠隔授業のためできませんでした。その代わりに、コロナ禍の下で日々の楽しみや趣味をどのように経験しているのか、その日常を対象にフィールドノートを作成してもらいました。

例えば、コンサートに行くのを楽しみにしていた学生は、コロナ禍でコンサートが中止になってしまったことに落胆しながらも、ふだんは会場でしか購入できないファングッズの販売がオンラインでも可能になったことを、趣味をとおして出会った友達とSNS上で喜びあい、コロナ禍の下でも休みにはならないアルバイトをこなしていました。平日のアルバイトはコンサートの遠征費用を捻出するためでもありました。それがコンサートは中止になり、アルバイトの休憩時間にコンサート仲間とソーシャルメディアを介して、つかの間の物販を楽しむことに。そこには「緊急事態宣言」下ゆえのこれまでとはまったく異なる楽しみ方、「楽しみの技法」がみられます。このエピソードは、コロナ禍における大学生の新しい楽しみの技法を示すエピソードですが、それと同時に私たちがこれまでどういう仕方で、どんな「楽しみの技法」を用いて、趣味や楽しみを経験していたのかを、あらためて考えさせるものでもあります。

ふだん何かの趣味や楽しみを経験するとき、ライブハウスやカラオケボックスのような施設や、スマートフォンやゲーム機といったメディア、そしてそこに参加する人びとのやりとりをことさら意識することはないでしょう。しかし、こうした状況の変化の中で、対面では会えない仲間とオンライン会議システムやSNSでやりとりすることで、ふだんの「やりとり」がいかなるものだったのか、そのやりとりが可能になっていた「メディア」がいかなるものだったのか、今、意識することができるのではないでしょうか。

本書が目指しているのは、今述べたような私たちがふだん何気なくやっている趣味や楽しみが、どんなメディアで、どんなやりとりをとおして組み立てられているのか、その実践を具体的な相互行為としてとらえ、そこに用いられている方法、つまり「楽しみの技法」とでも呼べるものを描き出すことです。

本書のタイトルは、『楽しみの技法』です。「趣味」ではなく「楽しみ」を主題にもってきました。「趣味」という言葉には、「ホビー」、つまりある種の娯楽や余暇活動という意味と、「テイスト」、つまり美的な判断、嗜好という意味という大きな二つの用法があります。本書の対象となるのは、いわゆる前者の特定の活動としての「趣味」、ホビーですが、ここで「趣味」に関する調査をしたときの印象的なエピソードを紹介したいと思います。

趣味についてのアンケート調査には、しばしば「あなたはどのような趣味をお持ちですか」という質問があります。以前、私はこの質問を対面でのサーベイインタビューで問うことがありました（詳しくは北田・解体研 2017 第三章を参照）。回答者は大学生の方でした。私がこの質問文を読み上げると、回答者は口ごもりながら、「ほんとに、ちゃんと言えるような趣味がなくて、人に胸張って言えるような趣味がなくて……」という前置きを述べ、その後に「好きなことは、まぁ服を買ったりっていうか、見たりとか、あとは最近はまぁ、映画？　観たり、行ったり、DVD借りて観たりとか……」と回答を続けました。

私たちは、「趣味」について研究しようとするとき、しばしば誰かが楽しんでいる活動を「趣味」＝「ホビー」と考えがちです。しかしながら、この回答の前置きからもわかるように、その活動を「自分の趣味」として表明するかどうかは、その回答を向ける相手や、その回答がなされる場面によって変わってきます。

さらにいえば、こうした活動は研究領域によって、「趣味」としてだけでなく、「余暇活動」や「遊び」、「楽しみ」など、様々な概念で表現されます。本書の議論は、特定の研究領域から特定の活動を定義することからはじめるのではなく、私たちがふだん何気なく楽しんでいることが、どんなやりとりやメディアを通して組み立てられているかを明らかにすることを目指しています。「楽しみの技法」というタイトルは、そうした方針を表明したものです。

「あなたの趣味は何ですか」という質問についてもう一つエピソードがあります。アンケート調査のための調査票を作るとき、この質問への回答欄には様々な「趣味」が列挙されています。筆者が参加した調査（詳しくは北田・解体研 2017）では、「音楽鑑賞・オーディオ」、「楽器演奏（バンド、オーケストラ含む）」、「自分でやるスポーツ」、「スポーツ観戦」、「映画や演劇鑑賞」、「テレビ」から「趣味はない」まで 22 項目の中から、あてはまるものすべてにチェックをしてもらい、最も大切な趣味に二重丸をつけてもらうというものでした。

この質問を作成するとき、様々な「趣味」についての質問の先行事例を参考にします。先行研究での質問項目に列挙された様々な「趣味」をみていくと、調査が実施された時代によって選択肢に並ぶ「趣味」活動が異なっていることがわかります。音楽鑑賞やスポーツといったいわゆる定番の趣味もあれば、その時代の流行だったものもあります。

「歌は世につれ、世は歌につれ」といいますが、「趣味は世につれ、世は趣味につれ」とでもいいましょうか。社会の中で趣味は生まれ、趣味は楽しまれ、いくつかの趣味はある時期で消え去り、いくつかの趣味は残っていく。

2020年前後でより劇的に変わるのかもしれません。そんなことを考えるとこうも思うのです。消え去った趣味をかつて人々はどう楽しんでいたのだろう。あるいは定番化された趣味であっても、今と昔で楽しみ方はだいぶ違うかもしれない。趣味を人々はどう楽しんできて、今どう楽しんでいるのだろうか。

そうした疑問に答えるための一つのやり方はその趣味実践、楽しみをともなう活動そのものがどんな活動として経験されてきたのかを描くことでしょう。ある時代のある人々が具体的にどんなメディア、道具を用いて、ある楽しみを経験していたのか記述することは、現代の趣味実践を研究対象にするにしろ、過去の趣味実践を研究対象にするにしろ、大切なことです。

たとえば、私は2009年から中学校でのフィールドワークをとおして、紙の書籍となったケータイ小説がどのように読まれているのかを明らかにしました（團 2013、その調査の背景やアプローチの仕方については團 2017)。私が注目した、書籍となったケータイ小説を読むという実践は、ケータイ小説ブームの中では見落とされてきました。当時の文脈では、若者が「ケータイ」というメディアを利用して新奇な小説を書いていることばかりが注目されていたのです。しかし、小中学生という一日の大半を、「ケータイ」を使えない学校で過ごす者たちにとって、「紙の書籍」というメディアでケータイ小説を読むことは理にかなっていました。紙の書籍だからこそ「貸し借り」ができ、「貸し借り」はコミュニケーションの機会を生み出していました。学校の中には「紙の書籍のケータイ小説」をめぐるある種の「楽しみの技法」があったわけです。この事実は、ケータイ小説が書籍としてベストセラーになっていたことの背景の一端を説明するものでしょう。もちろん、「ケータイ」で物語を書くという実践自体は当時新しく、注目に値するものでした。しかし、ケータイ小説が実際には書籍となって学校の中で広く読まれていること、実践としてのケータイ小説の読書をめぐる諸活動を明らかにすることもまた、メディアミックスがもたらす読書環境や子どものメディア利用状況、学校の中の楽しみの経験を明らかにするうえでは重要なものだったといえます。

このように、趣味実践や楽しみをともなう活動がいかなるメディア、いかなる方法、技法を用いて経験されているのかを、具体的な事例をとおして明らかにすることは、広く社会学にとって意義があり、そしてこれから変わるかもしれない私たちの生活の楽しみの経験を描くためにも意義があります。

ここまで本書のコンセプトについて、私の個人的な経験から述べてきました。次項では、趣味や楽しみをともなう活動を対象としてきた研究領域がいかなるものか大まかな整理を示したいと思います。ただこうした活動は、きわめて多様な学問領域から、学際的にアプローチされてきました。先述のとおり、「趣味」という概念だけではなく、「余暇」や「遊び」といった様々な概念で、特定の活動は名指され、研究対象となってきました。それぞれの研究領域も明確に独立しているというよりはきわめて緩やかなつながりをもって展開されています。

戦後における著名な切り口だけでも、大衆社会論やサークル運動論、余暇研究、レジャー・スタディーズ、遊び論、消費社会論、都市論、メディア論、若者論などきわめて多様です。「はじめに」という限られた紙幅で戦後のきわめて多様な研究を十全に紹介することはできません。とはいえ、できる限り、各領域における主たる著作、研究に触れながらレビューを示したいと思います。

いくつかの先行研究の整理

まず踏まえておくべき先行研究として「余暇研究」「レジャー・スタディーズ」があります。1960年代は「余暇」や「レジャー」への注目が集まる時代でした。「余暇」は生活時間における寝食などの生理的に必要な時間と労働時間を除いた自由な時間の活動としてとらえられていました。つまり井上俊が強調するように「余暇」は「時間的な」概念であり（井上 1995: 3）、いわば1週間や1年といった時間幅を区分し、その中の余暇の量やそこで従事する余暇活動の改善や提案が、余暇研究の背景にはありました。1977年からは余暇についての大規模な実態調査が実施され、「レジャー白書」が発行されています。

これらの研究は、ツーリズム研究やファン研究とも学際的に連関しながら、個別具体的なレジャーを対象とした研究も蓄積され（瀬沼ほか編 2004、渡辺編 2015)、近年では欧米圏のレジャー・スタディーズにおける「シリアスレジャー」概念の紹介（杉山 2019）など、人々の「レジャー」への参加の多様性を踏まえた具体的な研究が期待されています。

次に「余暇」や「レジャー」概念とは異なる切り口として、「遊び」への注目があります。日本における「遊び」の社会学的な研究では井上俊の『遊びの社会学』（井上 1977）が著名です。そこでは「遊び」に関する哲学、ホイジンガ（Huizinga 1938＝1971、2018）やカイヨワ（Caillois 1958＝1990)、あるいは戦前における「娯楽」研究の先駆である権田保之助（権田 1974–5）を踏まえ、「遊び」や「娯楽」とは何か、その活動自体を問い直す理論的な主張が示されています。

また「遊び」については近年、「遊び」の哲学を踏まえ、道具や場所といった具体的な遊びの要素に注目した研究も翻訳されました（Sicart 2014＝2019)。さらに「遊び」に関連する領域として、近年では「ゲーム」の研究も社会学や美学など学際的に展開されています（松井ほか編 2019)。

1980 年代以降に隆盛した領域として、消費社会論や都市論、メディア社会論があります。これらの領域では、研究対象となる趣味や楽しみをともなう活動への参加者が「若者」であり、その舞台が都市やメディアです。

たとえば若者の楽しみは、ひとつには都市を舞台とした消費として描かれます。森川嘉一郎は秋葉原が電気街から「オタク」の街になっていく歴史、つまり「趣味」が都市を変えていく過程を描き（森川 2003⇒2008)、北田暁大は森川をはじめとした都市論の議論を踏まえ、「趣味」の都市、消費の舞台となっていた都市が、「その固有名がもたらすイメージによって人びとを引き寄せる舞台としてではなく、情報量・ショップの多さというなんとも色気のない数量的な相対的価値によって評価される「情報アーカイブ」として機能してい」く現状を指摘しています（北田 2002⇒2011 : 126)。

もうひとつ、1980 年代以降、都市論とともに注目されたのは、メディア社会論です。テレビゲームやポケベル、携帯電話などの新しいメディアが登場するなかで、若者の遊び、若者のコミュニケーションが注目を集めました（辻・南田・土橋 2018 など）。

こうした展開の背景には、「大衆」を対象とすることの困難がありました。戦後、小説や映画、音楽などのマス・コミュニケーションは思想の科学研究会の鶴見俊輔（鶴見 1950）や桑原武夫の大衆小説研究（桑原 1964）や見田宗介の流行歌の研究（見田 1978⇒2012）など、広く「大衆社会論」と呼ばれる領域において研究対象となってきましたが、1990 年代になると「大衆」ではなく、「若者」が「サブカルチャー」を新しいメディアで消費するものとして研究されるようになりました。大衆社会論からサブカルチャー研究への展開を象徴する研究として、宮台真司らの『サブカルチャー神話解体』（宮台・石原・大塚 1993⇒2007）があります。宮台らは若者を対象とした計量調査を実施し、様々なサブカルチャーについて分析を行っています。

さらに、上に示してきた消費社会論、都市論、メディア社会論は、2000 年代における東浩紀の「おたく」についての批評（東 2001、東 2007）や、日本におけるカルチュラル・スタディーズ（吉見編 2001、上野・毛利 2000 など）とも深く関わりながら、都市やメディアを舞台とする、様々なファンやオーディエンス研究の展開の素地を作っていったといえます。

例えば「オタク」や「腐女子」「アニメファン」についての研究や（村瀬 2003、金田 2007、東 2015、永田・松永編 2020 など）、ジャニーズファンの研究（辻 2007、近年の研究としては台湾のジャニーズファンを対象とした陳 2014）があります。「ファン研究」「ファンダム研究」と呼ばれる研究は、近年では先に示したような日本の研究だけでなく、海外の「ファンダム研究」を紹介するかたちでも展開されつつあります（池田 2013）。

いま、整理してきた 1980 年代から 2000 年代にかけての研究、特に消費社会論や都市論、メディア社会論は、長谷正人が指摘しているように（長谷 2006）、対象だけでなく方法論自体が当時の現代思想ブームと共振した「ポストモダンの社会学」でした。さらに長谷は「ポストモダンの社会学」が「真面目」化していく事態を「責任と正義の社会学」と呼んでいますが、1990 年代後半以降、若者の就労問題が社会問題化するなかで、趣味や楽しみの研究は、労働や生活、就業環境との関係から、ただの楽しみではなく社会問題とセットで論じられることも増えました（たとえば新谷 2002、阿部 2006）。

2000年代後半以降の「趣味」の研究では、趣味を介した「つながり」、「趣味縁」が注目されます（上野編 1988⇒2008 における 80年代の主婦たちの「女縁」、「選択縁」の研究はこうした「縁」に注目した嚆矢の一つだといえます）。政治学者ロバート・パットナムの『孤独なボウリング』（Putnam 2000＝2006）に代表されるような社会関係資本論を踏まえ、日本の若者を対象とした趣味縁研究がなされています（浅野 2011）。そこでは私的な活動である趣味への参加、そこでのつながりが、政治的な関心や信頼や公共性を醸成しうる可能性が模索されます。これもまた、長谷が指摘したポストモダンの社会学以降の一つの展開として位置づけられるかもしれません。

そして、2010年代にはいると、戦後のサークル運動をはじめとした趣味を介した人々の運動についての歴史研究（天野 2005、水溜 2013、長崎 2013）や、個別の趣味について、雑誌メディアを資料にアプローチする研究（神野・辻・飯田 2019）がなされています。戦後の日本社会における「趣味」とは何だったのか、その一端を明らかにするものだといえるでしょう。そして、現代の趣味実践を対象とした研究でも、近年では、趣味の社会学の金字塔であるピエール・ブルデューの『ディスタンクシオン』（Bouldieu 1979＝1989・90）を日本の文脈で展開した片岡栄美の『趣味の社会学』（片岡 2019）や北田暁大・解体研による『社会にとって趣味とは何か』（北田・解体研 2017）がありますが、特に後者では、先に紹介した「あなたの趣味は何ですか」という問いのエピソードに象徴的なように、「趣味」ということ自体を、今一度具体的なデータからとらえ直すことを試みています。

こうしたとらえ直しについては、「レジャー・スタディーズ」や「ファン研究」などでも類似の機運があると私は理解しています。レジャー経験とは何か、ファンであることとはいかなることか、メディア環境が変化し、そこに参加する人びとの経験が劇的に変化していくなかで、あらためて問い直されはじめているのではないでしょうか。

本書の立場

ここであらためて本書の立場を確認したいと思います。これまでのレビューを踏まえ、冒頭で紹介したコロナ禍の下での学生のエピソードを思い出すと明瞭でしょう。私たちはふだん、何者として、どんな技法、メディアを用いて「楽しみ」を経験しているのでしょうか。私たちは「趣味」や「ファン」であることを明確なものとしてとらえすぎていたのかもしれません。いま大切なことは、「趣味」や「ファン」であることを前提とするのではなく、私たちが何気なく楽しんでいる実践そのものに立ち返ってみることです。実践に立ち返り、楽しみを可能にしている「楽しみの技法」、つまりメディアややりとり、参加者のアイデンティティの諸相をつぶさにみることで、私たちは現代における「趣味」や「楽しみ」がいかにして経験されているのか、あらためて気づくことができるでしょう。これが本書の立場です。

例えば、本書の第１章・大西論文は、趣味や楽しみを介して集まるときに私たちが何をしているのか、まじめに趣味活動をしたり、息抜きにおしゃべりしたりといった複数の活動が織り成されながら、一つの経験がなされていることに気づかせてくれます。

このように、私たちがふだん経験しているけど見落としていた「楽しみの技法」はたくさんあります。第５章・吉川論文は、カラオケでの選曲をめぐるやりとりを取り上げます。カラオケに行ったことがある人なら経験したことがあるであろう、あの緊張感を相互行為として描き出しています。

第６章・秋谷論文は、余暇研究やレジャー・スタディーズにおける重要なトピックである観光実践について、ビデオデータを用いて実際に観光地を歩きながら友人たちと話すという実践の構造を明らかにしています。

第３章・松永論文は、趣味実践そのものではなく、仕事と趣味、やりたいことをめぐるインタビューの人生の語りを扱います。趣味と仕事をめぐる葛藤は、人生やキャリアのなかで特に重要なものとなることが少なくありません。松永論文はそこに注目しています。

また、楽しみをともなう活動はメディアと切っても切り離せません。第７章・佐藤論文は、様々なメディアが都市におけるスポーツの楽しみ方を変えていった様を描いています。チームスポーツと考えられがちなフットサルは、現代の都市において「おひとりさま」向けのサービスとしても提供されているのです。

第８章・松井論文は、既存の研究では見落とされがちな楽しみのためのメディア——ここでは「たまごっち」——の歴史を明らかにします。今となってはスマホでゲームをすることはあたり前のことになっていますが、二十数年前はどうだったか。ある時代の楽しみを可能にしたモノの基盤とその変化を描き出します。

いわゆるメディアコンテンツを扱っているのは、第２章・團論文と第４章・岡沢論文です。第２章・團論文は、オンライン小説投稿サイトの感想欄でのやりとりに注目します。ソーシャルメディアで書かれ、読まれるオンライン小説。その感想欄での作者と読者のやりとり、協働を明らかにします。

第４章・岡沢論文は、コメディ映画を対象とします。コンテンツを観て「楽しむ」「笑う」というとき、そこにいかなる仕組みがあるのか。私たちがふだん何気なく経験している「楽しみの技法」を明らかにします。

このように本書は、それぞれの章で先行研究が積み重ねてきた重要なテーマを受け継ぎつつも、具体的な趣味実践、楽しみをともなう活動を事例として、そこでのメディア利用ややりとりに注目することで、新しい知見を示そうとしています。

さらにいえば、本書の方針は、まだ先行研究がないような趣味や楽しみをともなう活動をも、重要な研究として展開できる可能性に開かれていると考えています。趣味や楽しみをともなう活動は、本人にとって趣味の自覚があるものであれ、趣味というほどではない何気ない暇つぶしのようなものであれ、その活動自体をつぶさにみていくことでそれを可能にする「楽しみの技法」を見出すことができます。その活動がどのように組み立てられているのか、その構造を明らかにすることは、社会学にとって重要な研究テーマになりうるのです。

そして、各章を読んでもらえればわかるように、本書では注目している趣味実践、楽しみの技法を明らかにするため、その対象にあわせた調査手法とデータが用いられています。参与観察のフィールドノートから、聞き取り調査のトランスクリプト、ビデオデータのトランスクリプトや、テレビやインターネットのコンテンツ、雑誌資料をはじめとしたテキストデータまで多岐にわたっています。

現代社会における「趣味実践」「楽しみ」のあり方はきわめて多様であり、その変化も劇的です。そうした楽しみを理解するためには、既存の研究のフレーム、既存の研究方法にとらわれずに、いま目の前にある楽しみ、趣味実践に身を投じ、その実践を理解し、その実践を分析するためのデータから、その仕組みを記述していくことが、より一層重要になっていくにちがいありません。本著はこうした趣味を取り巻く現状にアプローチするための様々な方針を提示するものです。

本書の構成

最後に本書の構成について紹介します。

本書は、大きく3部構成になっています。各部の冒頭に解説があります。第I部は「趣味の境界」。ここでは本書のタイトルである、「楽しみの技法」の基本的なコンセプトおよび、趣味実践を記述していくための重要な概念についての説明を行っています。特に、実践をみる視座およびその環境と実践の関係をみていくということは、先行研究においては十分でなかったところがあります。ここでは、そうした先行研究が見落としてきたトピックに光を当てることで、趣味実践をよりよく記述していくための切り口を示します。

第II部は「趣味の実践学」として、エスノメソドロジー・会話分析の立場から趣味を分析しています。解説においては「エスノメソドロジー・会話分析」の基礎概念と、とりわけ、趣味を対象とするエスノメソドロジー・会話分析の諸研究が紹介されています。

第III部は「趣味のアルケオロジー」として、メディア史の立場から趣味を分析しています。解説においては、近年のメディア史的アプローチから趣味を研究するための基礎概念と、研究領域の展開のレビューがなされています。

各章の終わりにはその章についての「解説」と「ディスカッション」があ

ります。解説では、章の本文で示された議論の大きな背景を示しています。本章で示した大きな整理以上の、各章個別の文脈が補足されるので、そこで示される議論を踏まえて、次に読むべきテクストを見つけ、発展させることができます。また、「ディスカッション」では、各章の執筆者から、章を読んだうえでより分析を理解するための、あるいは応用的な調査ができるようになるためのいくつかのワーク課題が提示されています。各自でやってもらっても、ゼミでの課題としてもらってもかまいません。有効活用してもらえれば幸いです。

参考文献

浅野智彦 2011『趣味縁からはじまる社会参加（若者の気分）』岩波書店。
東園子 2015『宝塚・やおい、愛の読み替え——女性とポピュラーカルチャーの社会学』新曜社。
東浩紀 2001『動物化するポストモダン』講談社現代新書。
東浩紀 2007『ゲーム的リアリズムの誕生』講談社現代新書。
阿部真大 2006『搾取される若者たち——バイク便ライダーは見た！』集英社新書。
天野正子 2005『「つきあい」の戦後史——サークル・ネットワークの拓く地平』吉川弘文堂。
新谷周平 2002「ストリートダンスからフリーターへ——進路選択のプロセスと下位文化の影響力」『教育社会学研究』71:151-170。
池田太臣 2013「共同体、個人そしてプロデュセイジ——英語圏におけるファン研究の動向について」『甲南女子大学研究紀要人間科学編』49: 107-119。
井上俊 1995「生活の中の遊び」『岩波現代講座 20　仕事と遊びの社会学』岩波書店。
井上俊 1977『遊びの社会学』世界思想社。
上野千鶴子編 1988⇒2008『「女縁」を生きた女たち』岩波現代文庫。
上野俊哉・毛利嘉孝 2000『カルチュラル・スタディーズ入門』ちくま新書。
片岡栄美 2019『趣味の社会学——文化・階層・ジェンダー』青弓社。
金田淳子 2007「マンガ同人誌——解釈共同体のポリティクス」佐藤健二・吉見俊哉編『文化の社会学』有斐閣、163-190。
北田暁大 2002⇒2011『増補　広告都市・東京——その誕生と死』ちくま学芸文庫。
北田暁大・解体研 2017『社会にとって趣味とは何か』河出書房新社。
桑原武夫 1964『「宮本武蔵」と日本人』講談社現代新書。
権田保之助 1974-5『権田保之助著作集』（全４巻）文和書房。
神野由紀・辻泉・飯田豊 2019『趣味とジェンダー——〈手作り〉と〈自作〉の近代』青弓社。
杉山昂平 2019「レジャースタディーズにおけるシリアスレジャー研究の動向——日本で

の導入に向けて」『余暇ツーリズム学会誌』6:73–82。
瀬沼克彰ほか編 2004『余暇学を学ぶ人のために』世界思想社。
田中研之輔 2016『都市に刻む軌跡――スケートボーダーのエスノグラフィー』新曜社。
團康晃 2013「学校の中のケータイ小説――ケータイ小説をめぐる活動と成員カテゴリー化装置」『マス・コミュニケーション研究』82:173–191。
團康晃 2017「学校の中の調査者――問い合わせから学校の中ですごすまで」前田拓也ほか編『最強の社会調査入門』ナカニシヤ出版。
陳怡禎 2014『台湾ジャニーズファン研究』青弓社。
辻泉 2007「関係性の楽園／地獄――ジャニーズ系アイドルをめぐるファンたちのコミュニケーション」玉川博章ほか『それぞれのファン研究――I am a fan』風塵社。
辻泉・南田勝也・土橋臣吾 2018『メディア社会論（有斐閣ストゥディア）』有斐閣。
鶴見俊輔 1950「日本の大衆小説」思想の科学研究会編『夢とおもかげ――大衆娯楽の研究』中央公論社。
長崎励朗 2013『「つながり」の戦後文化史誌――労音、そして宝塚、万博』河出書房新社。
永田大輔・松永伸太朗編 2020『アニメの社会学』ナカニシヤ出版。
長谷正人 2006「分野研究動向（文化）――「ポストモダンの社会学」から「責任と正義の社会学」へ」『社会学評論』57（3）：615–633。
松井広志ほか編 2019『多元化するゲームと社会』ニューゲームズオーダー。
水溜真由美 2013『『サークル村』と森崎和江――交流と連帯のヴィジョン』ナカニシヤ出版。
見田宗介 1978⇒2012『近代日本の心情の歴史（定本 見田宗介著作集第四巻）』岩波書店。
宮台真司・石原英樹・大塚明子 1993⇒2007『増補 サブカルチャー神話解体――少女・音楽・マンガ・性の変容と現在』ちくま文庫。
村瀬ひろみ 2003「オタクというオーディエンス」小林直毅・毛利嘉孝編『テレビはどう見られてきたのか――テレビ・オーディエンスのいる風景』せりか書房。
森川嘉一郎 2003⇒2008『趣都の誕生――萌える都市アキハバラ』幻冬舎文庫。
吉見俊哉 1987⇒2008『都市のドラマトゥルギー』河出文庫。
吉見俊哉編 2001『知の教科書――カルチュラル・スタディーズ』講談社メチエ。
吉見俊哉・北田暁大編 2007『路上のエスノグラフィ――ちんどん屋からグラフィティまで』せりか書房。
渡辺潤編 2015『レジャー・スタディーズ』世界思想社。

Bouldieu Pierre 1979 *La Distinction : Critique sociale du jugement*, Editions de Minuit.（石井洋二郎訳『ディスタンクシオンⅠ・Ⅱ』藤原書店、1989・90 年）
Caillois, R. 1958 *Les Jeux et les Hommes*［*Le masque et le vertige*］, Gallimard.（多田道太郎・塚崎幹夫訳『遊びと人間』講談社学術文庫、1990 年）
Huizinga, J. 1938 *Homo ludens*, The Beacon Press.（高橋英夫訳『ホモ・ルーデンス』中央公論社、1971 年／里見元一郎訳『ホモ・ルーデンス』講談社学術文庫、1971⇒2018 年）
Putnam, Robert D. 2000 *Bowling Alone : The Collapse and Revival of American Commu-*

nity, Simon and Schuster.（柴内康文訳『孤独なボウリング――米国コミュニティの崩壊と再生』柏書房、2006 年）
Sicart, Miguel 2014 *Play Matters*, MIT Press.（松永伸司訳『プレイ・マターズ　遊び心の哲学』フィルムアート社、2019 年）

第Ⅰ部

趣味の境界

1　趣味の境界という切り口

本書『楽しみの技法』に収録されている論考はすべて具体的な趣味実践の事例、具体的なデータに強く依拠しています。このことは重要です。社会学はこれまで様々なかたちで、趣味を扱ってきました。たとえば「はじめに」で示したように、「消費社会論」であったり、ブルデューの理論のように、人びとの趣味のあり方から社会を説明してきました。それは昔から、そして今も、趣味をテーマに社会学をするときのひとつの重要なやり方でしょう。一方で、なんらかの理論的な知見を前提とせずとも、そこで経験されていることを記述すること、「楽しみの技法」を明らかにすることは非常に重要な社会学的な仕事になりえます。これは本書の論考の基本的なスタンスの一つです。

第Ⅰ部には、大西未希「趣味の集まりの中の活動時間と気晴らし――服飾製作サークルを事例に」、團康晃「可視化される読者共同体――オンライン小説投稿サイトにおける感想欄の相互行為分析」、松永伸太朗「「やりがいのある仕事」にたどり着くこと――趣味を職業にすることとキャリア形成」の3章が収録されています。

これらの三つの論考は、それぞれ異なる対象、異なる調査方法、異なる質のデータにもとづいて書かれたものです。ここではこの三つの論考がどのように「趣味」をめぐる様々な先行研究を踏まえ、先行研究が見落としてきた様々な課題に対し、なんらかの知見を示しているのかを確認することをとおして、「楽しみの技法」を描くための方針を示したいと思います。第Ⅰ部の解説では、そうした知見の提示の仕方を紹介するための共通の切り口として、「趣味の境界」というキーワードをおきました。

「趣味の境界」というキーワードは、私たちが何となくイメージする「趣味」観を一度解除し、実際の活動に目を向けるためのものです。そしてその活動のとらえ方として、ここでは活動の複層性（マルチアクティヴィティ）やメディア、そして仕事との境界という切り口から解説を試みたいと思います（趣味の境界としての切り口はこれだけでなく、様々にありえますが）。

第Ⅰ部の各章を読むと、どの筆者も「趣味」とは何か定義するのではなく、別様のやり方でアプローチしていることがわかります。それは「趣味」とは何かという定義に無頓着であったり、居直ったりしているわけではありません。さきに確認しておきたいのは、私たちは日々楽しみにしている様々な活動を、必ずしもつねに「趣味」だと自覚しているわけではないということです。

考えてみると「趣味とは何か」という問いは私たちの生活の中でそんなに頻繁に出会えるものではありません。多くの人は、趣味活動に没頭しているとき、ふつう「私の趣味は何だろう……」「これは私の趣味なんだろうか……」と自問自答することなく、その活動をそれぞれの没頭の仕方で楽しんでいることが多いのではないでしょうか。むしろ「趣味」とは何かという問題に頭を抱えている人は、この本に関心を持って読んでいるあなたを含めた、趣味を「研究」の文脈で扱おうとする人たちだったりします。

その活動を対象として、何と呼べばいいかよくわからないけれど、そこで人びとが楽しんでいる活動がそこにあるのなら、その楽しみがいかなるものか、そこで用いられる「楽しみの技法」を描き出してみる。こうしたアプローチは、人びとの社会生活の一端を明らかにするという点で意味があります。

それどころか、こうした具体的な実践の記述が、理論的な議論に寄与することは少なくありません。例えば岡澤康浩・團康晃「読者たちの「ディスタンクシオン」」（岡澤・團 2017）では、アンケート調査における「趣味」についてのやりとりに見られる「特定の文化的活動に従事すること」とそれを「趣味として自認すること」の違いについて注目し、その区別を踏まえて、計量調査で得られたデータを分析しています。私たちがふだんやっているけれど気づいていない技法を明らかにすること自体に意味があり、その技法を踏まえることで、他の研究もより発展的な知見、主張が可能になりうるはずなのです。

そう考えると、まず参加者に「趣味」として自覚があるにしろないにしろ、楽しみをともなう活動を人びとがどう経験したり、認識しているのかを明らかにするというアプローチを続けることには意味があるでしょう。つまり既存の「趣味」活動として研究されてきた活動に注目し、その活動が具体的にどのような特徴を持っているのか、明らかにするというやり方です。つまり本著のタイトルである「楽しみの技法」を明らかにしようというものです。

とはいえ何らかの楽しみをともなう活動をつぶさに描きだすということがどのような意味で社会学になりうるのでしょうか。以下では第Ⅰ部の三つの章を事例に、そのやり方を示します。

2　マルチアクティヴィティと趣味の境界

ある研究がある学問領域に寄与するためには、当然ながらその領域の先行研究を踏まえ、いまだ明らかになっていない問いを設定し、その問いを明らかにしなければなりません。先行研究を踏まえた適切な問いを設定することが大切です。答えるべき問いは、あくまで先行研究を踏まえて、あなたが示すべきものであり、大きすぎる問いを背負う必要はありません。特に、趣味や楽しみに関する研究は必ずしも社会問題などの大きな問いとは直結しないことがあります。しかしながら、そこに参加している人の楽しみがいかなるものか、その経験の構造を明らかにすることも、問いの立て方次第ではきわめて重要な社会学的な仕事になります。

第1章・大西論文は趣味実践の歴史研究が指摘してきた、趣味活動と集まることの複層性に注目しています。これはサークル運動論をはじめ趣味を介した集まりについての研究、特に歴史的な研究で指摘されてきたものです。例えば、山﨑沙織は「長野県PTA母親文庫」の活動に注目し、参加者がただ読書をしていたのではなく、そこでおしゃべりをしたり、歌を歌うといった気晴らしが同時になされていたことを指摘しています（山﨑 2015）。しばしば「趣味」に注目すると前者ばかりに目をひかれますが、母親文庫という活動は後者の気晴らしを含めた多様な活動を含むものとして経験されていることが重要なのです。

そして、大西はこうした集まりにおける活動の複層性に注目し、高校におけるファッションショー製作委員会という「集まり」が相互行為としてどのように経験されているのか、社会学者アーヴィング・ゴフマンの『集まりの構造』（Goffman 1963=1980）の議論を踏まえ、参与観察データから明らかにしようとしました。つまり先行研究が注目してきた趣味の集まりの複層性という特徴を、相互行為として描き出そうとしたわけです。

ここで描かれている複層性は、近年エスノメソドロジー・会話分析研究でも注目されている「マルチアクティヴィティ」の議論と呼応するものです。マルチアクティヴィティの議論は、1960年代にゴフマンが「関与配分の規則」として先駆的に論じていたものですが、近年エスノメソドロジー・会話分析研究、特にビデオデータを用いた相互行為についての研究で蓄積がなされています（Mondada 2014）。日本語で読めるものとして、西阪仰の東日本大震災後の福島県での足湯ボランティアを対象とした研究があります（西阪ほか 2013）。ここでは足湯ボランティアが行う、マッサージと傾聴という二つの活動の関係を明らかにしています。また團康晃は、読書会でのおしゃべりとコーヒーなどの嗜好品を飲むことという二つの活動の関係を明らかにしています（團 2018）。さらに本書の第6章・秋谷論文も、観光のために友人たちと歩くという活動と、必ずしも観光とは結びつかない様々なトピックの会話が同時に進行しているという点では、マルチアクティヴィティの事例だといえるでしょう。

私たちは何気ないところで、マルチアクティヴィティと呼ばれるような活動をやっていますが、なかなか研究としては注目されてきませんでした。しかしながら、マルチアクティヴィティという視座は、趣味活動や楽しみをともなう活動の経験を理解するうえではとても重要な知見をもたらしうるといえるでしょう。

例えば、サークル運動論然り、ロバート・パットナムの『孤独なボーリング』然り、趣味の研究ではしばしば趣味をフックにした様々な活動（例えば、政治についての議論など）への展開の機会が重要視されていました。つまり、趣味をやるだけでなく、他の何かがその集まりにあることが、先行研究ではしばしば重要視されていたわけです。しかしながら、それが日々具体的な時空間のなかで、相互行為としてどのように経験されているのかは、注目されてきませんでした。

第１章・大西論文では、学校のサークルでの服飾の製作の中で、ある者が衣装を縫いながらケータイで調べた怖い話を読み上げ、周りの者がその話を聞いているというような、マルチアクティヴィティに注目することで、息抜きと作業などの諸活動の関係、趣味とそれ以外の活動の境界は明確になってきます。それは様々な活動が織り込まれながら学校にいること、その経験が編まれていることを具体的に示すものです。学校に通う数年間の中で、１年に一度のイベントという大きな時間の流れがあります。この時間の中で、根詰めて重い空気になるわけでもなく、かといって関係のない息抜きをするためだけではなく、ほどほどのテンションで日々の楽しみを維持する人びとの楽しみの技法があるのです。

こうした技法の解明は、当然学校の中に持ち込まれる趣味や楽しみをともなう活動の経験の一端を明らかにするものですし、土日や大型休暇でなされるような余暇活動とは異なる、日常の中に埋め込まれた休憩、休み時間あるいはある作業をするなかでの弛緩と緊張の経験の一端を明らかにするものでもあるでしょう。

このように、労働と余暇という枠組みで考えるとき、土日や夏休みと平日という区別で、１週間や１年という単線的で量的な時間を想定しますが、ここでみてきたような事例では複数の時間が同時に進んでいるのです。これはメディア利用とも関わってきます。第２章・團論文が扱うオンライン小説もそうでしょう。平日の通勤時間にスマホからオンライン小説投稿サイトに感想を書き込むことができます。広くいえば労働日の中に趣味、楽しみは埋めこまれています。このように活動の複層性に着目することで、人びとが様々なメディアを用いて、複数の活動を日々の生活の中で円滑に切り替えながら過ごしていることも、楽しみの研究の射程に入れることができます。

3 「見失われていた何か」を描くということ

このように、第1章・大西論文は先行研究が見落としてきたこと、あるいは重要だと指摘されながらも具体的には検討されてこなかった側面に注目し、調査を行い、分析を行っています。

こうした研究方針の立て方は、具体的なフィールドをもって調査・研究をする人にとっては有用なものだといえます。対象やフィールド自体が有名であったり、社会的意義が明確なフィールドでなくても、様々な活動に重要な社会学的な知見の萌芽があります。

第1章・大西論文はゴフマンに依拠して書かれたものですが、團論考の視座であるエスノメソドロジー研究では、こうした先行研究によって「見失われていた何か」を描こうとする方針がとられます。それはエスノメソドロジー研究の名付け親であるガーフィンケルが「ワークの研究」と呼んだものです。

ちょうど趣味実践とかかわるエピソードがあるので紹介しましょう。それはエスノメソドロジー研究を展開した社会学者、ハロルド・ガーフィンケルが、ダンスバンドのミュージシャンを対象とした、ハワード・ベッカーの著名な研究（Becker 1951＝1978）に対して行ったとされるコメントです（このエピソードを著書の中で紹介しているリンチによると、このアイデア自体はジャズピアノの演奏法について研究したデヴィッド・サドナウによる指摘らしいですが（Lynch 1993＝2012））。

ベッカーは自身もミュージシャンであり、ダンスバンドのミュージシャンとその聴衆を対象にその意識や制度などの文化的側面について詳しく明らかにしています。ただ、ガーフィンケルはこのベッカーの仕事に対し、ミュージシャンにとって中心的な仕事であるはずの音楽を演奏することそのものについては論じられていないということを指摘しています。「共に演奏するという相互行為的で即興的な「ワーク」——それ自体で社会的現象である——が、ベッカーやそのほかの音楽社会学者には、どういうわけか「見失われて」いたのである」(Lynch 1993＝2012：313)。

こうした指摘は、半世紀以上前に行われたものですが、今もその重要性は薄れていないように思えます。私たちが趣味実践や楽しみをともなう活動を明らかにしたいというとき、しばしばインタビューをしてみたり、その制度について詳しく調べますが、実際にその楽しみとする様々な活動そのものは、分析していなかったりします。

制度や参加者の意識や態度が研究対象になるのです。実際の活動も対象にしたらよいのです。そのための視座としてゴフマンの議論や彼の議論を踏まえたエスノメソドロジー研究の展開があります（その多様な視座の紹介として中河・渡辺 2015；前田・水川・岡田 2007)。調査技法としてもビデオカメラを用いたものなど、実践をとらえやすい精緻なデータ産出が可能になっています。趣味活動は、相互行為としても分析できるのです。研究すべき対象はあらゆるところにあるのです。

第２章・團論文はまさにそうした研究方針のもとなされています。書籍化され書店で売られたオンライン小説を読む人は、オンライン小説投稿サイト上で起こっているやりとりを知らないでしょうし、オンライン小説投稿サイトを日ごろ閲覧し、感想欄にコメントを投稿している人も、そこで自分たちがどんな方法でその楽しみを経験しているのか、何気なくやっていてあまり意識することはないかもしれません。ふだん使っているけれど、気づいていない様々な方法を明らかにしていくことは、それだけでも社会学的な意義があるのです（詳しくは第Ⅱ部の解説を読んでみてください)。

4　メディアと趣味の境界

次のトピックに移りましょう。第１章・大西論文を読むと、制作活動と息抜きがスイッチするとき、学校に持ち込まれるメディア（ケータイ、イヤホン、スピーカーなど）が重要な役割を果たしていることがわかります。活動の境界とメディアの利用は深くかかわっていることがあります。

これは他の趣味や楽しみをともなう活動においても同様です。ソーシャルメディア上でのやりとりを対象とした第2章・團論文や、テレビ番組を対象とする第4章・岡沢論文、たまごっちのようなモバイルメディアを対象とした第7章・松井論文、第8章・佐藤論文のおひとりさまフットサルへの参加において、ソーシャルメディアは重要な役割を果たしています。

趣味実践をつぶさにみていこうとするとき、その活動がどんな環境、道具、メディアのもとで可能になっているのかという点もまた重要な視座になります。これは前節の「見失われていた何か」を描くことと不可分なものです。何かをするとき、それが特定のメディアや道具、環境のもとで可能になっているということはよくあります。文字というメディアや声というメディア、電子メディアといった様々な技術、メディアの登場によって人びとはどんな経験が可能になってきたのか。こうした知見はメディア論やメディア史研究で蓄積されてきました（詳しくは第Ⅲ部の解説を読んでみてください）。

もちろん、歴史的な研究でなくとも、メディアと活動の関係に注目した研究は重要なものでしょう。特定のメディアを使用した活動は、ほかでもないそのメディアだからこその活動の特徴がみられるときがあります。第2章・團論文は、そもそも「小説家になろう」というソーシャルメディアが趣味を可能にする活動の舞台となっている事例でした。「小説家になろう」というサイトの運営側が準備したプラットフォームの上――感想欄――で、書き手と読み手は、やりとりします。そして、その結果書き手がアップした作品は書き直されていくわけです。

このようにメディア上でのやりとりをデータとした分析や、第1章・大西論文のようなメディアを用いた対面的相互行為の分析は、これからその重要性が高まっていくでしょう。前者については2000年代においてはメディア史的研究や、濱野智史によるソーシャルメディア上でのコミュニケーションの研究（濱野 2008⇒2015）やエスノメソドロジー研究でも多くの蓄積があります。メディア上でのやりとりの記録がある以上、それをみて、どんな相互行為がなされているのか分析できます。後者の対面的相互行為におけるメディア、道具の利用についても、ビデオデータを用いた相互行為分析の展開の中で重要なテーマとなっています（たとえば水川・秋谷・五十嵐 2017）。

5　仕事と趣味の境界

最後のトピックは、仕事と趣味の境界です。第２章・團論文の舞台は「小説家になろう」というソーシャルメディアでした。このサイトに投稿すること自体は労働にはなりません。ただ、現代においてはこうしたオンライン小説投稿サイトに投稿された作品の一部はのちに書籍化され、販売されたり、アニメ化されています（田島 2016）。いわゆるメディアミックスです。そういう意味では、趣味で書いた小説がのちに商品となり、その対価を書き手が受け取りうるという状況ができているということになります。実際、オンライン小説投稿サイトには、小説家を目指して小説を投稿している人も少なくありません。

オンライン小説は象徴的な事例ですが、好きなことをして生きていくということは、趣味と労働を考えるうえでは重要なテーマです。そして、こうしたテーマを正面から扱っているのが第３章・松永論文です。

松永論文は、「やりたいこと」と「仕事」の関係にアプローチしています。「趣味」や「やりたいこと」は、人生の中で仕事を選ぶ際に重要な問題となることがあります。現代の子どもたちは早い段階から、学校で「好きなこと」や「やりたいこと」を考えさせられますし、具体的に就職活動をするときも、絵を描くことが趣味だからイラストレーターを目指すなど、趣味を仕事にできる方向を模索するということがあるでしょう。「やりたいこと」と「仕事」の関係は、労働社会学において重要なテーマでした。

第３章・松永論文は、こうした研究トピックについて先行研究がどんな調査からアプローチしているのかを整理したうえで、フィールドの人びとへのインタビューに注目し、これまでの既存の議論では明らかではなかった重要な知見を示しています。

インタビューといっても、様々なテーマについて、様々な聞き方があるでしょう。第３章・松永論文は、アニメーターの仕事のやりがいについて聞き、その語りのなかの仕事とやりたいことの葛藤や、その乗りこえのエピソードに注目しています。

ここで趣味実践を明らかにするための調査手法についておさえておく必要があります。本書には、基本的には計量調査ではなく、いわゆる質的調査と分類される手法で趣味実践にアプローチした論考がまとめられています。ただ、質的調査といっても、インタビューや、参与観察や、ビデオデータや、テクスト資料など多岐にわたります。大切なことは、調査者が先行研究を踏まえ、特定の実践に注目することで何を明らかにしようとしているのか、意識して適切な調査やデータを選ぶことです。

趣味や楽しみなどの実際の活動がどのように組み立てられ経験されているのかを知りたいのであれば、その活動をともにしつつ参与観察をしたり（第1章・大西論文)、場合によってはビデオを撮ってアプローチする（第6章・秋谷論文、第5章・吉川論文）ことができます。またソーシャルメディア上での相互行為を理解したいのであればそのやりとりの記録（ログ）をみたり(第2章・團論文)、テレビのコンテンツの理解可能性をみたいのなら、そのコンテンツを対象とすることができます（第4章・岡沢論文)。また人びとの人生、キャリアにおける趣味と労働のあり方に注目するなら、その人の過去について語ってもらい、その語りを対象とすることもできるわけです（第3章・松永論文)。

それぞれのアプローチが明らかにする知見のタイプも当然違います。例えば、趣味を実際にやっているときの活動の複層性をみたいというとき、これは趣味活動を思い出してもらって語る、インタビューというやり方では難しいでしょう。活動の複層性をどのように切り替えているのか、といったやり方はふだん多くの場合意識せずにやっていることですし、思い出して語るよりはビデオで撮影したものを見直したほうが分析しやすいでしょう。逆に、実際の趣味実践の中でことさら明示されることのないその人の人生、「キャリア」や「仕事」「やりたいこと」についての人びとの理解を明らかにしたいのなら、その語りの中の「仕事」や「やりたいこと」といった諸概念のあり方をとらえる必要があるでしょう。　第3章・松永論文は、そうした立場からインタビューデータを分析しています。

「キャリア」というのは、履歴書などでは明示化されますが、日々の仕事場や趣味の現場でつねに明らかになっているわけではありません。しかし、キャリアもまた、人びとが趣味や仕事にかかわる経験を構成する、重要な時間にかかわる概念のひとつです。そして「キャリア」のような個人史的な概念だからこそ、インタビューを行って語りの上で明らかにすることができるのです。その人の「キャリア」は、ふだんの趣味実践や仕事の中ではそうそう示されるものではありません。繰り返しになりますが、大切なことは自分が何を知りたいのか、それを知るためにはどんなデータ、どんな調査が必要かしっかり考えることです。

調査者はしばしば、こうした調査手法とそこで得られるデータの身分に無頓着であることがあります。よくあることとしては、すぐにその趣味をやっている人に話を聞こうとします。あなたが好きな趣味について「それどこが面白いの？」と聞かれたときのことを想像してみてください。それはそんなに簡単に答えられるものではないかもしれません。

楽しさや趣味に関する知見は、簡単には言葉にできないものもたくさんありますし、逆に「キャリア」のように語りとして示しうるものもあります。こうしたデータ産出をめぐるやりとりの位相に気を配りながら、どういう実践に注目すればよいか考えながら、「楽しみの技法」を明らかにしていかなければなりません。

最後にまとめます。「楽しみの技法」を描いて研究に寄与するためには、まず先行研究を踏まえて答えるべき問いを見つけましょう。そして、その問いについて、実践として「見失われた何か」を描いたり、その実践とメディアの関係についてみたり、実践を可能にするメディアの歴史を描くことで、これまでの「趣味」像の境界とは異なる、新しい趣味や楽しみについての知見を示すことができるでしょう。その詳しいやり方については、第Ⅱ部、第Ⅲ部でもそれぞれ「趣味の実践学」と「趣味のアルケオロジー」としてそのアプローチが示されています。参考にしてみてください。

（團 康晃）

参考文献

岡澤康浩・團康晃 2017「読者たちの「ディスタンクシオン」」『社会にとって趣味とは何か』河出書房新社、131-158。

田島隆雄 2016『WEB 小説　ヒットの方程式』幻冬舎。

團康晃 2018「話すこととのむことの相互行為分析――マルチアクティヴィティの観点から」『ソシオロゴス』42:17-34。

中河伸俊・渡辺克典 2015『触発するゴフマン――やりとりの秩序の社会学』新曜社。

西阪仰・早野薫・須永将史・黒嶋智美・岩田夏穂 2013『共感の技法――福島県における足湯ボランティアの会話分析』勁草書房。

濱野智史 2008⇒2015『アーキテクチャの生態系』ちくま文庫

前田泰樹・水川喜文・岡田克弘『ワードマップ　エスノメソドロジー』新曜社。

水川喜文・秋谷直矩・五十嵐素子『ワークプレイス・スタディーズ――はたらくことのエスノメソドロジー』ハーベスト社。

山﨑沙織 2015「「読めない母親」として集うことの分析――長野県 PTA 母親文庫の 1960 年代から」『社会学評論』66（1）：105-122。

Becker,H.S. 1951 "The Professional Dance Musician and His Audience,"*American Journal of Sociology*, 57(2) : 136-144.（村上直之訳『アウトサイダーズ』新泉社、1978 年）

Goffman, E. 1963 *Behavior in Public Places : Notes on the Social Organization of Gatherings*, Free Press.（丸木恵祐子・本名信行訳『集まりの構造――新しい日常行動論を求めて』誠信書房、1980 年）.

Lynch, M. 1993 *Scientific Practice and Ordinary Action : Ethnomethodology and Social Studies of Science*, Cambridge University Press.（水川喜文・中村和生［監訳］『エスノメソドロジーと科学実践の社会学』勁草書房、2012 年）

Mondada Lorenza 2014 "The Temporal Orders of Multiactivity : Operating and Demonstrating in the Surgical Theatre," in Pentti Haddington, Tiina Keisanen, Lorenza Mondada, and Maurice Nevile, *Multiactivity in Social Interaction : Beyond Multitasking*, John Benjamins Publishing Company, 33-76.

第1章
趣味の集まりの中の活動時間と気晴らし
服飾製作サークルを事例に

大西未希

複数人で集まって趣味の活動を続ける集まりに所属した経験のある人は少なくないだろう。有志で集まってときどき演奏会を行うバンド、好きな作家の作品を読みあって感想を共有しあう読書会、ボランティア活動を行う組織……。それらの集まりはサークルと呼ばれたり、コミュニティと呼ばれたりする。趣味活動を行うという目的で集まっているとはいえ、そこではただ集まって話をしたり、食事をしたり、時には集まりに関係のない遊びを行っていることもある。よく考えてみれば、普段の生活の気晴らしとして好きなことをするために集まっているのに、その中でさらに気晴らし的なことを行っていると思うと、不思議な感じだ。しかし私たちがある集まりを思い浮かべるとき、ふいに思い出すのはそういった時間であることも意外と多い。趣味の活動をするだけではない時間が、実はその場の居心地のよさやそこで活動する意義を形づくっているのではないだろうか。

この現象を考えるひとつの契機として、具体的にいったいどのようなことが行われているのか、メンバーたちの実践そのものを見るという方法がある。気晴らしが大事だからと、自由気ままにいつでもどんな気晴らしでもしていいかというと、そうではない。そこに属していれば自然に身に付く規範があり、その規範からはみ出ないように活動している部分があるはずだ。本章では、具体的な趣味の集まりの事例を相互行為の視点からつぶさに分析することで、彼らがどのように場を転換させながら活動をしているかを探ってゆく。

1　趣味の集まりを続ける

趣味の集まりの意味

私たちは現在「趣味の集まり」と聞いて、スポーツチームやゲームをする集まり、学校内の同好会などをすぐにイメージすることができる。そこには、私たちが家族やご近所といった生まれ育った場所でできる縁である血縁・地縁といった関係に加えて、趣味や思想をもとにした人とのつきあいである選択縁を経験していることが背景にある。

選択縁でのつながりには、つきあいが発達してきた歴史的経緯がある。このようなつきあいの成り立ちについて、例えば天野正子は1945年の敗戦から1970年代半ばまでを対象とし、制度やシステムの側からではなく生活者の側からの歴史的な見取り図として、サークルがどのような契機で生まれ、どのような主題に取り組んできたのかを記述している（天野 2005)。戦後社会の秩序再編が進む中、それに同調することを拒む自治への願望や生活を再定義することの切実な必要性という社会的契機によって、サークルが生み出されていった。天野によれば社会的契機だけではなく、サークルをつくり仲間と集いたい、内部の人びとと結びつきたいという内発的な契機も明確にあったという。戦争という体験縁、社会に対抗する志を持つ縁で結びつき、強い帰属意識を持ったという経緯は想像に難くない。

また水溜真由美は、1950年代以降のサークル運動と社会の関係を、その中心人物に着目して記述している（水留 2013)。50年代、労働組合は文化活動を、組合運動を活性化するための手段とみなしていた。炭鉱労働組合は当時最も広汎な活動であったうたごえサークルを、祭典や講習会の開催をするなどの方法でバックアップしていたという。その後は炭鉱に限らず各地各産業部門においてサークル間の交流やネットワーク化が進み、地方によって分断された労働者を文学やうたごえサークルなどの表現を通じ連帯をつくる自立共同体である「サークル村」が誕生した。このような歴史を辿ってみると、文化活動を通じて人びとは連帯することが可能である、その機能があると人びとが感じていたことが理解できる。

文化活動を通じた連帯に関する研究として、次のような例もある。山崎沙織は1960年代に年間6万人の参加者を集めた長野県PTA母親文庫を研究対象とし、参加する母親たちにとって「読書」がいかなるものであったか、またその「読書」はどのような立場や能力に結びつく活動だったかを記述している（山崎 2015）。その中で、参与者たちが読書活動だけではなく勉強の機会に恵まれず「読めない」ことの悩ましさを語らうこと、歌を歌うこと、思いきりおしゃべりすることの楽しさを伝える文書を残していることを指摘し、参与者たちが主婦という振る舞いから抜け出す貴重な場を得ていたと、読書会の意義を記述している。

このように研究の蓄積をみてみると、人びとは趣味を介した集まりの中で、必ずしも当初の集まる目的である趣味活動だけを行っているわけではないということが歴史的にも明らかであることに気づかされる。読書会の事例のように、読書会のために集まりながらも「おしゃべり」や「歌を歌う」といった気晴らし的行為が、大切な活動として参与者たちに実践されてきたとも考えられるだろう。こうした趣味活動とそこに集うことの意味、活動の複層性という事実は近年注目を集めているが、サークル運動の展開自体がこうした複層性のせめぎあいの展開だったこともあり、天野や水溜のように歴史研究において論じられることが多い。現代においてもまた、日々趣味を介した集まりの経験は蓄積されているが、こうした複層性について、具体的な活動を集まりの中の実践から描く研究は少ない。

そこで本章では具体的な事例を取り上げ、その集まりの主目的の活動に没頭することと気晴らし的行為がいかに実践されているかについて考察し、それをどのように移行させながら集まりの維持が可能になっているのかを探ることとしたい。活動と気晴らしのバランスは、そこに集まる人びとの行為の積み重ねによって少しずつ出来上がっているその場の規範やルールによって生まれるとも考えられる。つまり人びとの些細な振る舞いやその集まりならではの秩序だてが参加する人びとに理解されながら実践されているがゆえに、継続的な集まりとなっているのだろう。

本章ではこのような背景のもと、アーヴィング・ゴフマンの著作『集まりの構造』のいくつかの概念をヒントに彼らの実践を読み解いていくこととする。ゴフマンは人類学的なフィールドワークを通じ、その場に居合わせる際に人びとが互いの行為に及ぼしあって保たれる相互行為秩序をさまざまな方法で描いた社会学者だ。速水奈名子が整理しているように、ゴフマンが関心を寄せた分析対象は著作ごとに変化しており、彼の分析スタイルも変化している（速水 2015）。『行為と演技』ではドラマトゥルギカル・アプローチを用いて相互行為分析を行い、『アサイラム』では精神病院等の施設内における参与観察をもとに社会と隔離された空間の中での相互行為を個人間に焦点を当て分析し、『スティグマ』では社会的弱者再生産のメカニズムを分析した。さまざまなアプローチで普遍的な行為や振る舞いを分析するこれらの取り組みは、現在でもミクロな質的研究、経験的調査を行う研究に数多く用いられている（ゴフマンの議論が用いられる研究の詳細な事例は、中河・渡辺 2015 に詳しい）。

本章でゴフマンの議論を採用するのは、集まりの中で人びとがいかにして秩序を維持しているのかを読み解いていくことで、趣味の集まりにおいてどのように作業と気晴らしが行われているのかを記述することができると考えるからだ。詳しい分析方法については、次節にて述べてゆきたい。

2　分析対象と研究方法

分析対象

本章が対象事例とするのは三宅島にある唯一の高校、都立三宅高等学校の生徒たちで構成される、ファッションショー製作委員会の活動である。彼らの集まりは服飾関係の賞の獲得や服飾関係のプロを目指すというより、メンバー同士が仲良く、一丸となって年に一度のファッションショーをつくりあげるということを強く志向した集団といってよい。

筆者が彼らの集まりを観察しはじめたのは、島を離れた卒業生が夏休みにファッションショー製作委員の活動場所である高校の被服室に遊びに来る風景を偶然目撃したことがきっかけだった。このように記述すると卒業生が後輩指導のために訪れているシーンを想像するかもしれないが、筆者が参与観察をしている期間中、後輩を指導する姿は一度も観察できなかった。彼女たちは大体お土産を持ってやってきて、その場でそれを広げて一緒に食べようと促したり、後輩と久しぶりの再会を喜んだり、進学先のようすを話し、周回バスに乗って帰ってゆく。卒業生はふらりとひとりでやって来ることもあれば、進学先でできた三宅村出身ではない友人を連れてきて、かつての後輩たちや先生たちに紹介することもあった。

経験的にいって、用事もなく知り合いがいるかわからない場所に立ち寄れる場所として学内の教室を選ぶのは、ハードルが高いように思える。しかし彼らにとってはそうではなく、指導のような目的がなくても遊びに来てよい場所として自分が受け入れられるはずだと自覚しており、わざわざ1時間に1本しかないバスに乗ってやって来るのだろう。卒業後も帰省中に帰る場所としてこの集まりが選ばれ、参与者たちの居場所として機能しているとも読み取れる。

この話からもわかるように、高校生の被服室は製作作業が行われるだけでなく、雑談なども行われていた。全体として目標を達成するという大きな時間の流れがあり、その中で参与者たちは、今が何をする時間であるのか、その場その場で調整しつつ、その場を楽しむ。趣味実践の場を読み解く事例としてこの事例を採用することで、趣味の集まりの具体的な成り立ちが明らかになるだろう。

服飾製作サークル・ファッションショー製作委員

ファッションショー製作委員の活動を考察するにあたって、まず三宅村の環境をおさえておくために、筆者が観察場所に行くまでの過程から記述する。離島に暮らし、島に1校だけある学校で活動する彼らの毎日の中で、趣味のファッションショー製作活動がどんな存在であるかを説明しておきたいからだ。筆者は高校の夏季休暇中の約2ヶ月間、高校のある坪田から車で15分ほどの場所に住み込んで、許可をいただいた時間帯に活動場所である被服室での観察を行い、それ以外の時間にも生徒たちと連絡を取りあったり、外で会ったりしながら過ごした。

13時26分発、坪田方面行きの村営バスは大体、時間通りにバス停へ到着する。三宅村は公共交通機関がバスのみで、１日５本しかない。車の運転ができない私にとっては貴重な交通網であるため、絶対に遅れてはならず緊張感を持って早めに待つようにしていた。村営バスは運賃箱が自動計算をしてくれるシステムにはなっていないので、運転手さんと運賃を確認しあいながら運賃箱に硬貨を入れる。「次、高校前です」。マイクを通して、低く響く運転手さんの声が聴こえ、隣の席に置いた荷物を少しまとめはじめる。高校のグラウンドと道路の間にスペースがあり、そこにバスは止まる。「高校前」と書かれた看板のついた待ち合い室もあり、高校生たちはここでバスを待つ。車の免許を持たず、島の各地から集まっている彼らにとってもバスはほとんど唯一の交通手段だった。彼らはこのような交通網によって、規制された時間の中で一日を過ごしている。乗るバスも帰るバスもほとんど一緒だ。

被服室に入り声を掛ける。「こんにちは」「あ、こんにちは」手元から顔をあげて挨拶してくれるのは、一番扉近くにある長机が定位置の女の子たち。机の上にはつくりかけのドレスの型紙、巻いたままの布、断ちバサミ、メジャー、ものさしなどの備品が糸くずにからまりあって広がっている。布に隠れて、「三色ボールペンで描くスケッチ」のノウハウ本や携帯電話がある。携帯電話からは充電コードが伸びており、常時つけっぱなしなのが彼女たちのスタイルだ。器用にその山の中から型紙を取り出しては、チャコペンを使って布に印をつけていっている。

「こんにちは」彼女たちの声で気がついて、その奥の長机で作業をしている生徒たちが顔を上げる。すぐに手元を見て、手縫いを続ける。後ろの机は、教科書や筆箱、それぞれの備品用具入れが置かれており、ときどき手元の布をずらして膝元に置いたり、机の上まで広げたりを繰り返している。

まとまって置いてあるトルソーには、出来上がった白いプレドレスが着せられており、ここが製作場であることを感じさせる。彼らがつくり続けているドレスのデザイン画がすべて並んだ「ファッションショー完成予想図」が並ぶホワイトボード、全員のノルマが書かれたポスター。見回していけば、彼らの作業の進捗状況がありありと想像できる。Tシャツに糸くずが何本もついたハーフパンツ姿でまるまる一日を過ごしている生徒たち。席を立ってお手洗いに行くのも珍しいことのように、ミシンの前から離れない。いっぽう、何日前だったかに書いた短冊がロッカーに貼り出してあったり、ホワイトボードには猫の絵の落書きがあったり、見るとほっとする彼らの遊びが被服室には詰まっている。

筆者が調査を行った2012年度のファッションショー準備が本格的に開始となったのは、5月のことだった。ファッションショーのテーマを決め、製作委員会を発足し、メンバーを募る。全校生徒36名のうち、製作委員となったのは1年生から3年生までの9名であった。9名ではショーをまかなえないため、ほかの生徒たちも当日、音響やモデル、照明係など何かしらの役割を持って全員が参加するのが恒例となっている。

ファッションショーへ向けての準備は、夏期休暇中も休まず行われる。平日の日中はほぼ毎日、部活動などの予定がなければ被服室に集合する。3年生たちにとってはこのファッションショーが最後の高校生活の思い出であり、当日会場に敷かれるランウェイが思いの詰まったドレスで満たされることを目標に、目標数のドレスを仕上げている。

学校の中での活動というと委員会や部活動が思い出されるが、彼らは有志で集まっている。「学校の中」であるという制約はあるものの、活動と休憩といった公の決まりがあるわけでなく、ひとつの教室でドレス製作を行いながら、おしゃべりをしたり、休憩を挟んだりしながら時間を過ごしている。そのため部外者から見ると気晴らしをしている、サボっているように見えるようなおしゃべりの時間や、おやつを食べる時間などもある。しかしそれがメンバーの誰かに叱咤されることなく継続している。つまり集まりに明らかな制度や決まりは少ないものの、彼らなりの活動の方法があり、彼らなりの秩序立てが活動の中で確立しているのである。

ファッションショーを見た筆者は、学内で服づくりを学ぶ機会があるのかと思っていたが、そうではなかった。家政科に属する生徒たちはいるものの、被服を専門に学んでいるわけではなく、授業でドレスを扱うことはない。それにもかかわらず、ファッションショーの目玉として、その年のリーダーはウェディングドレスを製作する。

監督者として教員の存在はあるものの、教員が生徒たちに指示をするというシーンは観察中あまり見受けられなかった。製作は主に上級生から下級生に指導をしたり生徒たち同士で相談をしあって製作方法を見出したり、上級生の活動や過去のドレスを観察して見よう見まねで製作するなどで行われていた。

三宅村に洋服を買える場所はなく、普段おしゃれをしていると何となく浮いてしまう。布や服飾製作に関係する備品を売る専門店はもちろんなく、雑誌も本土より遅れて発売される島しょ地域という環境で、年に一度のファッションショーが行われている。流行やトレンドをおさえる必要のあるファッションを志向するにはあまり適した場所であるといえないが、筆者の調査ではファッションショーは実に30年以上も継続して行われてきた。都立高校である三宅高等学校には、普通科以外に家政科、農業科がある。家政科のうち、被服の授業で製作された生徒の作品を学園祭で発表する形として、ファッションショーをはじめたことがきっかけだった。

> わたしたちの被服の先生がね、こんなに（洋服を）作っているのにもったいないよね！って言ってくれて。3年生のとき。どちらからかははっきり覚えてないんだけど、ショーをやろうって話になって。当時はクラスが10人くらいで。1、2年生もたぶん手伝ってくれてたんじゃないかなあ……スーツと、あとワンピースとか作って。
>
> （2012年10月3日インタビュー／1981年度卒業生Iさん（女性））

はじめは授業の作品発表を目的としていたものの、パフォーマンスをともなう内容を盛り込むようになったり、徐々にドレスを製作するようになったり、ショーらしい構成をするようになったりと、ファッションショーを行うことが目的化していったようだ。家政科以外の生徒たちも参加する有志の集まりになり、筆者の観察時には「ファッションショー製作委員」という名前で、自身のデザインしたものを一からつくり、40分程度のショーを行うサークルとして機能していた。

ここで「サークル」という言葉を使ったのは、学内に作業場である被服室を借りて製作をしていたが、部活動とは明らかに別のものとして扱われていたことを強調しておきたいからだ。学校側から学業や部活動を優先させるように指導されており、それは活動への参加自由度を規定するものとなっていた。教室を借りる時間帯だけが決まっていて、彼らは基本的に公に約束をしてその場を訪れるわけではなく、ゆるやかに集まってきている。学校の中の「先輩と後輩」「同級生」などの関係性は持ち込んだうえで、新しいつながりをここで育んでいる。それは、こんなシーンからもうかがえた。

> 秀くんは今日部活が休みだった。本当は先生に、「部活がないときは来ないでね」と言われているのだけれど、隠してきているみたいだ。それくらい、焦っている。部活がないのに、スポーツバッグを持ってわざわざ登校している。　（fieldnote 2012 年 8 月 14 日）

これは夏季休暇中のできごとだ。秀くんは野球部に所属している1年生だった。教員からは部活動以外の夏季休暇中の期間は登校をせず、自宅で勉強するように指導されている状況で、それは彼以外の生徒や学校内にいるほかの教員も知っていた。そのためか、彼はさも部活帰りであるかのように、スポーツバッグで被服室にやってきていた。特に野球用具の入っていないバッグはスカスカ気味ではあるのだが、「本当は来てはいけない」ということをすり抜けても、その場に集まることを優先させていた。

このような趣味での集まりは参加が義務づけられているものではないため、メンバーたちにはほかにそれぞれの事情や生活があることが大前提であり、それを調整しながら参加することが求められるのが特色ともいえる。本章の対象は学内の集まりであるがゆえ、ほかに属している部活動や生徒としての一面を隠すことができない場所にあるため、参加するために何らかの言い訳をしたり、積極的な事情が必要となる場合もある。それでも集まりたい、という働きがこの場にはあるのだろう。

このようにこの事例ではものづくりをする目的を果たしながら、メンバーとしての役割を離れても集まりたい場となっていることがわかる。彼らの実践を見ることで、趣味の集まりの規範の成り立ちを考察してゆきたい。

調査研究方法

筆者はこの研究対象について、フィールドワーク調査をもとにデータを取得した。調査は、彼らがドレス制作とショー準備にうつる夏期休暇中より、表1-1のようなスケジュールで行われた。

調査にあたり教員の先生方、対象となる生徒へ向け、調査の説明を行った。夏期休暇中ファッションショー準備の期間、2012年8月中は、水曜日を除く平日14時～17時までの間被服室に訪れ、対象者たちがドレス制作を行うところを観察した。筆者は現場でノートを書きとめ、そのノートはその日のうちに、細かな描写を加えた清書版フィールドノートに起こしている。現場では、その日に参加した生徒の名前、服装、教室内の滞在時間、作業する机の位置をテンプレートを使用し書きとめており、加えて会話や振る舞いなどを時間とともに書きとめた。2学期中は放課後である15時40分～17時までの時間を同様に観察した。

表1-1　調査日程

ファッションショー準備	2012年8月7日～31日 14時～17時 水曜日を除く平日	被服室／学校外
ファッションショー準備	2012年9月24日～28日 水曜15時40分～17時	被服室／学校外
校内発表会	2012年9月29日 13時～15時	学校内
ファッションショー当日	2012年9月30日 9時～15時	学校内
ファッションショー後日	10月1日～2日	学校外

彼らの集まりにおける活動と気晴らし的行為を観察するため、筆者はできる限り彼らの自然な姿を捉えようと、彼らとともに活動をすることを通した「参与観察」という手法を用いる立場で現場に赴いた。参与観察とはその名のとおり、現地のコミュニティに参加しながら観察するフィールドワークの手法のことだ。ただそこで傍観者として存在するのではなく、同じように手を動かしながらメモをとり、データを取得してゆく。具体的には、デザイン画を描く生徒と意見交換しながらデザインをつくりあげたり、ミシンかけをする生徒たちの間で手を動かしながらの会話をしたり、片付けや掃除を一緒に行うといった過ごし方をしていた。また、彼らの下校時には一緒に帰り、携帯電話でのメールやSNS上でやりとりしたり、本の貸し借りをしたり、休日に学校外で会うなど彼らの教室外での時間をともに過ごすようにした。彼らの暮らしにより近づき、具体的な記述を行うことを目的としたためである。次節からは彼らの活動の記述を行いたい。

3　趣味の集まりにおいて「無駄な時間」とされてしまう実践と「居心地のよさ」を産む実践

漫然と過ごす時間と没頭する時間の構成

本節からは具体的に彼らが活動している場面を取り上げながら分析してゆきたい。ものづくりをする趣味の集まりにおける活動中の「作業」と「気晴らし」を考えるとき、これらは必ずしも切り離して考えられる内容ではなく、「作業をしながら話す」などのながら作業、マルチアクティビティ的な要素を丁寧に汲み取る必要がある。本章で対象とするモノをつくることを志向したサークルは、明確な作業課題があり、個人で作業をすることが多いため、黙って室内で服をつくり続けるという時間もある。その中でつくり方に迷ったり相談をともなう作業が必要な場面が生じる。その際には誰かを話し相手にするという対面的相互行為に向かうことが必要になり、そして相談が終われば再び作業に戻っていく。

こうした、彼らの活動を分析する方法としてゴフマンの関与配分の規則

(Goffman 1963＝1980) を採用し、読み解いていきたい。ゴフマンによれば、私たちはいつでも、関与配分を行いながら行為を行っている。それはさまざまな社会的場面においてどの程度その場に関与していることを示すべきなのか、関与できるのかが異なるためだ。

ゴフマンは、関与配分について支配的関与／従属的関与、主要関与／副次的関与といった軸で整理している。支配的／従属的は、その場で何に関与を向ける「べき」か、に関する区別である。例えば会議中であれば、その場でひとり携帯電話を取り出し、ゲームをすることは許されない。誰かの発話を聞くこと、メモを取ることなどが、そこにいる人びとにとって「やるべきこと」と認識されている。つまり支配的関与にあたる。しかし、私たちは支配的関与には意識を向けながらも同時にほかのことを行うことができる。例えばコーヒーを飲む、ペンを弄ぶことなどだ。これが従属的関与となる。

主要／副次は実際に何に関与が向けられているかに関する区別である。会議中ペンを弄ぶことは、従属的関与として許容されるものであるが、やっているうちにペンがとても気になり、ペン回しに夢中になっていたとすれば、ペン回しが主要関与となり、他者の話を聞くことは主要ではなく副次的関与となってしまうこともあるだろう。

つまり、誰かが没頭し主要関与をしている活動がその場面において支配的関与を期待されない活動であるなら、逸脱するように見えたり、受け止められない活動になってしまう可能性があるのだ。例では会議という場面を採用したが、趣味の集まりにはあまり厳密な公的ルールがないため、よりいっそうこの関与配分は複雑なものとなってくる。例えば「今から休憩時間だから大きな声で雑談しよう」と宣言して行為を行うことはあまりないだろう。今何が行われるべきなのかの明文化されたルールがない場面では、その場面に期待される活動をある程度理解しつつ、その場の状況をつくっていくことになる。関与配分の規則で整理していくことで、彼らが実践の中でどのように関与配分を行いながら状況を変化させて作業や気晴らしをしているのか、彼らの実践をよりよく理解できるはずだ。

ここからは、筆者のフィールドノートの抜粋から具体的な場面を取り上げ

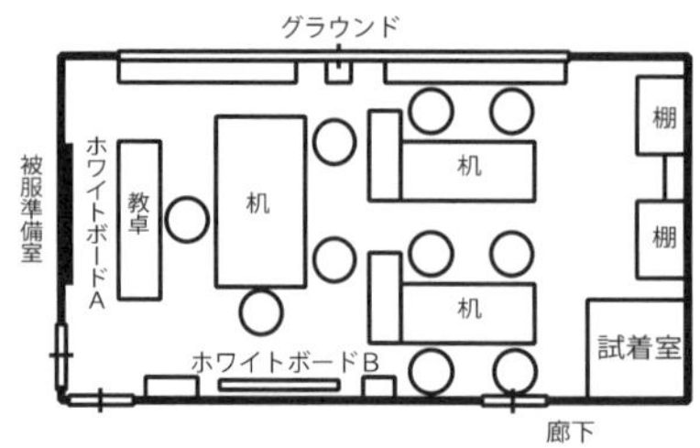

図 1-1　被服室の間取り図

分析してゆく。まず取り上げるのは発話が行われながら手元での作業が行われる時間と、発話がなく没頭状態になる時間の彼らの作業空間での実践である。参与者たち自身が描いたデザイン画をもとに複数のドレス製作を行っているために、一人ひとり進捗状況が異なる。型紙をつくる人、布を裁断する人、仮縫いをする人、ミシンがけをする人、トルソーに服を着せてサイズ直しをする人、装飾品をつくる人が同居している（図 1-1）。

進捗が異なるために個人の詳細な進捗状況は作業中に目で確認する以外の方法はとっていない。つまり個人の製作ノルマについては日ごとに確認されるものではないこともあり、作業に集中できていない時間が生まれている。彼らはどのような対応をしているのだろうか。

【断片 1】

16 時 20 分、葵ちゃんが伸びをしながら独り言。

葵「今日、チャックつけるだけで終わりそう！もう 5 回目なんだけど……!!」葵ちゃんは今日、「苺女」のドレスの後ろのファスナーの取り付けをしているのだが、もう 5 回間違えている。ガガガッガガ！　ミシンから、すごい音が鳴り始めた。

歩「ねえ、それ止めたほうがいいって」海「あー！　針折れた!!」

（fieldnote 2012 年 8 月 27 日）

教室が開放されている 8 時半〜17 時までの時間、ほかの学内での用事があるとき以外、参与者たちは被服室内で過ごしており、なかなか集中力が続かないこともある。その場を離れて休憩したり遊びに行くといったような行動をとるのではなく、集中してはいないながらも漫然と作業を続ける。断片 1 は、そのような状況だった。発話者である葵は、ドレスの型に沿うようにファスナーをつけようとミシンがけをしている。しかし、ドレスに対し表と裏が反対になるようにファスナーを取り付けてしまうという間違いを５回繰り返していて、開放時間が残り１時間という状況の中で「チャックつけるだけで終わりそう」と自分の進捗を発話している。表と裏を確認してから縫い付ければよいのだが、同じ机で作業する生徒と私語をしていたり、独り言を言いながら手を動かしているために、確認せずに縫い始めるということを繰り返している。

断片１の状況ではさらに、ほかの場所でミシンがけをしていた海のミシンの針がうまくセットされていなかったために、縫いながら針が折れてしまっている。海もまた、近くで作業している生徒と私語をしていたり、葵の独り言に相槌を打ちながら作業をしており、ミシン針に注意が向いていなかったようだ。

ここで注目しておきたいのは、この場にいるメンバーは継続的にミシンの音は聞こえている空間を共有していたということだ。そこに「ガガガッガガ！」と異常な音がしたことで、見ないようにしていたそれぞれの作業について言及するきっかけができている。ミシンから音が鳴る中「ねえ、それ止めたほうがいいって」と歩が声をかけていることから、彼女たちが他の参与者たちの存在を意識しながら製作していたことがわかる。

実はこうした現象は、ゴフマンが「焦点の定まった相互行為」「焦点の定まらない相互行為」として整理している（Goffman 1963＝1980）。焦点の定まった相互行為とは、会話やゲームなどで一時の間、認知的および視覚的注目を単一の焦点に向ける人びとが、その持続を事実上同意するときに成立するコミュニケーションのことだ。これは私たちが普段「コミュニケーション」として意識しているものといって相違ないと思う。そして「焦点の定まらない相互行為」は、人びとが互いにほかの人の前にいることで引き起こされる対人的コミュニケーションから構成される。見知らぬ２人がすれ違ったとき、互いに相手の服装や姿勢、マナーをチェックし、自分の振る舞いを修正するときに起きるようなものだ。断片１では、すぐに歩がミシンの異常音に注意していることから、彼らが継続的に「音は聞こえている」という空間を共有していることが見て取れる。断続的に他者の製作に関与してはいないが、誰かが合図を出したとき、また今回のように異常音のような注意を向けるべき音があった際にはすぐに反応することができているのである。それぞれに作業している個人がそこに居合わせているだけに見える状況であっても、そうではない。彼らは違う作業をしていても、同じ空間を共有していて、同じ目的で集まっていることを意識するという、焦点の定まらない相互行為を続けながら活動しているのである。

【断片 2】

16 時 30 分、海ちゃんが初音ミクの曲をウォークマンからスピーカーに繋げてかけはじめた。（fieldnote 2012 年 8 月 27 日）

断片 2 では、漫然と作業を続けてきた状況を打開する行為が行われていた。3 年生の海の持ち込んでいるポータブル音楽プレイヤーを、作業教室である被服室に備え付けてあるスピーカーに繋げて音楽を流したのである。それまで参与者たちは独り言や私語といったように、ほかの参与者たちに関与を求めるような行為を行っていたが、音楽を流すことでそれが起こりにくい状況をつくるという合図になっていた。

独り言を言って誰かに関与を求めることが許されない状況をつくることで、作業に没頭するように促されている。この時間床に伏せて眠っていた歩も、この音楽の音で起き上がり、作業を再開した。日本語の歌詞のついた音楽をかけるという行為は休憩時間の合図のようにも見えてしまうかもしれない。本当に集中をしたいのなら、無音のほうが集中できるのではという声もあるだろう。しかし、すぐに主要関与を会話へと移行することができる彼らの活動空間の中では、音楽によって発話が聞こえないようにし、会話が起こりにくい状況をつくるという側面のほうが意義を持っていた。これにより、誰か特定のメンバーへの叱咤や話しかけを抑制しながら、その場の支配的関与を作業へと変化させている。

ポータブル音楽プレイヤーや CD、携帯電話などは作業中の机の上に置かれていることが多く、参与者たちが何を持ち込んできているのかを目で確認できるようになっている。その多くはひとりでの使用もできるが、集まりの中で共有することもできるようなものだ。発話がない作業への没頭する状況への切り替わりは，このように持ち込まれたものが用いられることがあった。音楽をかけるという行為は、参与者たちがそれぞれの作業に関する関与の程度が不均等であった状況から、製作への関与に焦点が当てられるように仕向けるような行為となった。この後、参与者ひとりひとりが片耳にイヤホンをつけるという状況も見受けられた。

【断片3】

歩ちゃんも美佳ちゃんも、片耳にイヤホンをつけて音楽を聴いている。ナオスケ先生は，男子生徒の進学指導中。高城先生はミシンをカタカタとかけている。 (fieldnote 2012年8月30日)

隣に友人がいる中でイヤホンをつける行為は、過剰にコミュニケーションを拒否しているように受け取られるかもしれない。しかし、作業に没頭しようというときに音楽を聴くことは、しばしばなされるものであり、イヤホンをつけて作業をすることも、コミュニケーションの拒絶ではなく、自然と受け入れられている。音楽を聞くことは作業に集中する、作業を主要関与とするためのスイッチであることは、このメンバーには理解されている。特定の誰かに指示や命令をして次の行動を促すというものではないが、音楽が流れれば「今は集中する時間かな」と理解して振る舞うことができるということ自体がメンバーにゆるやかに共有されており、活動に対する関与のあり方をめぐる規範をコントロールしているのである。

実際筆者はこの日のフィールドノートに「緊迫した空気が流れている」と記述しているが、このように感じているのはほかの参与者たちも同じであるように見えた。普段にもまして支配的関与が主要関与であることが期待されていたのだ。この日の被服室には，家政科の教員である高城先生がいた。先生はファッションショーに関わりはなく、生徒たちと話をしたり自身の教材製作のために被服室を度々訪れていたのだった。しかしこの日には誰かに話しかけることはなく過ごしている。参与者たちは製作委員のメンバー以外の人が出入りすることを認めているが、夏休みの最終日が近いこの日の活動では、作業への没頭する時間に重きを置いていた。そのため目で見て集中している状況がよりわかりやすいイヤホンを利用して音楽を聴くという振る舞いを見せていたのだろう。その中でも話しかけられても対応できるように片耳にだけイヤホンをつけるという配慮はなされており、あくまでも同じ空間において同じ音が聞こえる状態にするということは保たれていた。

「無駄」にならない気晴らしの実践

ここまで「作業」という支配的関与を求められる活動との距離感についてみてきたが、ここでは筆者が記述したフィールドノートの断片から、従属的な関与であることが期待される会話が主要関与となっている場面の断片を検討したい。

先に示したように、服飾制作作業中にはさまざまな作業分類がある。参与者たちはそれぞれ自分たちで書いたデザイン画をもとにしてドレスを製作しており、全員が同じ作業をしていることは少ない。そのような状況に居合わせている参与者たちは、この場に参加していることを表明するような行為を行うことがある。作業を行うことが支配的となるのだが、それをしながらできる活動として発話をしたり、誰かと会話をする、誰かの発話に反応してときどき顔を向ける、口元で笑うなどの従属的関与が行われている。

【断片 4】

美佳ちゃんが作業をとめてケータイをいじりはじめたので、「今日も？」と言うとにやっと笑って、思った通り怖い話の音読をはじめた。

（fieldnote 2012 年 8 月 10 日）

彼らは作業の段階にあわせて、支配的関与としての服飾制作を継続しながら行うことのできる気晴らし的な従属的関与のバリエーションを持っていた。

「型紙を起こす」「布を断つ」といった作業は手元に集中する必要があることは参与者に認識されているため、この作業を行う生徒たちは見てみぬふりをしながら作業を続けている。いっぽうで「仮縫いをする」「ミシンがけをする」「装飾をする」といった作業は，頭をからっぽにしながら行うことができる作業と認識されていた。

これらの作業に複数人が向かっている場合、主要関与が会話となることがあった。しかし、支配的関与である「手元での作業」が止まる活動をすることはない。副次的関与として手元での作業を続けながら教室の中で共有できる遊びとして行われていたのが、「怖い話の音読」だった。

音読がはじめられるのは、3年生の歩・美佳・海のうち誰かが携帯を充電した状態で手に取るところからである。筆者がはじめてこのシーンに立ち会ったのは2012年8月9日のことだったが、あまりにも突然携帯を手に音読をはじめるので、ファッションショー当日の演出を読み上げて共有しているのかと勘違いしてしまった。「これ、ファッションショーの？」と訊くと、「違いますよ！（笑）怖い話。いま流行ってるんです」と説明をうけた。インターネット上に投稿された怖い話をまとめてあり、読むことのできる「ネットで流れた怖い話」や、怖い話のカテゴリごとにわかれたものもある。彼らはこれらのアプリをダウンロードしていて、誰かひとりが話を選んで音読するのである。ほかのメンバーは作業しながら聴けるので、作業しながらもみんなで同じことができる。この音読はほとんど毎日のように行われていたが、これが続けられることでメンバー同士の制作に関わる会話がはじまることもあった。

【断片5】

一通り怖い話で盛り上がっていたあと、みんなで話す雰囲気になってきて、話しかけるタイミングに迷っていた秀くんもデザイン画を持ってやってきた。歩ちゃんが、次の作業について解説する。服をつくるのもはじめてみたいで、わたしも一緒になって歩ちゃんの説明を聴く。

（fieldnote 2012年8月10日）

断片5で登場する秀は1年生の男子で、ファッションショー製作委員に夏休みから参加しはじめたメンバーであった。そのため、ほかの先輩たちとのコミュニケーション機会が少なく、先輩である歩に話しかけるタイミングを見計らって2時間ほど自席でほかのメンバーと話をしながら過ごしていた。

この場に慣れた参与者であれば、自分で会話がしやすい方向に何らかの合図を送ったりしながら個人の関与配分を変化させていくことができるのだが、それにまだ慣れていないようだった。筆者は秀らのいる席で彼に話をしていたが、「集中しているから、話しかけたら悪いと思って」と筆者に向かい言い訳をしている。

ここでは歩ら3年生も秀も、怖い話をしていることで、主要関与が手元での作業に向けられているときよりも、会話に主要関与が向けられ、話しかけることを可能にしていた。「話しかけるタイミングがない」と考えていた秀が、そこまで話しかけられなかったという事実がありながらも対立関係に転じることなく、会話をはじめられ、関係を保つことができていたと考えられる。ここで、机ウの6の席に座っていた秀が机アの2の席にまで移動して歩に話しかけることとなった（図1-2）。

同じ空間の中で音を聞いている、といった状況でいえば断片2でみてきた音楽を流すことと同じように思えるが、まったく違う機能をしている。音楽は作業に没頭することへの合図として捉えられていたが、怖い話の音読は、同居している参与者たちを怖い話の聞き手にするものとなっていた。ひとりがずっと読んでいると特定の人の手が長期間止まってしまうため、「○○は読み方が怖いんだよね」「○○は（話の）チョイスが怖い」など、メンバーの怖い話の読み方にコメントを付け加えたり、自分以外の誰かが話を読むことを自然に促し順番に怖い話を音読することもある。筆者に「次読んで」と言うなど、明確に音読者を指名してくることもあった。

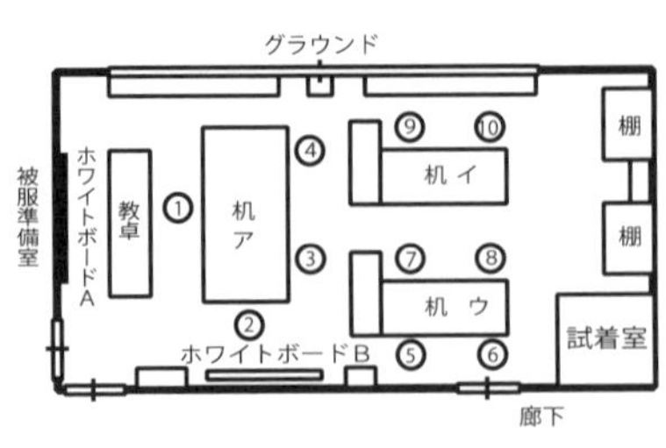

図1-2　被服室の間取り図

それだけではなく、怖い話を読みあったあとにそれに関係するエピソードを披露したり、感想を言うという時間が設けられている。会話に参加しなくても離れた席から顔を上げて目線を送っていたり、笑ったりすることで、つまり話を理解し、聴いていることを示すような行為をすることで、自分がこの場に参加しているという状況を維持させていた。

ここまでみると、発話や会話は参与者たちに歓迎される行為にも見える。怖い話の音読は、手を止めずに行えるマルチアクティビティが可能な彼らの作業方法を生かし、よく設計された気晴らしだった。作業中に行われる怖い話は集中力をそぐものではなく、むしろその場で共同作業を行うにあたって会話を支配的関与にしてよい状況に転換させる、よい緩衝材のような役割を持っている。

しかし筆者の観察中、断片１のような散逸した状況下での「音楽をかける」といった柔らかな注意喚起ではなく、明確な言葉で話をやめるよう促すような場面も見受けられた。次節は気晴らしでなく、無駄話となってしまった事例を観察することで、彼らがどのような規範を持っていたのか記述していきたい。

「気晴らし」でなく「無駄な時間」となる場合の実践

ここまで述べてきたように、ものをつくる趣味の集まりにおける作業や、製作の一部である意見交換や相談といった会話は、支配的関与であり主要関与となる。会話が主要関与となるのは、怖い話の音読を中心とした気晴らしの場合もありえた。しかしながら、会話することが注意の対象となるようなことも状況によってはあった。彼らの活動を読み解いていくと、ここで会話することが可能となる条件があることがわかる。

【断片 6】

ポンチョ自体の大きさが小さくて、よだれかけのように見えてしまうことを指摘され、改めて布を裁断することを決めた。すぐさま布の広がった机に向かう。

海「あ、いいこと思いついた！」布に向かおうとしたのだが、なぜかペンを取り出した。海ちゃんは布の裁断でできた丸いはぎれに、ピザの具の落書きをしはじめる。「できました！」海ちゃんがそれを両手でひろげ見せた。みんなで、ピザを投げて伸ばすしぐさをしたりして遊ぶ。〔……〕歩ちゃんが仰向けで眠っているので、顔にピザをのせた。しばらく起きないので、ピザが乗っかったまま眠り続けている。その様子をけらけら笑いながら過ごした。〔……〕

そんな中、秀くんや瑞希ちゃんは共通の趣味のライトノベルや、漫画の話をしながらで、少し手が止まりそうだった。そんなとき、美佳ちゃんが手を叩きながら「はいっ！　やるよー!!」と言った。いままで聴いた中で、いちばんおおきな声で。ちょっと戸惑ったような笑顔だった。

（fieldnote 2012 年 8 月 27 日）

直前まで布のはぎれでつくったおもちゃで遊んでいるメンバーがいたにもかかわらず、同じ机で作業をしていた秀と瑞希が会話をすることを、離れたところにいた美佳が「はいっ！　やるよー!!」と言って咎め、作業を行うように促している。作業中の気晴らし的行為が可能であるとはいえ、ある状況によってはそれがある種の違反となることもある。この例はなぜ「逸脱」と判断されたのだろうか。

これまでみてきたこの事例の関与に関する区別を考えると、参与者たちにとっては服飾制作の手元での作業は支配的関与であり、主要関与であることが多い。製作の一部である意見交換や教えあいのために会話をもまた、支配的関与であり主要関与となる。

いっぽうで、直接活動と関係のない「怖い話」に関連するおしゃべりは咎められることがない場合があった。というのも、主要関与が怖い話であっても作業自体は手元での作業は漫然としてでも続けられているからだ。そこではつねに支配的関与である手元での作業は続けられている中で、怖い話を中心とした会話がともなうという行為がよしとされていたのである。手元で作業しながら発話を行うといったマルチアクティビティが可能となっているこの状況が、ファッションショー製作という大きな目標に向けて動きやすくなっているものだと考えられる。

断片6の失敗事例から、なぜこれは彼らにとって気晴らしとならず、無駄な時間と判断され注意の対象となったのかを考えていきたい。まず第一に、関与配分が正しく行えているかということである。同じ机で作業をしていた秀と瑞希が手縫いやデザイン画描きといった作業をしている際、お互いの共通の話題で会話をしていた場面である。好きなものの話に前のめりになり、副次的となっている「手元の作業」がいよいよ止まりそうになっているとみた美香が注意し、作業に戻るように促している。筆者から見ても、記述にあるように手が止まりそうだと判断したところだった。会話は、手元の作業をしながら行われているからこそ許容されているのである。プロジェクトを進めていくという大きな時間の流れの中で、内部で分離された会話が続き作業が止まることは注意の対象となってしまう。

第二に、ここで2人が行っている会話の話題が、ほかの人と共有されえない内容であったことである。怖い話の音読は、怖い話が好きか否かにかかわらず、全員に聞こえるような声でひとりだけが音読をするという状況がつくりだされているため、反強制的に共通の話題が平等に提供されている。同じ話題が共有されることで、次の話題を提供できたり、関与を示すことができ、この場にいるメンバーであるということを参与者たちが自認する機会も与えることができた。その内容を作業空間にいる参与者全体が理解して関与することが不可能であったこのような内容、また2人だけで行われると想定される会話は無駄話として捉えられてしまい、この場に即した活動にはならないと考えられる。

4　趣味の集まりにおける関与配分

ある大きな目標を持って趣味の製作を続けるというのは、ただ活動を行うだけでなく、その場の居心地のよさや居ることの楽しさをともなうことが参与者にとって重要な側面と認識されていると考えられる。彼らの実践をマルチアクティビティ的要素や関与配分の規則を用いて整理することで、この活動の複層性を読み解くことができた。

何らかのモノをつくる趣味の活動を目的に人びとが集まり、集まりが維持されている状況においては、集まる目的とされている作業が行われながら、発話や会話も行われている。ゴフマンによる関与配分の規則で整理すると、この場ですべきと考えられている支配的関与、手元の作業が保たれつつ、発話などの従属的関与が行われるマルチアクティビティが、このような趣味の集まりの活動の特徴といえる。さらにこの二つの行為にどのように関与を示すか参与者が配分していて、何らかの合図によって気晴らしが許される時間と作業に没頭する時間が移行していた。

例えば作業空間全体を作業への没頭に促したい際に「音楽をかける」という行為が行われたことで、その後は作業に没頭していることを示すためにイヤホンを付ける行為がその場で逸脱することなく、没頭している状況として受け止められる。反対に会話をしたい場合は、その集まり全員にも共有できる方法であれば、その場の主要関与が会話になるように促すこともできた。分析対象としたファッションショー製作委員会の事例では、手元での作業が止められずに進んでいること、全員が参与できる話題が提供されていることが必要であった。それが守られない場合には相互行為が失敗し、おしゃべりをやめるよう咎められることもある。しかし活動と関係のないおしゃべりは活動を前に進めるための会話のきっかけともなることがあり、服飾制作活動に副次的関与を向けながらも行えるよう、手を止めずにも行える気晴らしである「怖い話の音読」を生み出していた。

趣味の集まりにおける「気晴らし」は、ただ気晴らしを行えばいいものではない。その場から逸脱しないような形での気晴らしを選んだり、没頭状態に戻るための合図を用意していたりと、私たちは状況固有の規範を実践の積み重ねによって産み出し、秩序を維持しているのだ。

付記

本章で扱った人物の名前はすべて仮名を用いている。

解　説

ここまで１章を読んできました。趣味の集まりの中では、まるで仕事のように作業をする時間と気晴らしをする時間、その両方が存在しています。これはどのように可能となっているのでしょうか。この大きな問いに対して、具体的な事例をもとに参与者たちの活動を相互行為の視点で読み解くという分析方法で取り組んできました。これにはどんな意義があるか、ここであらためて記しておきたいと思います。

本章では筆者がフィールドワークを行ってきた具体的な事例をもとにして、参与者たちの実践をよりミクロに、相互行為の視点から読み解く試みを行っています。趣味の集まりでの多くは明確なルールなしに「今すべきこと」を理解して活動しているため、実際の活動の水準でみていく必要がありました。本章の整理において、参与者たちが何らかの関与を行いあう際の合図の出し方、気晴らしとしての会話をその場に適した形にして実践する方法があることが浮かび上がってきました。没頭して活動を行うことを維持するため、集中力が切れたときに対応したり、あえて「気晴らしを行う」ことを前提にした行為を行うことで、立場の違う参与者たちの会話のきっかけをつくることも見えてきます。このような分析手法を採用することによって、「趣味」という選択した縁でつながる人びとの集まり維持の実践を理解することができるようになっていくでしょう。

ディスカッション

1．趣味の集まりの研究において、「気晴らし」はどのように捉えられてきたのか。本文に即して説明してみよう。
2．自分の属したことのある集まりで行われてきた気晴らし的行為はあったかどうか挙げてみよう。
3．2で取り上げた行為はなぜ可能であったかを、関与配分の規則を使って記述してみよう。

参考文献

天野正子 2005『「つきあい」の戦後史——サークル・ネットワークの拓く地平』吉川弘文館。

中河伸俊・渡辺克典編 2015『触発するゴフマン——やりとりの秩序の社会学』新曜社、1–25。

西阪仰・早野薫・須永将史・黒嶋智美・岩田夏穂 2013『共感の技法——福島県における足湯ボランティアの会話分析』勁草書房。

速水奈名子 2015「アーヴィング・ゴフマンの社会学——理論内在的分析と現代的展開」

中河伸俊・渡辺克典編『触発するゴフマン――やりとりの秩序の社会学』新曜社、1-25。
水溜真由美 2013『『サークル村』と森崎和江――交流と連帯のヴィジョン―』ナカニシヤ出版。
山崎沙織 2015「「読めない母親」として集うことの分析――長野県 PTA 母親文庫の 1960 年代から」『社会学評論』66（1）：105-122。

Goffman, Erving 1959 *The Presentation of Self in Everyday Life.*, Anchor Books.（石黒毅訳『行為と演技――日常生活における自己呈示』誠心書房、1974 年）
Goffman, Erving 1961 *Encounters : Two Studies in the Sociology of Interaction,* Bobbs-Merrill.（佐藤毅・折橋徹彦訳『出会い――相互行為の社会学』誠心書房、1985 年）
Goffman, Erving 1963 *Behavior in Public Places : Notes on the Social organization of Gatherings,* Free Press.（丸木恵祐・本名信行訳『集まりの構造』誠心書房、1980 年）
Goffman, Erving 1967 *Interaction Ritual : Essays on Face to Face Behavior,* Doubleday, Anchor Books.（広瀬英彦・安江孝司訳『儀礼としての相互行為――対面行動の社会学』法政大学出版局、1986 年）

第2章

可視化される読者共同体

オンライン小説投稿サイトにおける感想欄の相互行為分析

團 康晃

気晴らしに、空いた時間に小説を読む。古くからある趣味のひとつだ。それはひとつには紙メディア、書籍や新聞、雑誌といったメディアによってなされてきた。一方、インターネット、ソーシャルメディアが普及するなかで、オンライン小説投稿サイトが登場し、そこに自ら執筆した小説を投稿したり、誰かが投稿した小説を読んだり、小説に感想を書いたりすることができるようになった。近年ではオンライン小説投稿サイトに投稿された作品が書籍化され、ベストセラーとなる事例もある。本章では、この小説投稿サイトで何が起こっているのか、特に感想欄での作者と読者の相互行為に注目する。感想欄のおかげで作者は読者の感想をすぐに受け取ることができるようになった。感想のなかには肯定的な感想もあれば、批判もある。批判を受けたとき、作者はどう対応しているのか。顔の見えない作者と読者の間でなされる、小説という表現をめぐるテクスト実践に注目したい。

1 小説をめぐる趣味実践とオンライン小説投稿サイトという場

読書は私たちがふだん行うメディア経験のなかでもありふれたもののひとつだ。特に「小説」を読む楽しみは広く知られている。2008年に練馬区の若者を対象とした調査では、およそ50%の男性、およそ60%の女性が、小説をよく読む、あるいはときどき読むと答えている（岡沢 2017）。

小説、特にその読者は趣味の研究においても、重要な対象だった。なぜ人はある小説を好み、どう楽しんでいるのか。これは戦後大衆社会論において重要なテーマだった（鶴見 1950 など）。そして90年代に対象は「大衆」ではなく「若者」のサブカルチャー研究へとシフトし、以降、ノベル系ゲーム（東 2007）やケータイ小説（速水 2008）、ライトノベル（大橋 2014）などの、若者を想定読者とするコンテンツについての社会学的、批評的な議論が蓄積されてきた（古典的な小説とケータイ小説との受容の関係については岡澤・團 2017）。

本章では、小説の読者や小説を読むことだけでなく、小説を書くことや感想を述べることにも注目したい。小説を書くことを考えるとき、その先に懸賞公募に投稿するという選択肢もあれば、文学フリマ（https://bunfree.net/）をはじめとした同人イベントで誰かに読んでもらう選択肢もある。そして、公募に投稿する前や同人イベントで頒布する前には、趣味を同じくする者同士で読み合ってコメントしあうこともあるかもしれない。小説を読むこと、書くこと、感想を述べあうこともまた広く知られた趣味だ。

こうした趣味は「書籍」という紙のメディア上でなされるものだと思われがちだ。しかし、2000 年代以降、オンライン小説投稿サイトなどのソーシャルメディアが広く用いられるようになり、小説を書くこと、読むことは、スマートフォンや PC のモニタの上でも広く楽しまれるようになった。

そこでは誰かが投稿した小説を読み、感想欄に感想を書いたり、自らが書いた小説を投稿したり、見知らぬ読者の感想を受けてやりとりをすることもできる。ソーシャルメディアは小説を書くこと、読むこと、感想を示すことを、ひとつのデバイス上で可能にした。

オンライン小説といわれてピンとこない人もいるかもしれないが、オンライン小説は特定の読者に支持され、流行もしている。その代表的なもののひとつは 2000 年代に一世を風靡した「ケータイ小説」だ。その内容に対しては「荒唐無稽」といった批判もあり、多くの批評家や研究者がこの社会現象について考察を行った（速水 2008；濱野 2008⇒2015 など）。そして 2010 年代になると、「小説家になろう」（https://syosetu.com/）や「エブリスタ」（https://estar.jp/）といったオンライン小説投稿サイトが注目を浴びるようになる。

加えて重要な点は、オンライン小説は、インターネット上に存在するコンテンツにとどまらず、2000年代に入ってからは、メディアミックスによって紙の書籍となり出版市場においても存在感を増しつつあるという点だ。

2000年代後半のケータイ小説ブームのころ、ケータイ小説は紙の書籍としてもベストセラーとなった。筆者は2009年の地方公立中学校において、多くの女子生徒たちが紙の書籍のケータイ小説を貸し借りしながら読んでいる様子を明らかにした（團 2013）。オンライン小説の多くは無料で閲覧可能であるにもかかわらず、書籍化されて書店で販売され、売れていたのだ。

これは「ケータイ小説」に限らず、本章が注目するオンライン小説投稿サイト、「小説家になろう」においても同様の展開を指摘できる。住野よる著『君の膵臓を食べたい』は、「小説家になろう」に投稿されたあとにサイトで人気を集め、2015年に書籍化され55万部の売り上げを記録し、その後に映画化、アニメ化がなされている。

また伏瀬著『転生したらスライムだった件』など、主人公が死後、現実とは異なるファンタジー世界に転生してからの物語、いわゆる「異世界転生」を中心に、「小説家になろう」に投稿された多くの作品が紙の書籍として出版され、さらにマンガ化、アニメ化などのメディアミックス展開がなされている。

そして近年では、オンライン小説投稿サイトの人気作品を書籍としてリリースするレーベルも増えている。2012年には主婦の友社に「ヒーロー文庫」が登場し、2013年にはKADOKAWAメディアファクトリーの「MFブックス」、2015年には「カドカワBOOKS」が登場している（大橋 2016：198）。これらは「新文芸」と呼ばれ、ファンタジー小説やライトノベルと近接するひとつのジャンルとなり、出版市場で存在感を持ちつつある（全国出版協会・出版科学研究所 2018：113）。

オンライン小説投稿サイトは複数存在し、そのユーザーのジェンダーや年齢、その好みによってゆるやかなすみ分けがなされている。また、サイト内でも、作品につけられたタグやキーワードを検索することで、好みの作品をフォローし、読み、感想を投稿したり、自らも好みの小説を書き始めたりすることができる。オンライン小説投稿サイトは、似た趣味を持った者が集う場となっている。

こうした場で生み出される作品は、独特の特徴を持っている。かつてケータイ小説ブームのなかで、濱野智史は東浩紀の議論（東 2007）を受けながら、ケータイ小説のように、サイトにアクセスする者や熱心な読者にとってきわめて身近で、物語の魅力の一部でありながら、それ以外の人には理解できなかったり荒唐無稽だと感じられる作品の特徴を、「限定されたリアル」と呼んだ。

「限定されたリアル」は、投稿サイトのような自分の好みにあわせて検索し、閲覧することが可能なプラットフォーム上に集う人びとのコミュニケーション、およびそのリテラシーによってもたらされている。濱野はこうしたコンテンツの特徴を理解するためには、具体的に人びとが集う、投稿サイトのようなプラットフォーム（あるいは環境）、およびそこにあるコンテンツを対象とし、その作品を「リアル」だと評価するリテラシーがいかなるものなのか、読みとく作業が重要だと主張していた（濱野 2008⇒2015：275-312）。

これまでにない、新しい環境で小説が投稿され、読まれ、そこでの感想を受けて作品が変わっていく。こうした環境があるとき、濱野が示したプラットフォーム（環境）とそこでのコミュニケーションに注目するという研究方針は、きわめて重要だといえる。

本章は濱野の指摘を引き受けつつ、投稿サイトという環境において、オンライン小説を書くこと、読むこと、感想を書くことといった、諸活動の構造と、その実践のもとで小説が産み出されていく際の特徴を明らかにしたい。

そのとき、特に注目したいのは、感想欄でのやりとりだ。ソーシャルメディアに集まった読者は感想欄に、小説に対する感想を投稿することができる。その感想は作者にとって趣味を同じくする者からの激励として受け取れるかもしれない。またときに、批判を受けて応答してみたり、場合によっては書き換えるかもしれない。つまり、感想欄は、作者と読者がやりとりをすることができる限定された場であり、その場でのやりとりが、投稿されたテクスト、小説を変える可能性を持っているのだ。

しかしながら、こうしたなかでひとつの問いが生じる。ソーシャルメディアによって、顔の見えない読者と作者は感想欄でやりとりができる。ただ、そこに集う者たちは、表立っては職業人、たとえばプロの編集者というわけではない。仮に編集者が読者のなかにいたとしても、ほとんどの感想は本名と紐づいたアカウントで投稿されていない。匿名だ。感想欄にいるのはあくまでソーシャルメディアのユーザーたちであり、ユーザーたちの素性はきわめて多様だ。

にもかかわらず、そこに投稿される感想は、非専門家として邪険に扱われることは少ない。それどころか、作者は感想を受けて、投稿した小説を修正したり、書き換えることもある。姿の見えないユーザーの感想を、作者はどのようにして受け止め、ときに書き換えに至っているのか。この問いを明らかにすることで、オンライン小説に投稿された作品が、そこに集う人びととのやりとりのなかで、初発のテクストから変わっていく際の仕組みの一部を明らかにしたことになるだろう。こうした問いに答えていくために、本章ではエスノメソドロジー、会話分析の立場から感想欄における相互行為の構造を明らかにしていきたい。

2　分析対象――「小説家になろう」と『無職転生』

現在、インターネットにアクセスすることができるのなら、たくさんのオンライン小説サイトを閲覧することができ、たくさんの小説と感想を見ることができる。そうしたなか、本章で特に取り扱う作品は、理不尽な孫の手著『無職転生――異世界行ったら本気出す』（https://ncode.syosetu.com/n9669bk　最終確認日2020年11月28日）である。

この小説を分析の対象とする理由は、それがオンライン小説サイトのなかでも代表的なものである「小説家になろう」において、アクセス数の多い作品のひとつだからだ。

小説全体の累計PV、つまりページが開かれた回数は2020年11月28日20時時点で5億3271万6022アクセスであり、当該作品の訪問者数は4630万1995ユーザである（https://kasasagi.hinaproject.com/access/top/ncode/n9669

bk/ 最終確認日 2020 年 11 月 28 日)。連載は 2012 年 11 月 22 日より開始され、2015 年 4 月 3 日に完結している。

また、現在は書籍単行本化され先述の「新文芸」の「異世界転生」の一ジャンルとして販売され、2020 年 6 月時点では 23 巻まで刊行されている。マンガ化も進み、MF コミックフラッパーシリーズより、2020 年 8 月時点で既刊 13 巻が刊行されている。さらに 2021 年 1 月よりアニメ化されている (https://mushokutensei.jp/ 最終確認日 2020 年 11 月 28 日)。

作品について、作者による小説情報では以下のように概要が紹介されている。

> 34 歳職歴無し住所不定無職童貞のニートは、ある日家を追い出され、人生を後悔している間にトラックに轢かれて死んでしまう。目覚めた時、彼は赤ん坊になっていた。どうやら異世界に転生したらしい。彼は誓う、今度こそ本気だして後悔しない人生を送ると。(https://ncode.syosetu.com/novelview/infotop/ncode/n 9669 bk/ 最終確認日 2020 年 11 月 28 日)

読み手は作品をブックマークに登録することで、投稿があるたびに通知を受け取ることができる。2020 年 11 月 28 日の時点でブックマークの総数は 18 万 2940 件。また投稿された感想の総数は、3 万 1696 件ある。感想は読者がアカウントにログインした状態で書き込みを行うことができる。2013 年 3 月 23 日まで、およそ 4 か月間、作者は感想に対する返答をおおむねすべて行っている。なお、連載終了、完結後も感想欄は開放されており、今も作品を読んだ読者が感想を書き込むことができる。

表 2-1　コメントを行ったアカウントの年齢と性別

	女性	男性	無回答	合計
14 歳以下	1	0	0	1
15 歳～17 歳	0	10	9	19
18 歳～22 歳	0	86	13	99
23 歳～29 歳	0	87	13	100
30 歳～39 歳	4	89	8	101
40 歳～49 歳	0	16	1	17
70 歳以上	0	1	0	1
無回答	1	116	318	435
合計	6	405	362	773

本章では、「無職転生」の投稿開始

から約1か月間の感想欄でのやりとりに注目したい。ちょうど連載がはじまり、本作品が注目されはじめていく過程でのやりとりを明らかにすることになる。なお、11月26日から12月29日までのコメント総数は773件（表2-1)。感想を投稿したアカウントの性別としては、女性6、男性405、選択なし362。年齢としては、14歳以下が1件、15〜17歳が19件、18〜22歳が99件、23〜29歳が100件、30〜39歳が101件、40〜49歳が17件、70歳以上が1件となっている（うち、同一アカウントによるコメントを含む)。このように投稿された感想をまとめてみると、大学生から30代までの男性によるコメントが多いことがわかる。

3 『無職転生』とプラットフォームのもたらす利用形式の特徴

まず、作者や読書が集うプラットフォームの特徴、オンライン小説を書いたり、読んだり、感想を書いたりできる環境の特徴を確認したい。

オンライン小説を書くこと

オンライン小説を書いて投稿したい。そう思ったときにどんな手続きを取ることになるのか。投稿サイトは懸賞公募のようにひとつの作品を完成させなければ投稿できないというわけではなく、1話ごとに公開することができる。雑誌における連載に似た作品の公開の仕方だ。また、投稿のタイミングについても、書き手が好きなときに好きなタイミングでアップロードを行うことができる。

図2-1のように、作者は「話」として物語を分割して投稿する。そして、各話の右には投稿日時が記される。また「(改)」という表記は投稿後に書き換えがなされたことを示している。

感想欄でのやりとりをみてみると、理不尽な孫の手は投稿すべき本文を書き溜めたうえで、全話を一挙にアップロードするのではなく、1話ずつ一定のタイミングでアップロードしていることがわかる（参考：2012年11月28日20時41分に投稿された作者の感想欄コメントより)。完結した物語を一度に

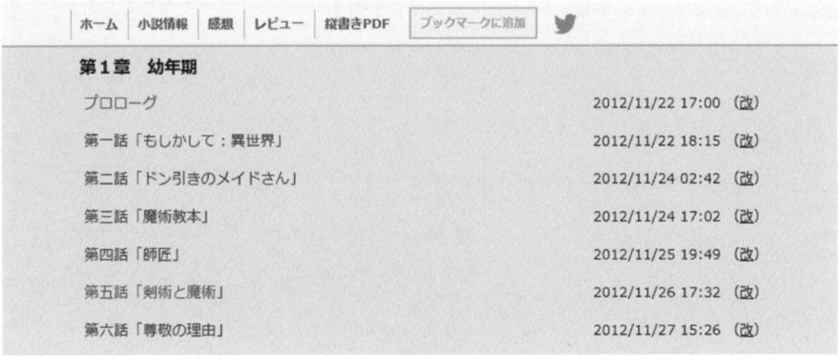

ホーム　小説情報　感想　レビュー　縦書きPDF　ブックマークに追加

第1章　幼年期

プロローグ	2012/11/22 17:00（改）
第一話「もしかして：異世界」	2012/11/22 18:15（改）
第二話「ドン引きのメイドさん」	2012/11/24 02:42（改）
第三話「魔術教本」	2012/11/24 17:02（改）
第四話「師匠」	2012/11/25 19:49（改）
第五話「剣術と魔術」	2012/11/26 17:32（改）
第六話「尊敬の理由」	2012/11/27 15:26（改）

図 2-1　『無職転生』目次

出所）https://ncode.syosetu.com/n 9669 bk　最終確認日 2020 年 11 月 28 日

投稿するのではなく、分割して投稿することで、読者は最新話を読むたびに感想を投稿することができる。

結果的に最新話に対する読者の感想を作者が随時確認しながら執筆を進めることができるということになる。

作者は自らの作品に対し、読者の感想を受け付けることができる。その際、あらゆる読者の感想を受け付ける「ログイン制限なし」という設定と、サイトにユーザーとして登録し、ログインしたアカウント、「ログイン済みユーザ」からのみ感想を受け付けることができる設定とがある。また、一切受け付けない設定にすることもできる。この場合、読者の画面には感想欄が表示されない。なお、『無職転生』はログイン済みユーザーからの感想のみを受け付ける設定となっている（https://ncode.syosetu.com/novelview/infotop/ncode/n 9669 bk/　最終確認日 2020 年 11 月 28 日）。

オンライン小説を読むこと・感想を投稿すること

オンライン小説の読者は、投稿サイトのユーザーであり、PC やスマートフォンといったデバイスに表示されるサイトの画面で小説を読む。ユーザーはまず投稿サイトにアクセスし、キーワードや作者名で検索をすることもできるし、ジャンルごとのランキングを見て、読みたい小説を探すこともできる。また、Twitter など他のソーシャルメディアで紹介されていたリンクを

踏んで、アクセスするということもできる。

またユーザーは投稿サイトにアカウントを作ることで、ブックマークや更新通知機能を利用できる。特定の作品を読んでみて面白かったらその作品をブックマークし、さらに更新通知が届くように設定する。そうすれば、最新話が投稿され次第、ユーザーのもとに通知が届くようになる。そして、作品を読んだ読者は、その作者が受け付けていれば、感想を投稿することができる。

図 2-2　感想欄のデザイン

感想欄はソーシャルメディアのデザインとしていくつかのセクションに分けられている。「小説家になろう」の場合、「感想を書く」の欄は、「良い点」、「気になる点」、「一言」から構成されている。また投稿者の名前が表示される（図 2-2：https://novelcom.syosetu.com/impression/list/ncode/369633/#hyoukalan 最終確認日 2020 年 11 月 28 日）。

また、各セクションに書き込むべき感想の書き方についてはページ上で教示されている（https://syosetu.com/man/impression/ 最終確認日 2020 年 11 月 28 日）。たとえば、「良い点がある場合はできるだけ具体的にお書きください。「面白かった」「良かった」のみがダメだということではなく、せっかく書き込むのであれば「何が良かったのか」も添えてもらえるとより作者の励みになるのではないかと思います」といったように、読者はどのように感想を投稿すべきか、その際にとるべき特定のやり方を示唆されている。

そして、これらのいずれかに感想を書き込み投稿すると、その作品に関する感想として感想欄に表示される。この感想に対し、作者は同じ感想欄でリプライすることもできる。

感想投稿のタイミングと小説への参加

作者が作品を一度にまとめて投稿するのではなく、各話ごとに投稿する場合、投稿された話と次に投稿される話の間に時間ができる。更新通知を登録して最新話を読んでいる読者たちは、作者が投稿するたびに通知を受け、読む。つまりリアルタイムでその連載の時間を共有することになる。その際、読者の感想は、最新話を対象とすることが多くなる。そして作者は最新話に対する感想を読み、リプライのなかで自分なりの考えを示して説明したり、ときにその指摘を受け入れたりする。これはユーザーにとっては当たり前のことだが、読者と作者の感想欄上でのやりとりが、作品に反映される条件としては重要なことだ。

逆にいえば、読者が自らの感想をとおして作品にかかわりたい、影響を与えたいのであれば、最新話が更新された直後のタイミングで感想を投稿する必要がある。小説の最新話の投稿からなるべく早く感想を投稿することは、読者が小説へコミットするためのひとつの方法なのだ。当然、作品が完結してから数年経ったあとであっても、作者が感想欄に自由に投稿できる設定にしておけば、読者は自由に感想を投稿できる。しかし、連載が終わって作品が完結したあとに投稿された感想が、作品の展開に影響をおよぼすことはおおよそありえないだろう。

図2–3は、感想の投稿数の推移をまとめたものだ。最新話が投稿された日の感想の数の表示は斜線、更新のない日の投稿数はグレーで示している。図をみればわかるように、最新話の投稿がある日とない日では、感想の投稿数が異なり、更新されるとすぐに感想を投稿する読者が多い。つまり、感想を投稿する読者の多くは、更新通知などで最新話の更新を把握できる読者であり、更新されるとすぐに最新話を読み、感想を投稿しているのだ。

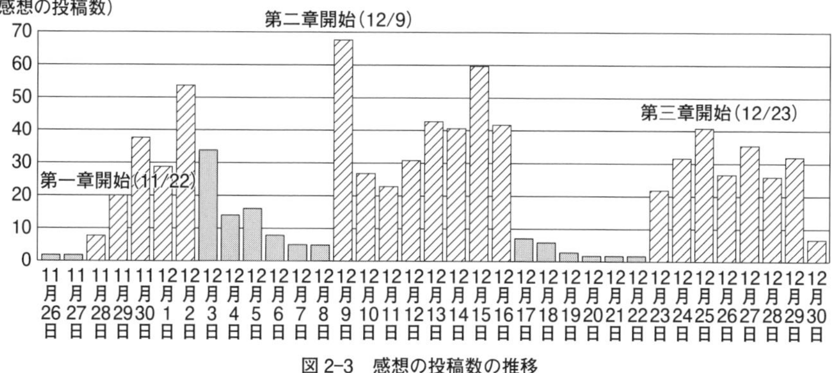

図2-3　感想の投稿数の推移

こうした傾向をみると、感想欄に感想を書くユーザーは、現在、定期的に更新されている作品に、自らの感想が反映されることをのぞむなら、これまでの話を読んだうえで直近の最新話を読み、その最新話に対する感想を投稿することが期待される。

ずいぶん長くサイトの特徴やそこで作品を投稿すること、読むこと、感想を投稿することの特徴について論じてきたが、これらはいわばオンライン小説について似た趣味を持った者たちが集まる場、フィールドの特性を確認する作業だった。

濱野智史やソーシャルメディア上の相互行為をエスノメソドロジー・会話分析の立場から分析しているリードやトルミーらも示しているように（濱野 2008⇒2015 ; Reed 2017 ; Tolmie et al. 2018）、ソーシャルメディアはその環境のデザインによって、そこで可能となる行為や活動の幅が変わってくる。上で示してきたのは、そうした環境の特徴だった。

以下では、ここまで示してきた環境の特徴を踏まえ、具体的な感想欄におけるやりとりを相互行為として分析していきたい。注目するのは本章の問いである、職業的な専門家であるかどうかわからない読者の感想によって、作品の本文が書き直される際の手続き、方法についてである。

4　感想を投稿すること

以下では、五つの事例についてみていきたい。

はじめの二つの事例では、二つのことを確認する。第一に「感想」欄といっても、そこでは様々な行為が行われているということ。第二に、感想欄に書き込む際、読者はただの読者ではなく、様々な知識を持つ読者として自己を呈示しているということ。特に、この事例で読者は、特定のジャンルについての知識を持つ読者として書き込みをしている。

つづく二つの事例は、小説の本文の書き換えを促す事例だ。三つ目の事例は誤字脱字の指摘であり、特にこの作品についての知識を持たなくとも、日本語の能力を持っていれば指摘できるものだ。四つ目の事例はこの作品についての知識を持っていないと指摘できない、つまりこれまでの作品を読み続けていないと指摘できないものだ。そして、最後に実際に感想欄への投稿をうけて、本文が書きかわった事例をみたい（当然ながら、感想欄でのやりとりをみていくなかで、興味深い事例はこの五つの事例以外にもある。その点については團 2020 を参照いただきたい）。

感想欄では何がなされているのか

それでは第一の事例をみてみたい。2012 年 11 月 28 日、まだ公開がはじまって日が浅い時期、たとえば「文章もきっちりしているし誤字もないですね！　願わくば定期的に更新してほしいです！　応援してますよ！」といった感想が投稿されている（https://novelcom.syosetu.com/impression/list/ncode/369633/?p=3170 投稿日時 2012 年 11 月 28 日 19 時 56 分 最終確認日 2020 年 11 月 28 日）。この感想は三つの文からなっている。1 文目は文章の良さや誤字のなさが述べられており、そうした点を評価する行為であることがわかる。2 文目では読み手の願望が表明され、最後の 3 文目で激励している。一言に「感想欄の感想」といっても、そこでは様々な行為がなされていることがわかる。感想欄という場において、人びとは様々な行為、活動を組織することができるということは、当たり前だがこの場でのやりとりをみていくうえで重要なことだ。

特に書き換えを求めていない事例をもう一つみてみよう（https://ncode.syosetu.com/impression/list/ncode/369633/?p=3170 投稿日時2012年11月28日20時42分 最終確認日2020年11月28日）。感想にはしばしば、読者が本文をどう読んだかがあらためて示されることがある。

そのとき、読み手は自らを何者として提示しているのかについて注目したい。

×本気だす＝はっちゃけちゃう！
○本気だす＝努力する。あと、前世から反省できることは直していく。
勘違いしててすみませんでした。反省します。
今後の展開が楽しみです。

この感想は、『無職転生』のサブタイトル「異世界行ったら本気だす」の「本気だす」の意味について、読者の当初の予想が覆されたことが、等号を用いて表現されている。1行目の「本気出す」には「×」がついている。つまり間違いだったと読者が気づいたことを示している。「はっちゃける」とは「羽目を外してはしゃぐ」（大辞林）といった意味だ。

2行目には、「努力する。あと、前世から反省できることは直していく。」とある。この2行が並べられることで、読者の「本気出す」の当初の予想が何だったかはっきりする。1行目が羽目を外してはしゃぐ、ある種の不真面目さを想定していたのに対し、2行目は努力するというある種の真面目さが想定されている。「はっちゃける」ことと「努力する」こと。主人公の性格として、この二つは対照的だろう。

注目すべき点として、「本気だす」を「はっちゃける」という意味でとらえる1行目の予想は、「異世界転生」と呼ばれるジャンルをふだんよく読む者にとってはさほど特殊な理解ではないということだ。「異世界転生」のなかには、前世において凡庸だったり不遇だった主人公が、不慮の事故などで命を落とすものの、転生した異世界においては前世とは対照的に特殊な能力でその人生を有利に進めることができたり、異性にもてるなどといったストーリーの特徴を持つものが少なくない。

感想の１行目の「本気だす」を「はっちゃける」とするとらえ方は、転生したのちに羽目を外すという、「異世界転生」の王道を想定したものだったということだ。一方でこの感想の投稿者が読んだ『無職転生』は、そうしたものとは異なる展開をとっており、投稿者が追記しているように、「前世から反省できることは直していく」。転生したのちも主人公は努力をしていく。転生したのちの世界では「はっちゃけた」世界を生きていくという物語が数多くあるなか、他の「異世界転生」とは異なる物語として読者はとらえ、「勘違いしててすみませんでした」と、先入観を持っていたことを謝罪するのだ。

ここで読者は、自らが「本気だす」を「はっちゃけちゃう」ものとして期待する者、つまり「異世界転生」をふだん読む者であることを呈示していることがわかるだろう。このように、感想欄では顔の見えない者たちが集まり、様々な行為、活動を行う。その際、しばしばその行為や活動、ここでいうと作品に対する予想・期待の仕方が、特定の成員であることを示唆するカテゴリーと結びついていることで、この行為を行ったものが何者であるのか、推論することができるのだ（Sacks 1974）。そもそも「異世界転生」をまったく知らない人にとっては、こうした「本気だす」の理解のあり方や、謝罪の意味はわからないだろう。それは特定のジャンルと結びつく「本気だす」という活動の意味、期待についての知識を持っていないからだ。

この感想に対し、作者は次のように返答している（URL は読者の感想と同様コメント返答日時：2012 年 11 月 28 日 21 時 23 分 最終確認日 2020 年 11 月 28 日）。

> 「本気だす」は、その勘違いを狙って付けたのもあるので、反省はいらんですよｗといっても、いつまでもこの路線で進めては話も膨らまないので、ゆっくり路線変更していくつもりですが。

まず、「異世界行ったら本気だす」という副題の「本気だす」はある種の誤解を誘うための作者の仕掛けだったことが告白され、「反省します」と感想の投稿者に対し、それが適切な誤解であるという評価を下して、「w」つまり笑ってみせつつ、今後の展開を示唆している。

以上、みてきたように感想欄の中では、ただ感想が述べられるのではなく、様々な行為、活動がなされている。そこでは明示されないものの、特定のジャンルと結びついた知識が用いられることで、その読者がいかなる知識を持った読者であるのか、他の参加者にも理解できるようになっていた。それゆえに、この作品の特徴は際立ち、その評価は可能になる。また作者もその評価を、自らの狙い通りとして、喜んで受け取ることができるのだ（読者は反省しているにもかかわらず、それがある種、嬉しいこととして喜べるのだ）。

小説本文の修正にかかわる感想とその応答

次にみていきたいのは、感想欄への投稿によって、小説の本文が書き換えられる事例だ。二つの事例をみたい。一つは誤字脱字の事例であり、もう一つははっきりと作品を批判し、書き換えを求める事例だ。

誤字脱字の指摘

本文の修正に関わる感想としては、誤字脱字の指摘がある。11月29日の感想の「気になる点」の欄には、「プロローグ」と本文の箇所を指摘したうえで、「引きこもっていてで親族会議に出席しなかった」「引きこもっていて親族会議に出席しなかった」と正誤が示されている（https://novelcom.syosetu.com/impression/list/ncode/369633/?p=3168 投稿日時2012年11月29日21時29分　最終確認日2020年11月28日）。誤字のある本文の引用があり、改行したあとに示されているものが正しく書き換えたものだ。「引きこもっていてで」の「で」を抜いている。この投稿者は同様に、八つの誤字脱字、誤変換を指摘していた。

この感想は最新話が更新された直後に投稿されており、感想内の指摘が最新話の本文に向けられていることがわかる。作者が最新話を投稿し、読者が読み、感想を書くという作品をブックマークし更新通知を受けとっている読者と作者のルーチンのなかで、この感想は理解可能なものになっていることがわかるだろう。

そして、この誤字脱字の指摘に対し書き手は、「おお、すごい！　誤字指摘ありがとう御座います！」と指摘に対し感謝を示している。本文投稿直後の感想には、この手の誤字脱字の指摘が非常に多い。指摘を受けると多くの場合、作者は感謝し、ときに「修正しました！」と改善の報告を行う。

この誤字脱字の指摘は、次にみていく事例とは異なり、ほとんど議論の余地なく、受け入れられ、本文は修正される。端的に誤字脱字が作者のミスであることが明らかだからだろう。誤字脱字の指摘は、先にみた感想の事例のようにジャンルと結びついた知識が用いられているというより、いわば日本語についての知識があれば行うことができる。それゆえ、この指摘に対して、作者が抗弁するなど、何らかの議論に発展することはほとんどない。

この本文の修正は、会話分析において指摘されている会話における言い間違いなどのトラブル源に対する修復の他者開始と修復の関係に類似したものだといえる（Schegloff et al 1977＝2010）。

物語の世界観に結びついた言葉選びについて

次にみたい事例は、物語の世界観にかかわる本文の語の選択についての感想だ。11 月 30 日「一言」欄に次のような感想が書き込まれた（https://novelcom.syosetu.com/impression/list/ncode/369633/?p＝3167 投稿日時 2012 年 11 月 30 日 01 時 11 分 最終確認日 2020 年 11 月 28 日）。

生前　というより、前世　のほうがしっくりくるような気がしますが

先の分析でも示したように、この感想はその投稿されたタイミングからも、最新話に向けられたものとして理解することができる。まず、直前の本文の投稿を確認したい。この感想が投稿された前日に更新された第 8 話「鈍感」

では、序盤において主人公が異世界に慣れていくなかで、繰り返し「生前」を思い出すシーンがあり、「生前」という言葉が本文に二度使われている。具体的に本文を引用したい。これは主人公がこの世界に転生する前の記憶を、現在の世界における魔術や剣術に応用できるはずだと独白するシーンである（https://ncode.syosetu.com/n9669bk/9/ 最終確認日 2020年11月28日）。

他にだって、何かしらしていれば、魔術で再現できただろう。
あるいは、スポーツでもやっていれば、剣術も上達したかもしれない。
そう思えば、生前はなんと無駄な時間を過ごしてきたのだろうか。

いいや。
無駄などではない。

確かに俺は仕事もしなかったし学校にも行かなかった。
だが、ずっと冬眠していたわけではない。
あらゆるゲームやホビーに手を染めてきた。
他の奴らが勉強や仕事なんぞにかまけている間に、だ。

そのゲームの知識、経験、考え方は、この世界でも役立つ。
はずだ……！

主人公は、転生する前の引きこもり時代、スポーツなどをしていなかったことを後悔しながらも、引きこもってやってきたゲームの知識がいま、役に立つはずだと肯定的にとらえ直そうとしている。そして、このときに、自らが生きていた頃のことを「生前」と表現しているのだ。ふつう、私たちは「生前」であれ「前世」であれ、その記憶は持っていないことがほとんどだ。ここで注目したい事例は、こうした私たちはほとんど持ちえないフィクショナルな設定についての表現に関するものだ。

この感想は、先にみた誤字脱字のコメントとは水準の異なる行為をなしている。誤字脱字についての感想は、日本語表現に関する比較的自明なものゆえ、ほとんど議論の余地なく作者に修正を促すものであるのに対し、この感想は、議論の余地のある「提案」、「生前」という表現を「前世」という表現に変更することを提案する、ということを行っている。

この違いを確認するため、感想に用いられている表現に注目しよう。

まず注目したいのは、感想の最後にある「しっくりくる気がしますが」という表現だ。感想欄において、本文の修正を提案する際、もっとはっきりと提案したいのなら、「生前よりも前世と書いたほうが良いと思います」などといった表現も可能だっただろう。しかし、読者は「しっくりくる」という読みの違和感の有無の水準で主張しつつ、さらに「気がする」という感覚について述べる。つまり、その主張を自分個人のものであるとして格下げしながら、作者にある種の表現の問題を伝えようとしているのだ。

感想欄において誤字脱字の指摘以外の、本文の修正、変更を促す感想はしばしば、こうした「気がします」「違和感があります」といった直接的に修正を促すのではなく、読者の個人の感覚を示す表現が用いられている。

こうした表現は、感想欄において作者と顔の見えない読者たちがやりとりする際の手続きとして特徴的なものであり、ある種の巧みさがある。ふつう小説は特定の作者が産み出したものであり、その作品を書き換えたり、修正する権限は作者が持つものと考えられているだろう。作家と作品はそうした権限で結びついている。一方で、オンライン小説では、作者が権限を持つ作品に対し、その読者が感想欄に書き込むことで、ときに本文の書き換えを促し、作品の修正、変更に携わることができる。そのとき、読者は自らの主張を格下げすることで、作者の作品への特権性を維持しつつも、提案可能な認識能力を持つ読者として自己を呈示しているのだ。

しばしば趣味実践や芸術実践では専門的な知識や技能を持つ者どうしが協働することがある。そこでのより良い作品や表現のために参加者が提案する際、ここでみた感想欄での提案のような表現はしばしば観察されている（オーケストラのリハーサルの事例としてはParton 2014、会社の会議における事例としてはAsmuß and Oshima 2016また、近年のエスノメソドロジー・会話分析ではこうした知識や経験の権威をめぐる人びとのやりとりについて、蓄積がなされている。その展開の整理としては早野2018を参照のこと)。

では今みてきた読者の感想、書き換えの提案に対する作者の応答をみてみたい。作者は次のように比較的長めの回答を行った(URLは読者の感想と同様、コメント返答日時2012年11月30日1時48分 最終確認日2020年11月28日)。

> そうですねー、幽霊じゃあるまいしねー。
> あくまで俺のイメージなんですけど。
> 「前世」より「生前」の方が身近に感じるんですよ。
> 前世の俺は〜、っていうと80年台の中二少女が1000年前のことについて喋ってるみたいで嘘臭い。
> けど、
> 生前の俺は〜、っていうと幽霊が数年前に実際にあったことを喋ってるみたいじゃないですか。
> まぁリアルで聞いたらどっちも胡散臭いのは間違いないんですけど、主人公に数年前の事を喋らせるんだったら、「生前」の方が読者が感情移入感しやすいんじゃないかな、と思って、あえて前世ではなく生前にしました。
> 主人公にとってクズニート時代は数年前の出来事ですからね。
> 探せばもっといい単語があったかもしれないけど、思いつきませんでした。
> なので、俺なりのオサレだと思って我慢してください。

誤字脱字の指摘とは異なり、作者は読者の提案に対して理由説明を示したうえで、提案を拒否していることがわかる。まず作者は読者の認識に対して「そうですねー、幽霊じゃあるまいしねー。」と提案の内容を理解したことを示している。それはある種、読者の指摘を理解でき、その提案が逸脱したものではないことを示すことであり、そうすることで読者の読みを肯定し、メンツをたてている。

そのうえで、読者が二つの語を対比させて行った提案に対し、作者はそれぞれの語で想起される時間幅のイメージを示し、対比させることで、自らの選んだ「生前」という表現が「数年前」の生を表現する際に適切であることを主張している。

このとき注目したいのは、作者がまず「あくまで俺のイメージ」と前置きすることだ。これはリプライの最後のまとめにある「俺なりのオサレだと思って我慢してください」とあわせて、最終的な語の選択が、「俺」個人の選択、作者の趣味・嗜好、「オサレ」の問題であることを説明している。

そのうえで作者は、二つの語によって想起されうる自らのイメージを呈示し、「生前」という言葉の持つリアリティを尊重していることを説明し、その説明を通して、提案を拒絶するのである。

このとき、理由説明を「俺のオサレ」とするリプライは、感想欄に参加している読者との関係を考えるうえで興味深い。ひとつには読者の提案の根拠、コメントの書き手の読み方を否定していない。つまり、特定の読解能力を持った読者であることを否定していない。そしてそのうえで、それでもなお、提案を作者の権限でもって、「俺のオサレ」として拒否することができるのである。こうすることで、書き換えの権限がない読者のこれ以上の提案は、他の「前世」以外で適切な単語がない限りは受け入れないということの表明にもなっている。

小説の内容に対する批判

上の事例でみてきたように、読者による本文の書き換えの提案は、しばしば主張の格下げをともなって、書き手の権威を維持しつつ、自らの認識の妥当性を示唆しつつなされる。そしてこうした読者の小説執筆への参加のあり方を尊重しながら、書き手は必要に応じて提案を受け入れ、提案を拒絶する場合も多くの場合は理由説明をともなって行われていた。一方、なかには提案ではなく、本文に書かれた内容そのものへの批判がなされることもあった。

当然、感想欄においてはしばしば「荒らし」と呼ばれるような誹謗中傷がなされることも可能性としてはあるが、そうした「荒らし」への応答がなされることは作者にもよるが、あまりない。むしろ、「荒らし」行為自体が問題化されたり、無視される。一方で、批判のなかには応答が求められるような批判もある。こうした自らの作品に対するはっきりとした批判に対し、書き手はいかなる対応をするのか。まずはその事例をみてみよう。

『無職転生』は、前世で無職だった主人公が、魔法使いと剣士の息子として生まれ変わり、その魔法の才能を活かして成長していく物語だ。ここで投稿された第 11 話「離別」（https://ncode.syosetu.com/n 9669 bk/12 最終確認日 2020 年 11 月 28 日）は、主人公が父親と修行する日々のなかで、同じ街に住む女の子と恋仲になってきたころ、ある日の修行中、父親パウロが主人公に突如として襲い掛かり、パウロは主人公の意識を失わせ、拘束して、都会の学校に送り出してしまうというものだ。この最新話に対する感想である（https://novelcom.syosetu.com/impression/list/ncode/369633/?p＝3156 投稿日時2012 年 12 月 03 日 00 時 45 分 最終確認日 2020 年 11 月 28 日）。

> これは事実上、児童虐待ですよ。
> フィクションなら、児童虐待する両親が容認されるとでも？
> 5 年間までという制限があったところで、結局、子供を金で売り渡した事実は変わりない。
> 親が人非人であるならファンタジーな世界ということで納得ですが。
> そうでないのだから、この展開はアリエナイです。
> あなたの常識が疑われます。

この批判には、自らが通りすがりの荒らしなどではなく、この作品を読み続けている熱心な読者であることを推察できるような知識が様々に用いられている。

まず、「これは」と批判の文が始まっているが、これまでの分析でもそうだったように、リアルタイムでこの感想を読者は、この感想が最新話に言及したものだとわかる。また、この感想が最新話投稿直後に書き込まれたことからも、この感想が「更新通知」を登録した本作の読者によるものだということが推察される。この読者は、日々この作品を読み、その内容を理解したものであることがわかるタイミングで、感想を述べている。

そこで読者は主人公の父親であるパウロの振る舞いを「児童虐待」であるとし、作者に問いかける形で非難している。3文目に「5年間」と小説の内容に言及しながら、パウロが「人非人」であれば、納得できるが、という補足を行っている。このように、読者は自らの作品についての知識を用いることで、自分がこの作品に妥当な批評・非難を行える読者であることを示している。つまり、読者はこれまでの作品を読み、「親」であるパウロのキャラクターのこれまでの振る舞いをみてきて、彼が「人非人」ではないことを知っているからこそ、こうした「展開」がおかしい、書き手の常識が疑われると、非難することができるのだ。この感想に対する筆者のリプライは次のようなものだ（URLは読者の感想と同様、コメント返答日時2012年12月03日1時8分 最終確認日2020年11月28日）。

> そっすねー〔そうですね〕、俺に常識が無いのは言われるまでもなくわかっているんですが……、
> とりあえず活報〔活動報告〕「第三回～」にそのあたりのことを書いておいたので、読んでみてください。
> ちなみに、預けられるのは親戚です。
> 俺の中ではこの話は、田舎の子供が勉強のために都会の親戚に預けられる、というイメージです。（〔　〕内は引用者補足）

作者はコメント投稿者の非難を作者の「人格」への非難として受け止めながらも、作者としての狙いには正当性があることを説明しようとしている。その手段として、ひとつには小説本文の外、「活動報告」というサイト内にあるブログにおいて最新話でパウロがとった行動の意図について説明している（「第三回作者の予防線」https://maypage.syosetu.com/mypageblog/view/useride/288399/blogkey/585773 投稿日時2012年12月03日（月）01:03 最終確認

日2020年11月28日）。さらにこの感想へのリプライ欄では、パウロに拘束された主人公が、このあと「親戚」に預けられることを先取りして紹介している。それが「田舎の子どもが勉強のために都会の親戚に預けられる」ようなものだと説明することで、感想投稿者の指摘した「児童虐待」の事例には当たらないことを主張しているのだ。

しかしながら、先の父親の主人公に対する振る舞いへの批判は、これだけでなく（2012年12月3日2時20分投稿コメント等）、作者は別の感想へのリプライで「描写不足ですね。（略）書き直しますか！」と答え（https://novelcom.syosetu.com/impression/list/ncode/369633/?p=3155 最終確認日2020年11月28日）、結果的に後日、父親であるパウロの視点から同じ出来事を描き直す文章を小説の本文として加筆することになったのである。

作品の内容に対する批判、非難は、上でみてきたように、熱心な読者、物語の展開を熟知した読者であることが示唆されながらなされるがゆえに、書き手にとっては無視することが難しいこともある。そして、それゆえに話の続きを書く際の大きな障害、葛藤になることもあるのだ。

5　感想欄の中のやりとりがもたらすもの

オンライン小説では、似た作品が生まれやすいとしばしばいわれるが、上でみてきたような批判のあり方は読者が期待する物語の展開を作者が踏襲せざるをえなくなる構造となっている可能性がある。そもそもオンライン小説サイトという場に自らの好みをキーワードやタグを検索して集まった熱心な読者だ。その読者はしばしば、そのジャンル、その作品の展開を熟知し、そこから逸脱的な展開が生じたときに、作者を批判、非難することがある。

こうした事態が続くとき、作者は読者の批判、非難を受けて作品を変えるか、あるいは続きを書けなくなってしまう。特に後者、書けなくなるという事態は、オンライン小説では広く知られた現象であり、「エタる」と呼ばれる。これは「永久（エターナル）に更新されない」ことを意味するネットスラングだ。

それゆえに、他の読者は批判的な感想が多数投稿されたとき、批判にまっとうに対応しないよう作者に促すものもいる（https://novelcom.syosetu.com/impression/list/ncode/369633/?p=3155 投稿日時2012年12月3日8:13分 最終確認日2020年11月28日）。

> パウロがうざいとか個人感情のコメは流していいのではないだろうか。これからもいちいち気にしてたらそれエタフラグだと思われ。〔……〕基本的に読者の言っていることは助言であって、最終的に書くのは作者であることをわすれないでほすい。適当なこと行ってごめん（・ω・｀）

オンライン小説投稿サイトという環境は、テクストを書き、公開することと、それを読み、感想することを、同じプラットフォーム上で迅速に行うことを可能にした。

そしてその感想欄には顔の見えない作者と読者が集う。そして、読者たちはときに感想を投稿する。その感想のなかには、作品についての、あるいは特定のジャンルについての知識が用いられることで、感想を投稿する読者が何者であるかを雄弁に示唆することになる。そして、そうした感想が、ときに作品の書き換えを提案したり、批判したりするのだ。

感想欄では、ときにこうした葛藤をともなうやりとりが生じる。そのなかで、作者は読者の感想を、ときに作品にフィードバックする。読者の言葉はオンライン小説のテクストの一部となって、作者はその物語を投稿し続けていくのだ。

解　説

本章では、オンライン小説投稿サイトにおける感想欄でのやりとりをみてきました。こうした研究は、二つの点でこれからの趣味の社会学の展開として重要だと考えます。

ひとつには、「小説」を題材とした社会学的研究の展開に資することができるでしょう。小説を素材とした社会学的な研究は、小説という作品から社会を論じたり、小説を読む人たちから社会を論じるものが主たるものでした。一方で、ここで論じてきたように、小説を書き進めながら投稿し、その作品への感想を述べあいながら、小説が進んでいくという過程自体もまた、重要な趣味の社会学の対象になります。それどころか、ある作品やジャンルが、書き手と読み手の間で、どのような葛藤のなかで生み出されているのかということは、小説を書く・読むことを考えるうえではきわめて直球の、重要なテーマだということができるでしょう。

もうひとつには、こうした事態を研究することは、ソーシャルメディア上での趣味実践を題材とした社会学的研究の展開にも資するものです。本章で扱ってきた書き手と読み手のやりとりは小説を書く、読むという営みがある以上、古くからあるものですが、オンライン小説投稿サイトという場が登場することでよりはっきりと可視化されました。00年代以降、様々なサイトに特定の好みを持ったユーザーが集い、そこにユーザーの好みが反映された、濱野智史が「限定されたリアル」と呼ぶような特徴を持った作品が日々産み出されています。

これからもたくさんの人がオンライン小説投稿サイトに小説を投稿し、書き手となり、たくさんの人が読み手となって感想を投稿するでしょう。そしてそこに新たなジャンルが生まれるかもしれません。オンライン小説投稿サイトは、現代の趣味としての小説の読み書きを理解するための大きなヒントを与えてくれます。

ディスカッション

1．いくつかオンライン小説サイトにアクセスして、作品と感想欄が表示されているレイアウトの特徴をみてみよう。
2．感想欄に投稿された感想をみて、そこでなされている行為とその行為に用いられている知識について分析してみよう。
3．感想欄の中で作品について書き換えを促しているものを探して、そこで用いられている方法を、本章を踏まえて分析してみよう。

参考文献

東浩紀 2007『ゲーム的リアリズムの誕生』講談社現代新書。
大橋崇行 2014『ライトノベルから見た少女／少年小説史』笠間書院
大橋崇行 2016「ウェブ小説の流行とウェブ雑誌の拡張」大橋崇行・山中智省編『ライトノベル・フロントライン2　イチゼロ年代のライトノベル』青弓社、197-203。
岡沢亮 2017「ライトノベル、ケータイ小説、古典小説を読む若者たち――ジェンダーとオタク／サブカル自認」『社会にとって趣味とは何か』河出書房新社、159-178。
岡澤康浩・團康晃 2017「読者たちの「ディスタンクシオン」」『社会にとって趣味とは何か』河出書房新社、131-158。
全国出版協会・出版科学研究所 2018『2018年版　出版指標年報』
團康晃 2013「学校の中のケータイ小説：ケータイ小説をめぐる活動と成員カテゴリー化

装置『マス・コミュニケーション研究』82 : 173-191。
團康晃 2020「協働としてのオンライン小説：オンライン小説投稿サイトの投稿欄に注目して」『年報社会学論集』33 : 24-31。
鶴見俊輔 1950「日本の大衆小説」思想の科学研究会編『夢とおもかげ―大衆娯楽の研究』中央公論社 : 11-81。
濱野智史 2008⇒2015『アーキテクチャの生態系』ちくま文庫。
早野薫 2018「認識的テリトリー――知識・経験の区分と会話の組織」平本毅ほか編『会話分析の広がり』ひつじ書房。
速水健朗 2008『ケータイ小説的。――"再ヤンキー化"時代の少女たち』原書房。

Asmuß, B. and S. Oshima 2016 "Negotiation of Entitlement in Proposal Sequence," *Discourse Studies*, 14 (1) : 67-86.
Parton, Katharine 2014 "Epistemic Stance in Orchestral Interaction," *Social Semiotics*, 24 : 402-419.
Reed, Darren J, 2017 "Performance and Interaction on Soundcloud : Social Remix and the Fundamental Techniques of Conversation," *Journal of Pragmatics*, 115 : 82-98.
Sacks, H. 1974 "On the Analyzability of Stories by Children," in R. Turner (ed.), *Ethnomethodology*, Penguin, Harmondsworth, 216―232.
Schegloff, E.A., G. Jefferson and H. Sacks 1977 "The Preference for Self-correction in the Organization of Repair in Conversation," *Language*, 53 (2) : 361-382.（西阪仰訳、「会話における修復の組織――自己訂正の優先性」『会話分析基本論集――順番交替と修復の組織』世界思想社、2010 年、155-244）
Tolmie, Peter, Rob Procter, Mark Rouncefield, Maria Liakata and Arkaitz Zubiaga 2018 "Microblog Analysis as a Program of Work," *ACM Transactions on Social Computing*, 1 (1) : Ariticle 2.

第3章

「やりがいのある仕事」にたどり着くこと

趣味を職業にすることとキャリア形成

松永伸太朗

仕事と趣味の関係は、しばしば職業選択において人びとの人生に強くかかわってくる。趣味を持つ読者の中には、自らの趣味を活かした職業に就くことを希望している者もいれば、あくまで趣味は趣味、労働は労働として明確な境界を設けておきたいと考える者もいるだろう。いずれのスタンスを取るかは、個人に委ねられている。

しかしこうした問題を考えるとき、しばしば私たちは、未来の職業生活の中で自らの趣味がどのように変わっていくのか、もしくは変わらないのかについて、適切に想像力を働かせることに困難を感じる。労働が私たちの社会生活の大きな部分を未だに占める以上、労働のあり方は趣味のあり方にも影響を及ぼさざるをえない。仮に私たちが自らのやりたいことを仕事にすることを選択したとき、その当のやりたいことは、実際のところどのような影響を受けるのだろうか。本章では、商業アニメ制作に携わるアニメーターという労働者を取り上げて、この問題について考えてみたい。

1 「やりたいこと」を仕事にすることをめぐって

アニメーターという職業に学ぶ

職業選択は、現代社会で生きる私たちの多くが直面する、人生上のひとつの選択である。それに出くわしたとき私たちは、多かれ少なかれ、自らの能力や志向に見合った職業を選ぼうとする。そのなかで、すでに趣味や好きなことを有している者であれば、それを直接に自分の仕事にしてみようかと考えることもあるだろう。しかし、その選択がどのような帰結を生むのかについては、未来のことであるがゆえに想像が難しい。そうであるならば、私たちにできることは、そうした選択を実際に取った人びとの人生に学ぶことであろう。

アニメーターという職業に従事する者たちは、とりあえずは「好きなことを仕事にしている」と捉えても差し支えない対象であるように思われる。筆者は2013年頃から継続して、日本のアニメーション産業の労働現場に関するフィールドワークを行い、多くのアニメーターに接してきた。そのなかで「なぜアニメーターになったのか」と筆者が問うとき、その内容は多様であるとはいえ、ほとんどのアニメーターは「絵を描くことが好きだから」という答えを返してくる。

以下でみるように、アニメーターという職業は労働条件の観点では恵まれた職業とはいいにくい労働環境のもとにある。そのなかでもアニメーターたちが、あくまでアニメーターとして働き続けるのはなぜなのか。上記のアニメーターになった理由への回答を踏まえると、同様に「絵を描くことが好きだから」アニメーターを辞めずに続けていると考えることが自然であるように思われる。そうであるならば、自己実現のために厳しい労働条件のもとで働くアニメーターたちは、「「やりがい」の搾取」（本田 2008）のもとにあると捉えることもできそうだ。

しかし、そうした搾取的な見方からは、当の本人たちが趣味を仕事にするにあたってどのような問題に直面し、それに対処しているのかが見えてこない。かつて労働社会学者のマイケル・ブラウォイは、「職に就くこと come to work」と「働くことそのもの working」は区別しなければならないと論じた（Burawoy 1979）。つまり、仮にアニメーターの多くが絵を描くことが好きでその職に就いたのだとしても、それを仕事にして何年、何十年と働き続けることがいかにして成し遂げられるのかという問題は、それ自体あらためて問われなければならないのである。実際、自らの職業生活と関わる以上は、趣味と仕事の関係をどう扱うかは当人たちにとっての問題であり、何らかの対処を各々行っているはずである。そしてそうした対処がある以上は、何らかの理にかなった方法があるはずだ。

そこで本章では、実際に制作現場で働くアニメーターに自らの仕事のやりがいについて語ってもらったインタビューデータを用いつつ、彼らが自らのやりたいことをどう理解しているのかについて明らかにしていく。そのなかではアニメーターが自らのやりたいこととの関係で経験する葛藤やその乗り越え、対処などが語られる。そのうえで、アニメーターという職業から私たちが学ぶことのできる、より広い趣味と仕事の関係について考察をしていきたい。

「やりたいこと」を仕事にすること・職業として続けること

本項では、労働と自己実現の関係について考察した先行研究を概観し、本論の位置づけを確認する。

もともと、社会学的な労働研究の文脈では、労働を通して自己実現を成し遂げることに対してはポジティブな評価が与えられてきた。これは、工場の機械化などを背景として、商品の生産から労働者の主体的な関与が引き剥がされてしまうこと（労働疎外）への批判から生じてきたものである。とくに1980年代ごろまでは、「労働の人間化」というスローガンのもとに、労働に対する主体的なコミットメントを取り戻す必要性が叫ばれていた。

しかし、2000年代に入ると、非正規雇用の増加を背景として、自己実現を志向して職業選択を行うことへの批判的な見解が現れるようになる。荒川葉は高校における進路指導の研究において、学力レベルの高くない学校において生徒の「やりたいことをやる」ことに志向して進路選択を促すと、結果として生徒が非常に不安定な職業に就いてしまうことを明らかにした（荒川2009）。妹尾麻美は、大学生を対象としたアンケートの分析から、やりたいことが早期に明確になっている方が内定取得につながらないことを明らかにし、大学生活の早い段階から就職意欲を高めようとするキャリア教育に疑問を呈している（妹尾2015）。

また、映画産業やファッション産業に代表されるような、クリエイティブ産業の労働者について取り扱った研究においても同様の懸念がみられる。クリエイティブ産業論においては、労働者たちが自らの作品制作や表現に対する強い内発的モチベーションを有しているために、たとえ労働条件が劣悪であってもそこに没入し、搾取に巻きこまれてしまうという構造が指摘されてきた（Caves 2000；吉澤 2011 など）。本章の対象であるアニメーターが属するアニメ産業もクリエイティブ産業に含まれるが、同様にクリエーター意識を利用した搾取への批判が存在する（原田 2011）。

こうした批判的視点は、現場の制作者や表現者のあるべき労働のあり方や、産業としての仕組みに規制を促す点で重要である。しかしこれらの研究は、労働者が実際にどのような価値観を有して働いているのかを十分に検討しないため、過度に単純化された労働者像を提示してしまっている。

こうした単純化は、趣味を仕事にする労働者の経験の複雑さを捉え損なうことにもつながる可能性がある。というのも、趣味を仕事にすることと、やりたいことを仕事にすることは必ずしも同一ではない。趣味を仕事にするというときには、それに携わる者にはすでにある作業をこなすだけのスキルや習慣が身に付いており、現にその作業とのかかわりの中で楽しさなどを見いだしているからである。単に「やりたいこと」を仕事にするというときには、必ずしもこうしたことは前提とされない。たとえば「人の命を救う仕事がしたいから医者になる」とある人が思い立ったとき、少なくともその時点では人命を救う仕事のやりがいをその人は感じているわけではないだろう。この、「すでに楽しみ方をわかっており、かつ楽しさを享受している経験を持っている」という点が、趣味を仕事にすることの特徴のひとつである。

こうしたことを踏まえたうえで、実際に趣味を仕事にすることを選択した労働者に関するエスノグラフィー研究（阿部 2006；Lee and Lin 2011）を参照すると、労働者たちは必ずしも自らの「やりたいこと」をそのままの形で追求し続けているわけではないことがわかってくる。阿部真大はバイク便ライダーがその仕事に適応するなかで、当初の趣味がどのように変容していくのかに着目している（阿部 2006）。バイク便ライダーの多くは当初は大型バイクに乗ることに高い価値を置いているが、徐々に仕事で使用する小型バイクで都市の混雑した道路を乗りこなすことに価値を感じ、労働に没入するようになっていく。このように当初の趣味が仕事に適応した形に変容していくことを、阿部は「仕事による趣味の更新」と呼んでいる。リーとリンは中国におけるMMORPGにおいて、ゲーム内で獲得したアイテムを現実の通貨で販売すること（Real Money Trade：RMTと呼ばれる）で生計を立てるゲーマーが取り上げられている（Lee and Lin 2011）。そこでは、RMTを行う者はしばしば高い収入を得る一方、絶えずアイテム獲得と金銭取引に応える必要があるため、もともと趣味として行っていたMMORPGに楽しみを見いだせなくなり、趣味として一日に限られた時間だけ別のMMORPGを始めるなどの対処をしていることが明らかにされている。

これらの研究は、実際の仕事の過程で、当初やりたいこととして行っていたことの内容がいわば労働に淘汰される形で変化してしまう場合があることを明らかにしている。この知見は、趣味がかかわりうるさまざまな仕事において適用可能性を持つだろう。

しかし、未だに明らかでないのは、そのように労働への没入に誘われる形で趣味が変化してしまうような事態があるにもかかわらず、個々の労働者はどのようにしてそうした変化に適応し、長期的に勤続することが可能なのかという点である。阿部やリーらの研究は比較的新しく成立した職業を扱っているため、この点に触れることがなかった。しかし、そこで取り上げられた没入のメカニズムが労働者の社会生活に悪影響を与えることがあるのならば、そうした職業のあり方がいかにして再生産されているのか、そして当の労働者たちはそのメカニズムに対してどのような理解を持ち、対処しているのかを問うことが重要ではないだろうか。たとえ相対的に労働条件が低い仕事であっても、それが職業として成り立っている以上は、それにかかわる個人が継続的に従事することが可能な仕組みが担保されていなければならないのである（尾高 1953）。つまり、ある仕事が職業として成立し、一定の存続をみているのならば、個人を使い捨てているだけの仕事だと予断を下す前に、そこに存在する再生産の仕組みに焦点を当てなければならないのである。

本章が扱うアニメーターは、こうした問題に取り組むうえでは興味深い対象である。アニメーターの労働環境が労働問題として取り上げられるようになったのは2000年代であるものの、遅くとも1950年代にはひとつの職業として成立していたことが確認できる対象である[(1)]。また、現代のアニメーターはフリーランサーとしてスタジオから細かい仕事を多数請け負いながら働くという形態をとることが多いが、この形態をとっても1980年代前後にはすでにその萌芽がみられ、かつ30年以上のキャリアを持つアニメーターも一定数存在する（松永・永田 2017）。こうした歴史を持つアニメーターという職業を対象とすることで、その労働者の「やりたいこと」をめぐる再生産の仕組みと、それに対する労働者の対処に焦点を当てることができるように思われる。先行研究が意識してきたような不本意な職業選択という問題も、こうした仕組みが明らかになることによってはじめて建設的な批判が可能になるのである。

これらの議論を受けて、本章では、アニメーターに自らの仕事のやりがいについて尋ねたインタビューデータを分析しつつ、彼らが自らの「やりたいこと」や、それを取りまく状況についてどのように理解しているのかを明らかにしていく。

2　アニメーターという対象

アニメーターの仕事についての概要

本節では、本章の内容を理解するにあたって必要なアニメーターの職務に関する諸前提を整理する。

作品制作の工程は、大きくプリプロダクション工程、プロダクション工程、ポストプロダクション工程に分けることができる。

プリプロダクション工程は主に作品の企画に関わる部分であり、プロデューサーをはじめとした企画スタッフによって作品製作の方針やメインの制作スタッフの決定などが行われる。プロダクション工程では具体的な作品制作が、ポストプロダクション工程では編集やアフレコなどが行われる。大方のアニメーターはプロダクション工程のひとつである作画工程で働き、一部の上流工程のアニメーターはポストプロダクション工程にかかわる。

次に、アニメーターの工程ごとの職務内容と労働条件を確認する。表3-1

表3-1 アニメーターの職務内容と平均年収

工程	職務内容	平均年収	1日あたり労働時間
監督	作品内容の最終的な責任を持つ。演出や絵コンテを兼ねることも多い。	648.6万円	10.4時間
キャラクターデザイン	アニメ作品中に登場するキャラクターを創作する。	510.4万円	10.8時間
演出	監督の意図に基づいて作品を構成し、キャラクターの演技をつける。担当する特定の話数やシーンについて責任を持つ。	380.3万円	10.3時間
絵コンテ	作中の各場面作りとなる画付きの台本を作成する。	372.3万円	10時間
作画監督	原画に修正を入れ、動きや絵のクオリティを必要水準まで引き上げる。	393.3万円	10.8時間
原画	絵コンテに従って画面を設計(レイアウト)し、演出が要求する演技に従って場面のキーポイントとなる絵を作成する。さらにレイアウトが作画監督のチェックを受けたのちにそれを清書する。レイアウトの作業を第一原画、清書の作業を第二原画ということもある。	281.7万円(第二原画のみでは112.7万円)	10.3時間(第二原画は10.4時間)
動画	原画が作成した絵の間を埋める絵(中割)を作成する。	111.3万円	11.3時間

出所)職務内容については日本アニメーター・演出協会(2009)を、平均年収については日本アニメーター・演出協会(2015)を参考に筆者作成。

には、アニメーターが担当しうる工程と、職務内容、それぞれの平均年収、労働時間を記載した。

表3-1に記載した職務はそれぞれが独立性を持った職務であり、一般には、表の下から上にむかってキャリアアップしていく流れはあるが、ベテランでも原画工程に留まって活躍している者もいる。

また、上記の職務は、原則として作品ごとに割り当てられるため、一度作画監督を経験すればその後も作画監督の仕事をし続けられるという保証はされていない。筆者が実施した作画スタジオのエスノグラフィー調査でも、半年ほど総作画監督としてある作品に携わっていたが、その作品前後では原画や第二原画の仕事が中心であったため、年収が200万円台に留まったという事例も実際に観察された(松永2020)。こうした事例はアニメーターの不安定性を象徴するものであるが、キャリアのあるアニメーターの場合、あえて下流の仕事を選択する場合もある。この総作画監督の事例でも、総作画監督を担当した作品が激務であったため、その後は比較的負担の少ない第二原画を担当するという選択がとられていた。

制作現場の技術的環境については、現在タブレット上で作画を行うデジタル作画が導入されつつあるものの、まだ紙を用いた作業が主流であり、いずれにしても作業は手描きで行われるため、高い能力を有するアニメーターでも、労働時間は長くなりがちである。

アニメ制作の労働力は、テレビアニメや劇場アニメ制作などの個々のプロジェクトごとに召集されることが多い。それにともない、就業形態については、雇用されて働く者より、フリーランサー・個人事業主として働いている者が多いことが、すでに実施されている調査から明らかになっている。日本アニメーター・演出協会の実態調査によれば、アニメーターのうち52.9%が「フリーランス」、23.0%が「自営業」、7.8%が「正社員」、10.4%が「契約社員」と自身の勤務形態について答えている。このように現在では全体の約4分の3がフリーランス的な働き方をしていることがわかる。なお国内にある企業の8割以上が東京都の杉並区・練馬区に集積しており（半澤 2015）、フリーランス的な働き方が主流である一方で労働者の地理的な移動は東京西部を中心とした地域に留まることが多い。

調査の概要

本章では、2013年3月～2014年7月にかけて、アニメーター16名に対して筆者が実施したインタビューデータを用いる。この調査は、アニメーターが自らの低労働条件を受容するのはなぜなのかという問題意識から、アニメーターがどのようなアイデンティティのもとで仕事を行っているかや、日々の作業や自らのキャリアについてどのような認識を有しているかを把握することを目的としたものである。この調査目的のもとで、筆者はアニメーターに対して仕事のやりがいに関する質問を行っており、以下ではそこで得られた回答を主な分析の対象とする。

調査は1人あたり1時間～2時間半程度、半構造化インタビューの形式で行った。語りが脱線した場合も、筆者の側から語りを差し止めることはほぼせず、原則として自由に語ってもらった。

本章の調査対象にはアニメーターとして働き始めて1年目の若手から30年以上の経験を有するベテランまで幅広い世代が含まれている。そのうち本章では、1年目のA、32年目のB、12年目のC、30年目のD、1年目のEの5名の語りに着目する。これら5名は全員が調査当時フリーランサーとしてアニメ制作に従事していた。インタビュー対象者の属性については引用箇所ごとに適宜補足する。

3 「やりたいこと」に関するアニメーターの語り

本節では、アニメーターへのインタビューから得られた語りを分析し、アニメーターという職業が個々の制作者の「やりたいこと」をめぐってどのような特徴を有しているのかについて明らかにしていく。

趣味と仕事の葛藤

まず、先行研究で指摘されていた内容と類似する事例が、アニメーターでもみられることを確認しよう。以下のAは調査当時に入職9ヵ月の新人アニメーターである。Aはアニメーターの中では比較的少数に属する美大出身者であり、大学ではアートアニメを専攻していた。Aは調査当時でも、大学時代に取り組んだような芸術的なアニメーション作品を制作したいという希望を有していた。

以下は、こうしたAの事情を筆者が把握したうえで、仕事のやりがいに関する質問に移行した場面である。

【抜粋1】

――今まで動画の仕事を9ヵ月やられているんですけども、まず、仕事をしていて、やりがいとかはどうですか。ありますか。

A：やりがい？

――うん。

A：やりがいね。一応、強いて言えば、担当しているカットを無事に最後まで描いて出せたっていう、その達成感とかはありますけどね。でも、それぐらいしかないですよ。あんまりやりがいっていうのが、今までやってきてそんなに感じられないっていう感じですね。

――さっき、今までの経緯の話を聞くと、やっぱり自分で映像を作りたいっていう。

A：そうです。そうなんですよ。

――それが強いんだろうなっていうふうに感じたんですけども。

A：最初から最後まで自分ひとりで作りたいっていう思いが学生の頃からがんがんありまして、今までもずっと、それ……、いや、今までは抑えていました。抑えるのもよくないと思うんですけど、やっぱり何か物足りないなって思うんですよね。

Aは、筆者が仕事のやりがいに関する質問をしたことを受けて、担当カットをやり通した達成感を挙げるが、「それぐらいしかない」と言い、やりがいがこれまでのキャリアではあまり感じられていないことを述べる。筆者はAがアニメーターになるまでの経緯を聞くなかで得た情報、つまりAが自分自身で映像作品を作りたいという志向を有していることを持ち出している。Aはそれに強く同意したうえで、現状ではその学生時代からの志向を抑えながら仕事をしており、物足りなさを感じていると述べる。

この語り方を通して、Aは自らの仕事にやりがいを感じられないわけではないものの、あくまでそれは「一応」のものであり、自身が真に求めているやりがいは得られておらず、かつ自分自身で「抑える」対象であったことを説明している。

こうした語りを聞くと、Aが従事している動画工程の仕事は、アニメーターの職務の中でもとくに裁量の少ない職務であるがゆえに、満足の得られない仕事であるように思われる。このことについて筆者が尋ねると、Aは

「ひとつの仕事として割切っています」と言い、大学４年生のときに完成しなかった作品を今でも少しずつ進めていることについて語ったうえで、以下のように述べた。

【抜粋 2】

A：ずっと鉛筆、動画を描いての仕事の頭になってきたので、趣味だったのが、それがもう仕事の（頭）になって、なかなか妄想、想像なり、腕とか、はつらつできないという、自然と抑えてしまうんですよ。そこで趣味と仕事を一緒にやるっていう、本当の難しさを痛感しました。それはものすごく。

〔……〕

――動画の仕事のほうは、むしろ、それをそうせず直されたりする場合はだめじゃないですか。だめっていうか。

A：仕事でがんがん自分を出しても、がっつり直されるんで。

――そうですよね。

A：抑えたほうがいいかなって。

――それが、やっているうちに交ざってくるというか、境界が曖昧になるんで。

A：そうです。いやあ、もう、そうですね。一応、仕事をしている時間が長いので、自然とそうなっていくんですよ。仕事のほうになっていくので。

Aは、入職してからの９ヵ月での動画経験を経て、「動画を描いての仕事の頭になってきた」と述べ、自らの考え方が商業作品の動画作業をこなすことを中心としたものに転換してきたことを説明している。その結果、アニメ制作をすることが「趣味」から「仕事」になり、趣味的なものを「自然と抑えてしまう」という。

このように自らがもともと有していた志向を抑えざるをえないのは、動画という職務の限定的な裁量を背景としている。筆者が動画では制作者が自らの裁量の範囲を越え出た作画をしてしまうと修正されてしまうことに言及すると、Aもそれに同意している。さらに筆者が仕事を続けるうちに仕事と趣味の「境界が曖昧」になることを述べると、これにも強く同意したうえで、「仕事をしている時間が長いので、自然とそうなっていく」と語っている。ここでは、仮に自らの志向を反映したとしても修正されて実現する可能性が乏しいことを背景として、現場での経験を経るうちに自らが意識しない間に商業アニメの制作者に考え方が移行していくことが説明されている。

このAの語りからは、Aの趣味が結果的にどのような帰結に至るのかまでを知ることはできない。しかし、当初持っていた趣味がもはやそのままの形では維持されることが難しく、今後形を変えていく、もしくはそもそもアニメーターを職業とすることを辞めてしまうという帰結がもたらされることは十分に予測できる。こうした点で、アニメーターも他の職業の例に漏れず、もともと持っていた志向を変わらずに持ちながら仕事を続けることが難しい職業であるといえるかもしれない。それでは、実際に一定期間仕事を続けてきた中堅やベテランアニメーターはどのような経験をしているのだろうか。

下流工程を志向するベテラン

Bは、調査当時にはすでに32年間の職業経験を持ち、業界内でも高い評価を集めるベテランアニメーターのひとりである。Bは、卓越したキャリアを持つにもかかわらず、自らがもっぱら原画の仕事を中心に行ってきたことに言及する。そして、自身の年齢であれば作画監督やキャラクターデザインを中心に担当することが通常であるとしたうえで、以下のように述べる。

【抜粋3】

B：僕は、どうもそっちの仕事、要するにキャラクターデザインの仕事、作画監督の仕事に、今日のお題で言うと、やりがいを見いだせずに……。やりがいを見いだせないというより、そもそも興味があまりないという感じなんです。アニメーターになった目的っていうのかな、やっぱり絵を動かしたい、そういう仕事が非常に魅力的に思えて、なったので。

Ｂは、筆者の調査上の関心がＢ自身の仕事のやりがいにあることに配慮したうえで、キャラクターデザインや作画監督の仕事に「やりがいを見いだせないというより、そもそも興味があまりない」と述べ、そもそもこの二つの職務が自身のやりたいことの範囲に入っていないことを説明する。そしてその補足として、「絵を動かしたい」という希望があり、そうした仕事に魅力を感じていたためにアニメーターという職業を選択したことを語る。

Ｂが語るように、単に絵を描くのではなく、絵を通して動きを表現することは、アニメーションという表現技法の独自性の根幹であり、そこにやりがいを見いだすことは理解しやすい。とくにキャラクターデザインに関しては、アニメーターとしての経験を有さない者が抜擢されることもある(2)。Ｂ自身、こうした職務ごとの特徴を説明したうえで、以下のように述べている。

【抜粋4】

B：でも、それって僕がなりたかったアニメーターの仕事の中に含まれていない感じがして。

――ああ、なるほど。

B：僕はほんとに、ただただ絵を動かしたい。だから、極論を言ってしまうと、今振り返れば、絵が描きたかったわけでもないっていうぐらいの。

Ｂは、キャラクターデザインや作画監督の仕事が、自らの希望した「アニメーターの仕事」に含まれておらず、「絵を動かす」ことが「絵を描く」ことからも区別されうることを説明している。ここでの「絵を動かす」ことと、「絵を描く」ことは直接に原画とキャラクターデザインの仕事に対応する。これらはいずれもアニメーターのれっきとした職務だが、Ｂの視点では同じ価値をもって並ぶ職務ではない。あくまで「絵を動かす」ということを志向するＢにとっては、工程上は下流に位置する原画の職務こそが、自らの希望を実現するうえで適切な職務なのである。

Ｂは明らかに、当初から自身のやりたいことを有しており、かつそれをアニメーターという職業の枠組みのなかで実現する機会を得ていた。しかしそうしたアニメーターが多くを占めるとは必ずしもいえない。むしろ、調査をするなかでは、自らの仕事への希望について積極的に語らないアニメーターが目立った。次項では、2人のアニメーターの語りからこのことを確認する。

その都度のやりがい、経験とともに培われるやりがい

Cは、調査当時に12年のキャリアを持つアニメーターで、作画監督の仕事に従事していた。以下は、筆者がCがこれまでに経験した動画・原画・作画監督それぞれのやりがいについて尋ねている箇所である。

【抜粋5】

――人によっては、作画監督の仕事がすごい嫌だっていう方がいて、そういう方は何かというと、修正に追われてしまって自分のやりたいことができないみたいな。そういう部分もあったりしますかね。

C：それは、何をやりたいと思うかなんでしょうけど、やっぱり、動きを描きたい人は作画監督はつらいと思いますね。作監で動きが描けないわけじゃないですけど、どうしても、人の描いてくれたものの土台があったうえで、それをどうするか。というか、ほとんど何もできないです。自分の面白がり方は、原画マンをやっているときは、やはり動きを描くのが楽しいですし、作監のときは、もうちょっと全体にものを見ながら、どうやってバランスが取れるかなっていう、ちょっと違う楽しみどころでやっています。だから、どっちがより楽しいかというと、どっちも楽しいみたいな。

――何がやりたいかによるっておっしゃられたんですけど、Cさんの場合は、あえて言うと、何がやりたいですかね。

C：とくにないです。何もないです。何か、「これ、やってみなよ」って言われて、「じゃあ、どうやってやろうかな」みたいな、そこで考えることそのものが楽しい感じでしょうか。

筆者は、それまでの調査で得られていた、作画監督の仕事に楽しみを見いだせないアニメーターがいるという情報を持ち出して、C自身の考えを引きだそうとしている。それに対してCは、「何をやりたいと思うか」によるとしたうえで、「動きを描きたい人は作画監督はつらい」という、前項のBとほぼ同様の見解を述べている。

しかし、続く語りをみると、C自身は作画監督の仕事に楽しみを見いだせていないわけではないことがわかる。Cは、原画を担当しているときは「動きを描くのが楽しい」と述べ、作画監督では「全体にものを見ながら、どうやってバランスが取れるか」という別の楽しみがあるとし、「どっちも楽しい」と説明している。Cの場合は、異なる職務それぞれに楽しさを見いだすことができている。

ここで筆者は、C自身は仕事に対してどのような希望を持っているのか、明確化することを試みている。それに対してCは、「とくにない」「何もない」と、自身があらかじめ仕事に対する希望を持っているわけではないことを述べている。Cが楽しさとして語るのは、仕事の指示があった際に、それをどうやってこなすのかについて、「そこで考えることそのものが楽しい」ということである。つまり、原画にしろ作画監督にしろ、単に指示をこなすだけのスタンスであっても、その作業を完遂すること自体に一定の難しさが内包されているため、それをこなすこと自体を自らのやりがいとしてみなすことができるのである。Cは特定の絵柄や絵の動きに対するコミットメントを有していないが、日々のその都度の作業の中でやりがいを見いだしているアニメーターであるとして特徴づけることができるだろう。

もうひとつの事例をみてみよう。30年の経験を持つベテランアニメーターのDは、原画を中心としてキャリアを積んできたアニメーターである。以下は、その原画作業に関するDのやりがいについて尋ねている箇所である。

【抜粋6】

——今まで動画とかいろいろやって、原画を中心にやられてきたっていうことなんですけども、あと、アニメーターをやっているやりがいっていうか、ついては、何か感じているところはあるかなって思うんですけど。

D：やりがいですか。〔……〕実生活で自分が吸収したことが、何らかのかたちで役に立つっていうことですかね。ご飯を作ったり、食べたりとか、そういうのは生活芝居とかもそうですし、専門分野みたいな本を読むと、それはそれで何らかの役に立つ感じです。何をしても、いろんなものを見ても、ディテールとかが絵を描くときには役に立つし、そういうので、日々、世界で見るものと結び付いているっていうところが面白いかなと思います。

Dは自らのやりがいとして「実生活で自分が吸収したことが、何らかのかたちで役に立つ」ということを挙げている。その例として、食事や料理という日常的な活動は「生活芝居」（戦闘シーンなどではなくキャラクターの日常的な動作を描くこと）に役立ち、専門的な書籍を読むこともまた別の作画作業に役立つことを挙げている。つまり、「何をしても、いろんなものを見ても、ディテールとかが絵を描くときには役に立つ」と述べているように、D自身の日常生活の中に、作画作業を行ううえで学ぶべきものが溢れており、そこから学んだものが仕事の中に反映される点を、Dは自らの仕事の面白さとして説明している。こうした面白さを感じる背景として、Dは上記の抜粋とは別の箇所で、自身が生活芝居を描く仕事を中心にしてキャリアを築いてきたことがあると述べている。

この語りにおいては、仕事のやりがいはあらかじめ個人が内発的に有しているものでもなければ、作業の中でその都度得られるものでもない。むしろDの仕事のやりがいは、キャリアを積むなかで形づくられてきたものである。つまり、Dは生活芝居を原画で表現することでキャリアを築いてきており、その結果として日常生活で目にするものすべてが自らの仕事に関連して学ぶべきものとなっていたのである。さらにいえば、Dの場合は、やりがいが帰属される先は仕事の中身というよりも、自身の生活全体である。この点は、仕事に内在的な作業にやりがいを見いだしているＢやＣとは大きく異なるだろう。

ここまでＢ・Ｃ・Ｄの語りをみることを通して、アニメーターが感じている仕事のやりがいには大きなバリエーションがあることを示してきた。このようなひとつの職業におけるやりがいの多様性は、先行研究ではあまり描かれてこなかった部分である。先行研究は、どちらかといえばひとつの職業にひとつのやりがいといった形で、一対一対応のモデルを描いていたといえるが、アニメーターを対象としてこれを検討してみると、そのような職業世界の記述はかなり単純化された考え方であるといえるだろう。Ｃのように日々の作業の中でその都度やりがいを見いだしたり、自らの日常生活を仕事と結びつけて考えることにより楽しみを見いだしたりすることは、アニメーターという職業に限らず起こりうることであろう。

しかし、アニメーターという職業に固有な事情ゆえに、上記３名のようなバリエーションのあるやりがいを持つアニメーターが定着し続けられるという点もある。それは、アニメーターという職業が、それ自体複数の異なる職務をキャリアパス上で結合させることによって成り立っている職業であるということ、そして、動画・原画からやがて監督へという工程上昇的なキャリアと、あえて原画に留まるという専門職的なキャリアが、職業集団内ではいずれも正当なキャリアのあり方として承認されている点である。現にＢはキャリアの多くを原画に費やしているが、業界のトップアニメーターとしてその名を知られている(3)。このような職業構造の独特さが、アニメーターのやりがいの多様さを担保するひとつの要因となっているといえるだろう。

とはいえ、抜粋１のＡのような、やりがいそのものを見失いかけてしまうようなアニメーターが存在することもまた事実である。アニメーターという職業が多様なやりがいを内包しておける構造を有しているのならば、なおさらなぜＡのような経験を強いられる者がいるのだろうか。結論に進む前に、最後にこの点を確認しておきたい。

やりたいことをできるというひとつの職業的成功

前項の抜粋で取り上げたＤは、30年の経験の中で、当初は「いい作品を作りたい」「自らの居場所を確立したい」という希望を入職時に持っていたという。筆者はＤのキャリアを考えれば、すでに何らかの居場所を有しているのだろうと予想して、下記のようなやりとりを開始している。

【抜粋7】

――居場所に関しては、30年やられてきて、一応……。

D：いやいやいや、どこにも居場所はないですよ。

――そうなんですか。

D：綱渡り状態です。今回も、何とか仕事をもらって、机を借りてやっていますけど、次は全然決まっていないですし。〔……〕だから、次の仕事につなぐためにやるっていうのが、今の一番のモチベーションですかね。〔……〕いい作品を作ろうって私が思っても、私ひとりの力ではいい作品なんてできうるわけもなく、自分の力はそんなにないんだなっていう、その辺のところは大体わかってきたわけですよ。それで、とりあえず、目の前の仕事を確実にやることしかできないので、いい作品になるかならないかもあとから付いてくるという感じですから、そういうことはあまりモチベーションにはならなくなりましたね。

Ｄは未だに「どこにも居場所はない」と、筆者の予想を退ける回答をしている。その理由として、自身が「綱渡り状態」であり、「次の仕事につなぐためにやるっていうのが、今の一番のモチベーション」と、自らの職業生活の不安性に今でも直面していることを挙げている。このような不安定性に向きあうなかで、Ｄは当初持っていた「いい作品を作ろう」という希望も、断念せざるをえなくなったことを説明している。もちろん、生活を度外視すればＤが有していたこだわりを仕事で表現することもできただろうが、生活を成り立たせるうえでそうした方針をとることがＤはできなかった。だからこそ、生計を立てることが仕事の希望の一部を断念せざるをえない理由になったのである。

このように、業界に長く定着しているベテランですら、自らのやりたいことを仕事に反映し続けていられるわけではない。Ｄはむしろ自らの希望を断念し、次の仕事を得るという目的に焦点を絞ることによって、何とかキャリアをつないでくることができたという自己理解を有している。

こうしたことは、これからキャリアを築いていく若手アニメーターも認識していることである。冒頭のＡと同じく１年目の新人アニメーターのＥは、筆者がアニメーターの労働問題に関するひとつの常識的な見方を提示したところで、それに対する見解を述べている。

【抜粋 8】

——一種の見方として、アニメーターってクリエーターで、要するに、「この人たち、好きなことをやっているんだから、しょうがないじゃん」みたいな。

E：ああ、それはよく言われますね。

——はい。それってどうなんだろうっていうのは思うんですけど。

E：今、好きなことをやっている人たちは、儲かっていますよね。逆に、好きなことをやっていない工程のほうが儲かっていないっていうので。多分、よくわかっていないから、そう言われているのかなと。

Ｂは、筆者が述べた見方が実際に流通していることを認めたうえで、その背景にある理解が事実とは異なることを指摘している。つまり、好きなことをしているから稼げなくても仕方がないというのが世間的な常識であるが、アニメーターという職業の中では好きなことをできている人物は稼ぎのある人物であり、好きなことをできていない人のほうが稼ぎが得られていないという事実である。この語りからわかるのは、自らの希望を仕事に反映させることができるアニメーターは、すでに職業的に成功を収めた者であって、大方のアニメーターはそうではないという理解をＥは示している。Ｅにとって、職業の中でやりたいことをできるかどうかは、職業構造のヒエラルキーの中で生き残ることができるかという問題と密接にかかわっているのである。

こうしたＥの理解は、アニメーターが置かれている激しい競争状況を反映しているといえるだろう。そのようななかでは、たしかに当初の好きなことをそのまま続けられることは、ひとつの職業的成功として現れてくる。実際、本章が取り上げたアニメーターの中でも、当初から持っていたやりたいことをそのまま反映してアニメーターの職業を続けている者は、周囲から高い評価を受けているＥだけであった。

しかし、こうした成功をめぐる問題は、本節で扱ったＣやＤの語りともあわせて考える必要がある。ＣやＤといったアニメーターが感じていると述べたやりがいや楽しさは、どちらかといえばアニメーターとしての仕事をするなかで新しく入手したものである。とりわけＤについては、明確にキャリアの中で自らのやりたいことを断念した部分があることも明らかになった。こうしたキャリアのあり方は、誰の目にも明らかな成功のモデルではないだろう。だが、重要なのはＤもまた30年の勤続を続けてきたベテランだということである。つまり、アニメーターという職業は、客観的な経済的条件において恵まれた職業とはいいにくいものの、スター的な成功を収めたアニメーター以外でも、長期の勤続を許容している。しかも、スター的な成功を収めた者でなくても、職業生活の中で何らかのやりがいを見いだすことができていた。こうしたことはアニメーターという職業が有する特徴のひとつであり、そうした条件のもとでアニメーターは自らの職業人生における選択を行い、働き続けることを成し遂げてきたのである。

4 「仕事と趣味」から「キャリアと趣味」へ

本章では、アニメーターを対象として、自らのやりたいことを職業にすることが、どのような意味をもたらすのかについて検討してきた。とくに、アニメーターという職業に従事する者がある程度は定着することに着目して、彼らのキャリア形成と仕事の希望との関係に焦点を当ててきた。

先行研究が指摘するように、アニメーターでも、仕事と趣味の間で葛藤が生まれ、もともとやりたかったことが職業に淘汰されてしまう場合があることを示す語りがみられた。一方で、下流工程を志向するベテランの例でみられたように、当初の志向を職業生活でも貫き通すアニメーターも存在した。こうしたアニメーターの姿は、仕事と趣味の関係を論じてきた先行研究が描く労働者像とも重なるものだろう。

しかしながら重要なのは、職業経験を積みながらやりがいを見いだしていったアニメーターの例にあったように、趣味としてあった内容が変質したり、それを失ったりしながらも、何らかのやりがいを見いだして長期間の勤続を続けているアニメーターの存在である。こうしたアニメーターは、当初の志向を貫くアニメーターを職業的な成功を収めた者として理解していたことからもわかるように、業界の中でのスター的存在というわけではない。しかし職業を考えるうえで重要なのは、こうした中堅的位置にいるアニメーターが、30年もの期間勤続を続けられているということそれ自体である。本章で対象としたアニメーターたちは、自らの仕事と趣味の葛藤に各々の対処を与えながら、各々のやりがいを見いだし、キャリアを築いてきた。こうしたキャリア形成が可能であったのは、個々のアニメーターの対処だけではなく、アニメーターという職業が持つ特徴にも起因する。アニメーターという職業の構造は、さまざまな制作者のニーズを吸収できるような形態になっている。具体的には、個々の職務自体が一定の難しさを持つこと、日常生活と関連づけて職務を考えることが可能なことに加えて、アニメーターの複線的なキャリアパスのあり方が、明確な序列を持たず、どの職務も等しく承認される可能性があるということによって、多様なやりがいを持つ制作者たちを広く内包しておくことが可能な仕組みになっていることを指摘した。こうしたアニメーターに特有の職業構造を前提として、アニメーターたちは自らの趣味の問題に対処し、それぞれの論理を組み立てていたのである。

重要なのは、こうした知見はアニメーターの仕事内容に着目するのではなく、彼らが実際に歩んだキャリアに着目することによって得られたという点である。本章の冒頭で述べたように、アニメーターたちは多かれ少なかれ絵を描くということに興味があって、その職業を選んだことだろう。それを仕事にしたときには、たしかに職業による趣味の淘汰も起きるが、その後のキャリアをみることによって、新たな職業生活上のやりがいを労働者が得られる構造が用意されているのか、用意されているのならいかにしてか、という問いを本章は提示したといえる。この問いは、趣味を仕事にしているとみられるさまざまな職業に応用可能である。重要な視点は、「仕事と趣味」よりも、「キャリアと趣味」なのである。

最後に、こうしたキャリアに着目して趣味と仕事の関係を捉える視点の意義を確認し、論を閉じたい。仕事と趣味を論じるいくつかの研究は、趣味をあてにして職業選択をすることによって、結果的に若者が不安定な職業に従事することを強いられてしまうことへの危惧を有していた。筆者も同様の危機感を覚えないわけではない。そうした事態を避けるためには、より効果的なキャリア教育等を模索していく必要があるだろう。妹尾麻美は大学生のキャリア教育について考察し、彼らが就職活動に従事するなかで明確化される「やりたい」ことを重視するべきと指摘した（妹尾 2015）。これに加えて本章が指摘できるのは、職業生活の中で労働者が獲得する「やりたいこと」もまた重要だという点、そして当該の職業がそうした「やりたいこと」を許容するような構造を有しているかを吟味することの必要性である。たとえばアニメーターは、経済的な側面での不安定性を有するが、一定の趣味性を担保したまま働くことを許容している。問題は、そうした状況に望んでたどり着くことができているのかという点であり、不本意な職業選択の可能性を減じるためには、学校から移行したあとの職業の内実もあわせて適切に理解することが必要なのである。

注

（1）　1950 年代には、東映動画（現在の東映アニメーション）において劇場アニメを制作するアニメーターたちが多数雇用されていたことが、木村智哉による東映動画の労使関係史研究からうかがえる（木村 2010; 2016）。さらに、雪村まゆみは、戦後のアニメ産業との連続性に疑問はあるものの、太平洋戦争期におけるプロパガンダアニメ制作がアニメーターの職業化の契機になったという見解を提出している（雪村 2007）。

（2）　作画監督の場合はこうしたことは考えにくい。作画監督に関心を持てない理由として、Ｂは作業の大部分が他人の作画の修正に終始してしまい、自ら動きを作ることに関与できないという点を他の箇所で語っている。

（3） このような複数のキャリアパスを有する別の職業として研究者があるが、研究者の場合はキャリアパス間に明確な序列が存在する。具体的には、とくに自然科学分野の場合、大学にポストを得て就職する場合と、企業内の研究開発職として雇用されるケースがありうる。藤本昌代は企業内研究者の組織コミットメントに関する分析から、研究者が企業よりも学会を準拠集団として、学会からの評価を期待することを指摘している（藤本 2005）。そこではたとえば、応用研究を行う研究者は基礎研究者よりも低い評価を与えられる。そこで評価を得られない場合に、準拠集団を企業に変更して自尊心を保つという議論が展開されている。アニメーターには、ここでの学会と企業のようなキャリアパス間の序列関係はみられない。

解 説

本章では、職業選択とキャリア形成という視点を補助線として、趣味を仕事とすることを実際に選択したアニメーターの経験について議論してきました。「やりがい搾取」という語に象徴されるように、素朴に趣味を仕事とすることは、その後の職業生活の安定を得られにくいという点で、近年は批判されることも多くなっています。客観的な収入水準などを考慮したときに、そうした批判を展開することに一定の妥当性があることを筆者も否定しません。ましてや、「仕事による趣味の更新」の議論のように、趣味が仕事に塗り替えられてしまい厳しい労働を強いられるという事例を目の当たりにすると、あくまで仕事と趣味は切り離さなければならないのではないか、と考える人も多いでしょう。

しかし、本章では、キャリア形成という観点を踏まえると、趣味と仕事の関係はより複雑であり、そのなかには見落とされている労働者のあり方があることを示してきました。あらためて強調したいのは、労働者はたしかに仕事の不安定性や当初やりたかった仕事ができないという事態に直面しますが、それに自分なりに折りあいをつけ、本章のＤさんのように30年間も勤続し続ける方もいるということです。趣味と仕事をめぐる研究は教育と労働の関係を探る論点とも接続しやすいため、どうしても若年者に対象が偏りがちでしたが、ベテランのあり方をみることで、スター的な成功でもなければ、一方で限界を迎えるまで搾取されてしまうわけでもない、ひとつの労働者像のあり方を本章は描いてきたのです。

もちろん、Ｄさんのような労働者があらゆる職業に存在しうるかについては、一考の余地があります。本章は、アニメーターという職業が、キャリアや作業内容上の多様性を許容する構造をそのうちに有していることを明らかにしてきました。趣味と仕事の関係を考え出すと、ややもすると私たちは個人の内的な意識の問題に焦点を当ててしまいがちです。しかし、趣味を仕事にした人が働き続けることができるかどうかは、実際には職業が有している構造の側から決まってくる問題でもあるのです。

ディスカッション

1．「仕事による趣味の更新」とはどのような現象か、具体例に則して説明してみよう。
2．Dさんのような、スター的な成功でもなく、単に搾取されるでもない労働者がいるような、趣味がかかわりうる他の職業を挙げてみよう。いくつか挙げることができたら、そうした職業の共通点を考えてみよう。
3．趣味を仕事にして働き続ける人の実践をやりがいなどの個人の内的なモチベーションから説明することにはどのような問題があるのか、本章の事例や他の職業などを想起しながら考えてみよう。逆に、やりがいから考えることにはどのようなメリットがありうるかについても考えてみよう。

参考文献

阿部真大 2006『搾取される若者たち――バイク便ライダーは見た！』集英社新書。
荒川葉 2009『「夢追い」型進路形成の功罪――高校改革の社会学』東信堂。
尾高邦雄 1953『新稿職業社会学』福村書店。
木村智哉 2010「初期東映動画における映像表現と製作体制の変革」『同時代史研究』3：19-34。
木村智哉 2016「商業アニメーション制作における「創造」と「労働」――東映動画株式会社の労使紛争から」『社会文化研究』18：103-125。
妹尾麻美 2015「新規大卒就職活動において「やりたいこと」は内定取得に必要か？」『ソシオロジ』59（3）：39-55。
日本アニメーター・演出協会 2009『アニメーター労働白書 2009』。
日本アニメーター・演出協会 2015『アニメーション制作者実態調査報告書 2015』。
原田浩 2011「夢を追うクリエイター意識を利用した過酷な働かせ方――アニメ・ビジネスの現場から」脇田滋編『ワークルール・エグゼンプション――守られない働き方』学習の友社、48-56。
半澤誠司 2015『コンテンツ産業とイノベーション――テレビ・アニメ・ゲーム産業の集積』勁草書房。
藤本昌代 2005『専門職の転職構造――組織準拠性と移動』文眞堂。
本田由紀 2008『軋む社会――教育・仕事・若者の現在』河出書房。
松永伸太朗 2020『アニメーターはどう働いているのか――集って働くフリーランサーたちの労働社会学』ナカニシヤ出版。
松永伸太朗・永田大輔 2017「フリーランスとして「キャリア」を積む――アニメーターの二つの職業観から」『日本オーラル・ヒストリー研究』13：129-150。
雪村まゆみ 2007「戦争とアニメーション――職業としてのアニメーターの誕生プロセスについての考察から」『ソシオロジ』52（1）：87-102。
吉澤弥生 2011『芸術は社会を変えるか？――文化生産の社会学からの接近』青弓社。

Burawoy, M. 1979 *Manufacturing Consent : Changes in the Labor Process under Monopoly Capitalism*, University of Chicago Press.
Caves, R. 2000 *Creative Industries : Contracts between Art and Commerce*, Harvard University Press.
Lee, Y. and H. Lin 2011 "'Gaming is My Work' : Identity Work in Internet-hobbyist Game Workers," *Work, Employment and Society*, 25(3) : 451–467.

第Ⅱ部

趣味の実践学

1 「楽しみの技法」の探求

第Ⅱ部には、3編が収録されています。まずはこの3編について、簡単に内容を紹介します。

第4章・岡沢論文は、異なる国や文化に属すると言えるようなコメディ作品をなぜ笑えるのか？という問いのもと、字幕や吹き替えが果たす役割に注目し、そこで達成されているユーモア理解の技法を明らかにするものです。実際のコメディ映画作品の精緻な分析を通して明らかにされるのは、映画上で表現されているユーモアを理解することが、規範的期待としての知識に依存しているということと、字幕や吹き替えがその知識を補完する役割を果たしているということでした。本章のようなやり方によって、私たちが「文化」と曖昧に呼ぶものの内実と、それが私たちの経験をいかに可能にしているのかを明らかにすることができるということもあわせて述べられています。

続く第5章・吉川論文は、「音楽化」という言葉で表現されるような、日常生活のさまざまな領域に音楽が入り込んでくる事態——そのひとつとしてのカラオケという日常的な音楽活動を対象に、選曲時の参加者同士のさまざまな配慮の様態を明らかにするものです。選曲活動を継続できないことを示しつつ、同時にカラオケという活動それ自体への積極的関与もまた示すという実践のありようがその具体的事例として分析されています。こうした配慮の実践はカラオケという活動に従事する人びとの課題であり、それはまた、「音楽活動が日常的場面の一局面として取り組まれていることを、より明確に想起させるもの」（本文164頁）であるということも指摘されています。

最後の第6章・秋谷論文は、友人同士の観光における「近況報告」や「思い出を語り合うこと」と「観光的なものや出来事を見ること」との結びつきの様態——具体的には、「観光的なものや出来事」を見るという実践が、友人間で情報・知識・経験を共有・更新する契機としてもあることを、その技法とあわせて明らかにしています。本章の取り組みが、観光という実践の具体的なありようを明らかにするだけでなく、観光学における「パフォーマンス」概念をめぐる議論に対して、それを再特定化するという点での貢献があることも示されています。

以上３編の共通点は、特定の趣味的活動の実践それ自体がその実践に参加する人びとによってどのように組織されているのかという課題に対して、社会学の一潮流であるエスノメソドロジー（Ethnomethodology：EM）の立場により取り組んでいることです。そこで、この第Ⅱ部解説では、第Ⅱ部に収録された各論考のねらいや方針、注目しているポイントへの理解を深めてもらうことを目的に、EM について概説します。あわせて、実際に読者も趣味的活動における楽しみの技法の探求への一歩を踏み出せるようなガイドラインとしても利用できるように、いくつかの指針を示し、それについても説明します。

2　趣味的活動「として」理解する

本書に先駆けて、2013 年に“Play”についての最初の EM 研究論集となる *Ethnomethodology at Play* という本が出版されています。編者であるマーク・ラウンスフィールドとピーター・トルミーは、そのイントロダクションで、現代社会の特徴を説明するために、スポーツやレジャーを対象とする社会学的研究はこれまで数多く取り組まれてきたと述べています(1)。一方で、スポーツやレジャーそれ自体が実際にどのようになされているのかは、これらの分析の大半においては焦点化されてこなかったこともあわせて指摘しています。だからこそ、「まずもってスポーツ〔やレジャー〕として理解されなければならない」(Rouncefield and Tolmie 2013, 4)、というわけです(2)。そして、そのためにはスポーツやレジャーを対象とした社会学的研究として EM 研究がなされるべきである、と。

この「スポーツやレジャーとして理解する」という対象の捉え方は、EM 研究にとって非常に重要な出発点となります。では、スポーツやレジャーとして理解するとはいかなることなのでしょうか。そして、そのような取り組みはいかなる点で社会学的研究として特徴づけられるでしょうか。さらに言えば、私たちは実際に何をどうすれば、スポーツやレジャーとして理解する社会学的研究に取り組むことができるでしょうか。これらの疑問について、次節より順を追って説明しましょう。

3　エスノメソドロジーとはなにか

エスノメソドロジー研究の方針

ラウンスフィールドとトルミーの「スポーツ〔やレジャー〕としてまずは理解されなければならない」という言明には、EMの基本的な態度が反映されています。本節では、これについて概説します。

EMの創始者であるハロルド・ガーフィンケルは、1967年に著した *Studies in Ethnomethodology* の冒頭で次のように述べています。

> この研究は、実践的活動やその周りの環境、そして実践的社会学的推論を経験的な研究の主題として扱い、あたかも異常な出来事に対するときのような注意を日常生活のもっともありふれた諸活動に向けることによって、実践的活動やその周りの環境、そして実践的社会学的推論について、それ自体の権利において生じた現象として探求する。(Garfinkel 1967:1)

ガーフィンケルの物言いは難解ですが、ひとつひとつ読み解いていきましょう。まずは、「実践的社会学的推論（practical sociological reasoning）」という言葉に注目してみます。この言葉は一見して奇妙です。というのも、この言葉は、対立的な「社会学的推論」と「実践的推論」という二つの言葉の合成でできているからです（清水 1992）。

社会学の根本課題のひとつは「私たちが日々の生活を送るうえでくり返している諸々の営みを、成り立たせているしくみ」（戸江 2018:17）を明らかにすることです。そのために、社会学者はさまざまな専門的知識を駆使して、この問いに対峙しています。「社会学的推論」という言葉は、こうした実践を表現したものです。一方で、市井の人びともまた、この「私たちが日々の生活を送るうえでくり返している諸々の営みを、成り立たせているしくみ」を気にかけながら日常生活を送っています。「気にかける」という言葉で表現しているのは、非専門家である市井の人びとが日常生活をそれなりに安定的に送るために常識的知識を適時適所で用いているという様態のことです。この様態のことを表現しているのが、「実践的推論」という言い回しです。

ふつうに考えれば、市井の人びとは社会学者ではないわけですから、専門的知識に基づいた社会学的推論を実践する主体だとは考えられません。また、専門家たる社会学者が専門家であることができるのは、市井の人びとがやる常識的知識に基づいた実践的推論とは異なった、専門家ならではの社会学的推論ができる（と期待されている）からでしょう。このように考えると、「実践的社会学的推論」という言葉の奇妙さがわかるかと思います。

では、この奇妙な合成語句をガーフィンケルが用いた含意は何なのでしょうか。じつは、先のガーフィンケルの引用の直後には、「私たちが日々の生活を送るうえでくり返している諸々の営みを成り立たせているしくみ」は誰によって・どこで・どのように観察可能になるのか、という研究実践上の根本的問題についてのひとつの見解が書かれています。これを読み解くことで、ガーフィンケルが「実践的社会学的推論」という合成語句を採用した含意が理解できるようになります。ガーフィンケルは次のように述べています。

> これらの中心的な主張は、組織化された日常的な出来事からなる場面を人びとが産出しうまく取り扱う活動はそれらの場面を「説明可能（account-able）」なものにする人びとの手続きと同じであるということである。説明するという実践や説明の「相互反映的（reflexive）」で「具体的な（incarnate）」性質が、この主張の要点を成している。（Garfinkel 1967 : 1）

これもまたなかなか難解な文章ですが、「行列」（Livingston 1987）を例に説明します。駅のホーム、バス停、人気のある店、銀行の ATM……私たちは、普段の生活において行列をかんたんに、いろんなところで発見することができます。そして、たいていは何の問題もなく列の最後尾を発見し、自身も行列の一部になり、並ぶことができます。その意味で行列は、私たちの社会にとって何か特別なものではなく、ごく当たり前に存在し、一見してそれとしてわかる、ありふれた「社会的事実（social fact）」（Durkheim 1895＝1978）のひとつです。

行列があるところでは、おそらくは初めて会う人びとが、「行列を作り、維持する」という集合的活動に結び付いたさまざまなルールに対して、自他の振る舞いが適切に従ったものであるかどうかを示しあい、また管理しあっています。たとえば、行列の新しいメンバーになろうとする人は行列の最後尾に必ず並ぶ。先頭の人が一歩前に進んだらその真後ろの人から順に一歩前に進む。横入りをした人に対して「最後尾はこっちだよ！」と注意をする。行列の前後の人たちとの対人距離を適切に保つ。むやみに行列から出ない……など。

こうしたことを可能にするさまざまな振る舞いは複数の人びとに「目撃可能（witnessable）」なやり方で組織されています。「やり方」が目撃可能であるということは、それを見た別の人が、今どういう場面かを判断したり、観察された振る舞いの理解に基づいて自身の振る舞いを組織したり、適切ではないように観察された他者の振る舞いに対して注意したり、人の集まりを指して「あそこに行列がある」と特定の意味を持った記述をすることができるようになる……等々、という意味で、「利用可能」ということでもあります。「説明可能（account-able）」という言葉で表現されていることは、このようなことなのです。

さらに、こうした振る舞いのひとつひとつが、まさにそれをやることで行列を行列として特徴づけており、また同時に、行列を管理・維持する指し手のひとつにもなっている、という点も重要です。このように、状況そのものを説明可能なものにし、かつ状況それ自体を作り出すという、人びとの活動の組織の普遍的な性質を、ガーフィンケルは「相互反映性（reflexivity）」と呼びました。先のガーフィンケルの記述には「相互反映的（reflexive）」とあるのは、このことを意味しています。加えて、いかなる現象も具現化された観察可能なやり方で達成されるという点で、非常に「具体的な（incarnate)」ものである、というわけです。

以上の議論の要点は次のようにまとめることができます。すなわち、行列という社会的事実を成り立たせているしくみは、まさに人びとがそれを実際にやっていることのうちにある、ということです。もちろんこれは、行列に限定されるものではありません。社会のメンバーによって事実として説明可能なやり方で組織され、達成されている社会的活動すべてに対して言えることです。

そういうわけで、数多の社会学的実践と同様に、その根本課題のひとつである「私たちが日々の生活を送るうえでくり返している諸々の営みを成り立たせているしくみ」の解明に取り組むEM研究では、誰かと一緒に歩くこと（Ryave and Schenkein 1974)、新聞記事を読んで理解すること（Jayyusi 1993)、バスケットボールをすること（Macbeth 2012)、他愛もないおしゃべり（Sacks, Schegloff and Jefferson 1978）といった日常的またはトリヴィアルなものから、超常的あるいは専門的知識によるもの――ガーフィンケルの表現を借りれば、「ダウジングによる水脈調査、占い、数学、社会学」(Garfinkel 1967 : 32）に至るまで、ありとあらゆる人びとの実践を研究対象とし、それぞれの説明可能な「やり方」を人びとから学ぶことを通して探求してきました。社会学も当然ながら何らかのやり方で実際に人間によって協働的に取り組まれているわけですから、そこには説明可能な「やり方」があるはずです。だから、社会学ですらEM研究の対象になるわけです。

非専門家である市井の人びとの実践的推論と専門家である社会学者の社会学的推論を対立するものと捉える場合、そこでは常識的知識と専門的知識という依拠する知識の違いがフォーカスされています(3)。一方で、ここまで述べたように、市井の人びとと社会学者はどちらも「私たちが日々の生活を送るうえでくり返している諸々の営みを成り立たせているしくみ」の探求という同じ問いに取り組んでいます。そして両者の実践はいずれも具現化された観察可能なやり方で「説明可能」になっているという特徴があります。これらの共通点を強調するために、ガーフィンケルは「実践的社会学的推論」という合成語句を戦略的に用いたのです。

以上のことからは、「私たちが日々の生活を送るうえでくり返している諸々の営みを成り立たせているしくみ」を知るという社会学の根本的課題に対しては、「現象はその世界の人びとにとってどのように「その現象」として観察可能かを提示すること」(池谷 2007:253) というひとつの方針を導くことができます。これがEM研究の基本的な態度です。先のガーフィンケルの引用にあった「それ自体の権利において生じた現象として探求する」という文章で表現されていたことは、こういうことです。

ところで、先にEMでは「ありとあらゆる人びとの実践を研究対象とし」と書きましたが、社会学に馴染みのある人のなかには、「社会学は社会問題を扱う学問なのでは？」と思い、この書きぶりに疑問を感じる方もいるかもしれません。たしかに、社会学のアイデンティティについて、「現実の亀裂を見定めつつ新たな共同性を探求する研究である」(盛山 2017:14) というように、「社会問題」への照準を強調した教科書的説明は近年よく見かけます。だからといって、社会学的探求の対象をあらかじめ社会的不平等といった社会問題に限定せよ、とは言っていない点には留意が必要です。

そもそも「現実の亀裂」が観察可能なのは、当該社会において「ふつう」とされていることが何らかの理由で脅かされたり、そのあり方自体が問い直されたりしているからです。だから、社会問題の社会学的研究もまた「ふつう」の研究である側面があります。むしろ、社会にとっての「ふつう」の解明抜きに社会問題の社会学的研究はできません。その意味で、社会にとっての「ふつう」の探求と解明は、すべての社会学的実践の基盤的営為のひとつです。でも、私たちの社会の「ふつう」は、「現実の亀裂」を通してでしか探求できないわけではありません。「人々がふつうに、あたりまえにやっていること」それ自体の（当人たちにとっての）平凡さに真摯に向かい合うことで、あらゆる「人びとが実際にやっていること」自体から探求することができるはずです。[(4)] スポーツやレジャーもその例外ではありません。先のガーフィンケルの引用に「あたかも異常な出来事に対するときのような注意を日常生活のもっともありふれた諸活動に向ける」とありましたが、この記述は、以上の観点を強調したものだと理解することができます[(5)]。ここまでで述べてきたことが、本解説の冒頭で掲げた、「スポーツ〔やレジャー〕として理解されなければならない」とラウンスフィールドとトルミーが述べたことの含意になります。では、以上の方針に則ったEM研究は、実際にどのように遂行されるのでしょうか。次節にて手短に紹介しましょう。

エスノメソドロジー研究のやり方

デイヴィット・フランシスとスティーヴン・ヘスターは、以下の三つの方法論上のステップを定式化しています。

> エスノメソドロジーの３つの方法論上のステップ
>
> 1．あるトークや活動、場面など、そのようなことがらとして観察可能なものに注目する。
>
> 2．「この観察可能な特徴はどのようにして、そうしたものとして認識できるように産出されているのか」という問いを立てる。
>
> 3．その観察可能な特徴が産出され認識されるにあたって使われている方法について考え、それを分析し記述する。
>
> (Francis and Hester 2004＝2014 : 46–47)

フィールドに入れば、そこでなにがしかの現象を見聞きすることになります。あるいは、自分自身そこでの活動、場面、トークなどの一部となることもあります。そして、調査者は、その現象について何らかの記述を与えます。調査に出向き、そこでの人びとの実践を記述し、そのしくみを明らかにしようとする目的をもつものであれば、どの分野・方法においても共通した基本的なやり方です。

そこでの記述は、はじめはフィールドへの馴染みがないために、「常識的なレベルで観察可能なことがら」と「何がそこで行われていたのかよくわからなかったこと」の羅列になることが大半かと思います。そして、対象固有の規範や慣習、知識、そしてそれらに紐づいたさまざまな実践に習熟するにしたがって、状況の理解を踏まえ、より複雑なことがらについても「見て／聞いて／感じてわかる」ようになり、対象によってはより明快な記述ができるようになるはずです。

さて、これらの説明可能性は現象それ自体からもたらされているはずですが、ではそれは具体的にどのような「やり方」によって、その場面に参加していた人びとや調査者であるあなたにも説明可能になっていたのでしょうか？　上記の三つの方法論上のステップは、これを記述のトピックとした際におおよそたどるであろう流れをフランシスとヘスターが定式化したものです。(6)

対象によっては、上述したように、すでに「習熟」していることにより特段の学習なしに接近可能な常識的なものから、フィールドの人びと固有の「やり方」が観察できるようになるために、当の「やり方」を実践している人びとのもつ知識と能力にある程度「習熟」することが必要になるものまであります。いずれにせよ、調査者は、フィールド先の人びとのもつ知識と能力を獲得することがこの研究のキーであることは共通しています。

では、具体的な研究の手続きはどのようになるでしょうか。重要なポイントは、標準化された研究の手続きのようなものは「ない」ということです。とつぜんこう言われるとはしごを外されたような気分になる読者もいるかもしれません。でも、これは理由のあることなのです。これについて説明しましょう。

たとえば、日常会話を探求対象とするなら、研究者自身もまた社会のメンバーのひとりとしてその「やり方」にすでに習熟していることを基盤として研究を進めることができます。では、生命科学の研究所における研究員同士の実験結果に対する議論の「やり方」を探求対象とする場合はどうでしょうか。この場合、上述の日常会話のやり方の知識と能力に加えて、分野内で流通している専門的知識、具体的な実験手続き、分析の仕方、科学的妥当性の評価の仕方……等々を知る必要があります。そのためには、専門分野について書かれた教科書や論文を読むといった学習に加えて、自分自身も実際にスポイトを握って実験をしてみてそのスキルを獲得する、長期間滞在して彼らの常識や慣習を知る、インフォーマルなインタビューを繰り返して今何が起きていたのかを学ぶなど、必要に応じていろいろなことをすることになるでしょう。あるいは、自分自身がそのチームの一員となり、自身が「メンバーになっていく」過程で諸々のことを学ぶ、ということも選択肢になりえます。

これらは協働的なワークの例ですが、ひとりでやるタイプのワークだったらどうでしょうか。たとえば、「詩や戯曲を読む」「クロスワードパズルを解く」「説明書を読みながら折り紙を折る」(Livingston 1995, 2008) といった基本的にひとりでなされる現象であれば、実際に自分でやってみて、推論の流れ、スキルの獲得過程、道具の使い方、作業を進めるのに利用した資源などを自己省察的に記録していく、といったことが必要になる場合もあります。

研究の手続きが多様であるということは、記録し分析するための補助手段もまたさまざまにありえるということでもあります。たとえば、フィールドノートに観察記録をつける、写真を撮る、インタビューをする、ビデオ撮影をする、自身が感受したことの音声メモをとる、などが挙げられます[(7)]。こういった補助手段の何を選択すべきかも研究対象とする現象の有り様と、何に注目すべきかの判断によって変わります。もちろん、フィールドの人びとと調査者の関係によって使用する補助手段に制限がかかる場合もあるので、フィールドの事情を勘案しつつ適切な補助手段を選択する、という点には留意が必要です。

ところで、最近のEM研究を少し調べれば、人びとの相互行為を記録したビデオデータを分析しているものが多いことに気づくかと思います。ビデオカメラの導入は、(1) 人びとのちょっとしたやり取りや振る舞いの重要性に気付ける、(2) 繰り返し見て分析することが可能になる、(3) 多くの人と共同で点検可能なデータとして利用できるなどの研究上のメリットが多く、機材の民生化も相まって多くの研究者が使用するようになりました。

一方で、調査者とフィールドの人びととの関係や導入の目的に対する理解・共感、フィールド固有の事情 (機密保持性が高い場面など) によってその許容の程度は変わります。フィールドへのビデオカメラの導入は、結構な時間をかけたフィールドの人びととの信頼関係の醸成や、そうすることの意味・意義の共有を前提とした交渉によって初めて可能になるものです。そんなに簡単にはできません。そもそも、研究対象とする現象の有り様によっては、ビデオカメラを導入しなくても問題がないことは当然ありえます。あればよいかもしれないが必須ではない、といったこともまた当然ありえるわけです。つまり、分析対象の形態や資料の種類もまた多様なものでありえるし、そしてその選択は現象の特徴やフィールド固有の事情に依存するということです。

以上の次第で、EMでは、現象に先立って研究の手続きを標準化したかたちで具体的に示すことができないのです（ただし、先行する取り組みで採用されているやり方を参考にすることはできます）。

エスノメソドロジー研究の指針

「現象はその世界の人びとにとってどのように「その現象」として観察可能かを提示する」（池谷 2007：253）ために、つねに気にかけておかなければいけないことについては、さまざまな論者がガイドラインというかたちでまとめています（たとえば、Francis and Hester 2004＝2014；Button and Sharrock 2009；Crabtree, Rouncefield and Tolmie 2012 などが参考になります）。ここでは、先達によるガイドラインを踏まえつつ、重要度が高いものについて「(a) 人びとが実際にやっていることに即した記述を心がけよう」「(b) 実践を理解し、組織するやり方の知識を学ぼう」「(c) 行為や活動の流れと、そこで利用されているものに注意を払おう」の以上３点を指針としてまとめます。

(a) 人びとが実際にやっていることに即した記述を心がけよう

「人びとが実際にやっていることに即した記述」という言葉には、(1) 当該場面の人びとのものごとの理解の仕方という意味と、(2) 人びとが実際に活動や行為を組み立てるやり方という意味の二つが含まれています。前者を実践的推論（practical reasoning）、後者を実践的行為（practical action）と呼びます。

この２点がなぜ重要かを説明するために、先述した相互反映性の議論を再び参照しましょう。相互反映性とは、状況そのものを理解・説明可能なものにし、かつ状況それ自体を作り出すという、人びとの活動の組織の普遍的な性質のことでした。普遍的という言葉を用いていることが示しているように、特定の活動に対して、相互反映性があると指摘するだけではあまり意味がありません。なぜなら、相互反映性は人びとの活動の組織すべてにみられる特徴だからです。重要なのは「それは人びとによって具体的にどのようになされているのか」のほうです。相互反映性の問題を人びとが活動を組み立てる際の**人びとにとって**の課題としてみて、そのもとでなされていることをできる限り見落とさないようにすることが肝心です。(1) と (2) は、そうするための心がけを簡単に書き下したものです。「実践的行為と実践的推論は、それがどんなに難解なものだろうと、あるいはありふれたものであろうと、ふつうの日常生活の本質」(Crabtree, Rouncefield and Tolmie 2012 : 29) です。フィールドで見聞きした人びとの活動や行為を記述するとき、この (1) と (2) をつねに気にかけておくことで、「人びとが実際にやっていること」に対する既存の理論的説明の密輸入、先入観による脱文脈的な当てはめ、問題意識優先による我田引水的な拡大解釈といった、ついついやってしまいがちな記述とそうしたい欲望を抑制することができるでしょう。

(b) 実践を理解し、組織するやり方の知識を学ぼう

これについてはすでに述べましたが、手短にもう一度述べましょう。当該場面の活動を理解し、状況を人びとが協働的に組み立てるやり方を何らかの手段により獲得する、ということです。ここで何らかの手段とややぼかして書いたのは、その学習の程度と獲得手段は探求対象とする活動の性質に依拠するからです。

たとえば日常的なおしゃべりなら、多くの人がこれまでの生活で学習・獲得してきた社会生活上必要な能力でもって、特別な学習をせずとも、その場面を見てそこで起きていることの多くがわかるでしょう。一方で、専門的な能力が求められるものであれば、そのハードルは上がります。たとえば、

ロックバンドの演奏であれば、メンバーがそこで実際にやっていることにかかわるもの——楽器の演奏の仕方、合奏時に折々符牒をあわせるための合図の仕方、楽譜やコードの読み方や利用の仕方などの学習と実践の反復が必要になるでしょう。その学習の過程で、演奏という活動がそのバンドのメンバーによってどのように秩序立てられているのかがだんだんわかるようになっていくはずです。

当該活動のメンバーにいろいろ聞いて学ぶとか、メンバー間で教示がなされている場面に自分も居合わせて学ぶ、あるいはフィールド先で作成され利用されているマニュアルのようなものがあればそれにアクセスするというのも非常に重要です。自分自身の理解を思い切ってぶつけてみるのもよいでしょう。その際、「教示の適切な読解や執筆それ自体が、メンバーが教示をみる場の「背景的な」詳細を前提にしている」(Lynch 1993＝2012: 319) ことに留意する必要があります。教示はそれによって説明されている活動の要約的表現です。では、それを十分に理解するための知識や能力はどのようなものなのでしょうか？　これ自体探求すべきトピックだと考えなければいけません。

(c) 行為や活動の流れと、そこで利用されているものに注意を払おう

実践的推論と実践的行為は、リアルタイムに進行する具体的な行為や活動——すなわち、当該活動に参与する人びととのやり取りや、そこにある人工物などのさまざまな資源との相互作用において観察可能になるものです。だから、調査者は、人びとがなにごとかをなす文脈を気にかけながら、そこで何がどのように行為や活動を組み立てる際の資源として利用されているかをとらえることが重要です。

その際の留意事項として、アンディ・クラブトゥリーらは、「〔……〕あなたが見たものを無視したり、すぐさまあまり価値がないものだと考えたりしないでください。人びとはくだらないことをやっているとか、あるいは些細なことをしているように見えるかもしれませんが、十分な注意を払わなければ、非常に多くの人びとの活動はそのように見えてしまうでしょう」(Crabtree, Rouncefield and Tolmie 2012 : 39）と述べています。一見いかに些細なものに見えても、それが何らかの行為や活動を組織するための要素であるならば、それは非常に重要なものです。

もうひとつ付け加えましょう。「私たちが日々の生活を送るうえでくり返している諸々の営みを成り立たせているしくみ」のほとんどは、当該場面の人びとにとって些細な、平凡なものです。もしそうでなければ、私たちの生活は極めて不安定でスリリングなものになってしまいます。「今日と同じような明日」は望むべくもありません。「私たちが日々の生活を送るうえでくり返している諸々の営みを成り立たせているしくみ」がこうした特徴をもっているがゆえに、人びとにとってはあまりにありふれたものすぎてかえってその存在が自明でないことはよくあることです。「行為や活動の流れと、そこで利用されているものに注意を払おう」という方針は、こうした些細な、平凡な、しかし行為や活動の組織において重要な要素となっている諸々についてしっかり目を向けよう、ということを述べたものです。

4　趣味的活動のエスノメソドロジーの広がり

ここまでで、「趣味の実践学」を始めるための基本的な考え方や方針について、EM に焦点化して概説してきました。EM については近年教科書も充実してきており、実践のための学習環境が整備されつつあります（日本語で読めるものとしては、前田・水川・岡田編 2007；串田・好井編 2010；Francis and Hester 2004＝2014；高木・細田・森田 2016；串田・平本・林 2017 など)。本書にあわせて教科書も手にとってもらえれば、より理解が進むでしょう。

では、趣味的活動を対象とした EM 研究はどのように展開してきているでしょうか。この第Ⅱ部では「映画鑑賞」「カラオケ」「観光」が取り上げられていますが、EM に指向した趣味的活動の探求は実にさまざまな対象に対して積み重ねられてきています。たとえば、先に挙げた“Ethnomethodology at Play”でも、「料理」「子どもの就寝前の読み聞かせ」「バードウォッチング」「フライフィッシング」「ヨット遊び」「音楽作品のリミックス」「自然保護区への日帰り家族旅行」「ロッククライミング」「ランニング」「アイリッシュ音楽のセッション」「ラインダンスのレッスン」「カフェでの常連客とのやり取り」と、多岐にわたった実践が収録されています。

ほかにも、「パズルを解く、折り紙を折る、チェッカーをする」(Livingston 2008)、「マンガを読む」(是永 2017)、「スポーツの実況中継をテレビで見る」(岡田 2002；劉・細馬 2016)、「ビデオゲームをする」(Sudnow 1983；水川 1997；Reeves, Greiffenhagen and Laurier 2016；大石 2019)、「ボードゲームをする」(Liberman 2013；Hofstetter and Robles 2018)、「ジャズピアノを学ぶ」(Sudnow 1978＝1993)、「テーブルトークロールプレイングゲーム（TRPG）をする」(臼田 2019)、「中学校における生徒たちの物語制作実践」(團 2014)、「飼い犬との暮らし」(Goode 2008)、などがあります。

先に紹介したEMの教科書とあわせて、関心の向くものを手にとり、研究実践例として読むと参考になるでしょう。もしかすると、「私の好きなものが取り組まれていない」と思う読者もいるかもしれません。それはまったく変な疑問ではなく、実際のところ、趣味的活動を対象とした実践学指向の社会学的探求はまだまだこれから、という状況です。ぜひあなた自身で最初の一手を打ってほしいと思います。

ちなみに、文献データベースの整備やオープンサイエンスの一環としての論文のオープン化などの進展により、先行する取り組みを探すことが容易になってきています。一例を挙げると、有志が作成している“EM/CA wiki”(8)にエスノメソドロジー研究の文献データベースが設置されており、英語圏の文献を中心に随時追加されています。こちらにもアクセスしてみてください。

5 「楽しみの技法」のさらなる探求に向けて

社会学ではしばしば、「好きなもの研究」は避けたほうがよいと言われることがあります（東 2016）。自分の趣味や楽しみにかかわるものは個人的な思い入れや偏見があるので、研究対象との距離を適切に保つことができない可能性があるから、ということでしょう。でも私は、それはわからないでもないが、なんともったいないことなのだろうか、とその種の言辞を聞くたびに思ってしまうのです。特定の「好きなもの」を理解し、実践する能力をもっているということは、自己省察から研究を出発することができるということです。あるいは、特定の「好きなもの」に自身が浸ってきたということは、それに従事する他の人びとの活動に分け入り、それを理解する準備がすでにある程度整っているということでもあります。

趣味的活動の実践それ自体の社会学的探求は、多くの人びとにとって始めやすい割に、さほど多く取り組まれているわけではありません。本書第Ⅱ部がその探求のひとつのきっかけとなればこれほど嬉しいことはありません。

（秋谷直矩）

注

（1） ラウンスフィールドとトルミーはこのような研究について、具体的事例をいくつか挙げています。その例のひとつとして、「たとえば、ギデンズ（2006）は、急速な社会変化によってもたらされる不確実性の文脈において、スポーツをカタルシスのひとつの形態だとみなしている」（Rouncefield and Tolmie 2013, 4）とあるように、アンソニー・ギデンズによる著名な社会学の入門書（Giddens 2006＝2009）を挙げています。

（2） これについては、本書第Ⅰ部解説内の「「失われた何か」を描くということ」でも概説されています。本解説とあわせて参照してください。

（3） ガーフィンケルによる「実践的社会学的推論」という言葉の使用に、この二項対立図式それ自体を捉えなおす「戦略的位置どり」を見いだすことができると清水学は指摘しています。「……《実践的社会学的推論》というこの語が意味しているのは、一方でいわゆる「科学的」な知も常識的基盤をもつということであり、また同時に「常識的」な知もそれなりの仕方ですでに体系的であるということである」（清水 1992 : 4）。

（4） もっとも、この方針に基づいた研究には独特の難しさが伴います。フランシスとヘスターは次のように述べています。「……エスノメソドロジストは、日常の社会生活をひとつの実践的な達成としてとらえる。しかし、そうした態度をとるのは、必ずしも簡単なことではない。なぜなら、社会のメンバーとして私たちが社会的世界と日常的にかかわるやり方は、社会的世界を当たり前のものとして自明視することだからである」（Francis and Hester 2004＝2014 : 46）

（5） EM 研究の近年の動向については、秋谷・平本（2019）を参照。

（6） ここで注意してほしいのは、いわゆる「薄い記述」よりも「厚い記述」がよいというような単純な話ではない、ということです。前田泰樹が指摘するように、たとえば、緩和ケア病棟における看護師の「鍵をかしてください」という発話を「緩和ケアにおける投薬治療の準備」と記述することと「依頼」であると記述することとは、厚い／薄いの区別はあるとしても、互いに矛盾したり、対立したりしているわけではありません。「複数の記述が可能である、ということは、それぞれの記述とリフレクシブな文脈が複数記述可能である、ということであり、より広い文脈に置き直して再分析することもできる」（前田 2015：53）ということなのです。

（7） 個別の補助手段のチップスは蓄積されており、それを学ぶための教科書もいくつか出版されています。たとえば、人びとの相互行為を対象にしたEM研究をする場合、ビデオカメラによる記録が必要になることがあります。これについては、Heath ら（2010）や南出・秋谷（2013）などが参考になるでしょう。

（8） http://emcawiki.net/Main_Page

参考文献

秋谷直矩・平本毅 2019「分野別研究動向（エスノメソドロジー）――エスノメソドロジー・会話分析研究の広がり」『社会学評論』70（1）：43-57。

東園子 2016「好きなもの研究の方法――あるいは問いの立て方、磨き方」前田拓也・秋谷直矩・朴沙羅・木下衆編『最強の社会調査入門――これから質的研究をはじめる人のために』ナカニシヤ出版、132-143。

池谷のぞみ 2007「EMにおける実践理解の意味とその先にあるもの」前田泰樹・水川喜文・岡田光弘編『エスノメソドロジー――人びとの実践から学ぶ』新曜社、248-257。

臼田泰如 2019「TRPGにおける「ここ」――仮想的秩序と現実世界の秩序との整合をめぐる断章」松井広志・井口貴紀・大石真澄・秦美香子編『多元化するゲーム文化と社会』ニューゲームズオーダー、139-159。

大石真澄 2019「人はゲームと相互に作用するのか――ルールを“運用する”ことにみる実践の中のゲーム概念」松井広志・井口貴紀・大石真澄・秦美香子編『多元化するゲーム文化と社会』ニューゲームズオーダー、160-177。

岡田光弘 2002「スポーツ実況中継の会話分析」橋本純一編『現代メディアスポーツ論』世界思想社、163-195。

串田秀也・平本毅・林誠 2017『会話分析入門』勁草書房。

串田秀也・好井裕明編 2010『エスノメソドロジーを学ぶ人のために』世界思想社。

是永論 2017『見ること・聞くことのデザイン――メディア理解の相互行為分析』新曜社。

清水学 1992「実践的社会学的推論と社会的物語批判――ガーフィンケルによる日常的社会学的想像力の解剖」『ソシオロジ』36（3）：3-19。

盛山和夫 2017「社会学とは何か」盛山和夫、金明秀・佐藤哲彦・難波功士編『社会学入門』ミネルヴァ書房、1-16。

高木智世・細田由利・森田笑 2016『会話分析の基礎』ひつじ書房。

團康晃 2014「学校の中の物語制作者たち――大学ノートを用いた協同での物語制作を事例に」『子ども社会研究』20：3-16。

戸江哲理 2018『和みを紡ぐ――子育て広場の会話分析』勁草書房。

前田泰樹 2015「「社会学的記述」再考」『一橋社会科学』7：39-60。

前田泰樹・水川喜文・岡田光弘編 2007『エスノメソドロジー――人びとの実践から学ぶ』

新曜社。
水川喜文 1997「ビデオゲームのある風景――インタラクションの中のデザイン」山崎敬一・西阪仰編『語る身体・見る身体』ハーベスト社、123-143。
南出和余・秋谷直矩 2013『フィールドワークと映像実践――研究のためのビデオ撮影入門』ハーベスト社。
劉礫岩・細馬宏通 2016「カーレースにおける実況活動の相互行為分析――出来事マーカーとしての間投詞と実況発話の構成」『社会言語科学』18（2）: 37-52。

Button, Graham and Wes Sharrock 2009 *Studies of Work and the Workplace in HCI : Concept and Techniques*, Morgan & Claypool.
Crabtree, Andrew., Mark Rouncefield, and Peter Tolmie 2012 *Doing Design Ethnography*, Springer.
Durkheim, Émile 1895 *Les règles de la méthode sosiologique*.（宮島喬訳『社会学的方法の規準』岩波書店、1978 年）
Francis, David and Stephen Hester 2004 *An Invitation to Ethnomethodology : Language, Society and Interaction*, Sage Publications.（中河伸俊・岡田光弘・是永論・小宮友根訳『エスノメソドロジーへの招待――言語・社会・相互行為』ナカニシヤ出版、2014 年）
Garfinkel, Harold 1967 *Studies in Ethnomethodology*, Prentice-Hall.
Giddens, Anthony 2006 *Sociology : 5th Edition*, Polity.（松尾精文・西岡八郎・藤井達也・小幡正敏・立松隆介・内田健訳『社会学第五版』而立書房、2009 年）
Goode, David 2008 *Playing with My Dog Katie : An Ethnomethodological Study of Dog-Human Interaction*, Purdue University Press.
Heath, Christian., Jon Hindmarsh, and Paul Luff 2010 V*ideo in Qualitative Research : Analysing Social Interaction in Everyday Life*, Sage Publications.
Hofstetter, Emily and Jessica Robles, 2018 "Manipulation in Board Game Interactions : Being a Sporting Player," *Symbolic Interaction*, 42（2）: 301-320.
Jayyusi, Lena 1993 "The Reflexive Nexus : Photo-practice and Natural History," *Continuum*, 6（2）: 25-52.
Liberman, Kenneth 2013 *More Studies in Ethnomethodology*, State University of New York Press.
Livingston, Eric 1987 *Making Sense of Ethnomethodology*, Routledge & Kegan Paul.
Livingston, Eric 1995 *An Anthropology of Reading*, Indiana University Press.
Livingston, Eric 2008 *Ethnographies of Reason*, Routledge.
Lynch, Michael 1993 *Scientific Practice and Ordinary Action*, Cambridge University Press.（水川喜文・中村和生監訳『エスノメソドロジーと科学実践の社会学』勁草書房、2012 年）
Macbeth, Douglas 2012 "Some Notes on the Play of Basketball in Its Circumstantial Detail, and an Introduction to Their Occasion, *Human Studies*, 35（2）: 193-208.
Reeves, Stuart., Christian Greiffenhagen, and Eric Laurier 2016 "Video Gaming as Practi-

cal Accomplishment: Ethnomethodology, Conversation Analysis, and Play," *Topics in Cognitive Science*, 8 (4): 308–342.

Rouncefield, Mark and Peter Tolmie 2013 "Introduction: Garfinkel's Bastards at Play," in M. Rouncefield and P. Tolmie (eds.), *Ethnomethodology at Play*, Ashgate, 1–18.

Ryave, Lincoln, A. and James, N. Schenkein 1974 "Notes on the Art of Walking," in Turner, R. (ed.), *Ethnomethodology: Selected Readings*, Penguin, 265–274.

Sacks, Harvey, Emanuel A. Schegloff, and Gail Jefferson 1978 "A Simplest Systematics for the Organization of Turn Taking for Conversation," in K. Schenkein (ed.), *Studies in the Organization of Conversational Interaction*, Academic Press, 7–55.

Sudnow, David 1978 *Ways of the Hand: the Organization of Improvised Conduct*, Routledge & Kegan Paul.（徳丸吉彦・村田公一・卜田隆嗣訳『鍵盤を駆ける手――社会学者による現象学的ジャズ・ピアノ入門』新曜社、1993 年）

Sudnow, David 1983 *Pilgrim in a Microworld*, Heinemann.

第4章

いかにして「異文化」のユーモアを理解するのか

コメディ映画鑑賞と字幕・吹替の技法

岡沢 亮

「アメリカン・ジョークは日本人にはわからない」とか「日本のユーモアは独特だから海外の人は笑わない」などという話を聞いたことがある人は多いだろう。たしかに、国や文化が異なれば、人々が何に対して笑うのか、何がユーモラスなものだと感じられるのかといったこともまた大きく変わってくるかもしれない。しかしその一方で、日本で生まれ育った人がアメリカのコメディ映画のファンだったり、外国の人が日本のコメディドラマのファンだったりすることもまた、決して珍しくない。では、そうした視聴者は、なぜ異なる国や文化に属すると言えるようなコメディ作品で笑えるのだろうか。そのとき、字幕や吹替はどのような役割を果たしているのだろうか。本章は、アメリカのコメディ映画とその日本語字幕や吹替をとりあげ、こうした疑問に取り組んでいきたい。

1 文化の差異と笑いの差異

どのような人がコメディ映画で笑うのか

いわゆる「コメディ」と呼ばれるジャンルの映画やドラマなどの映像作品を楽しむことは、非常にありふれた経験である。映画館に足を運んだり、DVDをレンタルしたり、ストリーミングサービスを利用したり、テレビでの放映を観たりとその視聴形態は様々だ。また、手持ち無沙汰なときにテレビドラマをぼんやりと観たことがあるくらいの人もいれば、映画鑑賞を趣味として自認し、古典から新作まで熱心に観ている人もいるだろう。しかしいずれにせよ、多くの人がコメディ映画やドラマを鑑賞したことがあるはずだ。

さて、こうしたコメディに関しては、皆が皆同じ作品を観て笑えるわけではないだろう。世間で流行りのコメディドラマを観ても自分はクスリとも笑えないことや、自分が大好きなコメディ映画を酷評するレビューをウェブサイトで発見してしまうことは、それほど珍しい経験ではない。

では、あるコメディ作品について、どのような人が、なぜ笑える（あるいは笑えない）のだろうか。この疑問に対しては、単に個々人の趣味が異なっているからというだけではなく、国や文化、ジェンダー、年齢、階層など、人々の属性に関する多様な概念がしばしば回答として持ち出される。「日本人がアメリカのコメディドラマを観ても、文化が違うので笑いどころがわからない」などのよくある言い回しを思い起こせばわかるように、ある作品を笑えるか否かはその鑑賞者の属性によって決まる、あるいは少なくとも属性と深く関係しているという考え方は、私たちの間に浸透しているように思われる。

コメディ作品受容の社会学

そして、鑑賞者のコメディの趣味と彼らの属性との関係は、社会学的な研究の対象にもなってきた。主にオランダで行われた調査に基づいてコメディ作品やジョークに関する社会学研究を展開するカイパース（Kuipers 2006）は、階級や年齢によってコメディやユーモアの趣味が大きく異なると論じている。

またフリードマン（Friedman 2014）はイギリスのテレビ番組やコメディのライブを取り上げ、それらが「誰にとって面白いのか？」という問いに対して、アンケートとインタビューを用いた調査によって答えようとしている。そこでは、コメディをめぐる趣味とジェンダー、年齢、文化資本（特に親と本人の教育と職業）が関連していることが示される。そのうえでフリードマンは、人々は様々なコメディ作品を一口に低級な文化とみなしているわけではなく、むしろ趣味の良いコメディと趣味の悪いコメディの区別を細かく行っていると指摘する。加えて、人々はこうしたコメディの趣味の区別に従って、お互いを美的、政治的、道徳的に境界づけている。たとえば、ある種のコメディを好む人はセンスがなく、また差別的とされうるジョークを含むコメディで笑う人は政治的・道徳的に問題があり自分とは相容れない、といった具合である。

すなわち、これらの研究は、あるコメディやユーモアを笑える人と笑えない人がいるのはなぜか、あるいはそれは誰にとって笑えるのかという問いに対して、年齢、ジェンダー、階層などの鑑賞者の属性によって回答を与えてきたのである。

しかし、こうした鑑賞者の属性のみによっては説明できないようなこともまた、日常的にしばしばある。生まれ育った国や階層が違っても、同じ作品で笑うことはできる。アメリカのコメディ映画やドラマのファンである日本人など、今日では決して珍しくない。また、同じ属性を持つ人同士でも、コメディの趣味が異なることなど多々ある。性別、年齢、教育達成など様々な属性を自分と共有する友人が好むコメディの良さが、まったくわからないということもあるだろう。

では、結局のところコメディ作品は、どのような人にとってなぜユーモラスだと感じられるのだろうか。

笑うために必要になる「知識」

本章はこの問いに対して、コメディの鑑賞者や視聴者の属性ではなく彼らが持つ「知識」に着目して、回答を与えたい。すなわち、特定の知識を持っている人が、それを持っているがゆえに、特定の作品やユーモアを享受できる。こうした知識のあり方について、明らかにすることを目指す。この方針によって、異なる属性を持つ人々が同じ作品をユーモラスだとみなすことができるのはなぜかについて、見通しを得ることができるだろう。

では、「知識」ということで何に着目するのか。ここでは特に、人の発話や行為や性質に関する規範的な期待に焦点を当てたい。たとえば、特定の場面ではこのような発話や行為をするはず（べき）だろう、特定のカテゴリー（たとえば男性、日本人、大学生など）に属する人ならば、こういう性質を持っているはず（べき）だろう、などの期待である。

ここで特に「規範的」な期待ということで指示しているのは、こうした期待に反する事例（人の発話や行為）に出くわした場合でも、その期待自体が破棄されるのではなく、むしろその事例が特殊なものだとみなされるような種類の期待である。たとえば挨拶をされたら挨拶を返すべきだ、というのはこうした規範的期待の一例である。仮に「おはよう」と言われて「もう午後だぞ」と返答する人がいたとしても、上記の規範的期待そのものが覆されるわけではない。むしろ、こうした返答のあり方が特殊なものとして理解され、ときにはまさに笑いの対象となるユーモラスな発話として理解されることもあるだろう。

この例からもわかるように、人の発話や行為や性質に関する規範的期待という意味での「知識」は、ある発話や行為を笑えるものとして理解するために用いられる。特に、こうした期待に違背する発話や行為が生じたときに、それは笑いの対象となりうる。

知識のあり方としての「成員カテゴリー化装置」

こうした知識のあり方のひとつの具体例が、「成員カテゴリー化装置」というアイデアである。社会学者のハーヴィ・サックスに端を発する成員カテゴリー化装置というアイデアは、人々が互いを男性・日本人・白人などと様々にカテゴリー化することが、一定の秩序立った手続きに基づいて行われていることに焦点化したものである（Sacks 1972）。

具体的には、人々が用いている成員カテゴリー化装置は、カテゴリー集合と適用規則からなる。まずカテゴリー集合についてだが、人は他の人々をカテゴリー化するとき、単に個々のカテゴリーを用いているわけではなく、複数のカテゴリーの集合からカテゴリーを選び出し適用している。こうしたカテゴリー集合には、性別（男性・女性）、人生段階（赤ちゃん・子ども・大人・老人など）、家族（父親・母親・赤ちゃんなど）など様々なものがある。

そして私たちは、こうしたカテゴリー集合に属するカテゴリーを一貫性規則と経済規則に基づいて使用しているという。すなわち、複数の人をそれぞれカテゴリー化するときに、私たちは一貫して同じカテゴリー集合から個々のカテゴリーを選び出して適用していく。ある場面において、最初にある人を「性別」というカテゴリー集合の要素である「男性」を用いてカテゴリー化したなら、次の人もまた、たとえその人が同時に日本人であり大人であり教師であったとしても、それらのカテゴリーではなく、「性別」というカテゴリー集合の要素である「男性」や「女性」などのカテゴリーを用いてカテゴリー化する。このように、複数の人を同一の場面においてカテゴリー化する際には、同じカテゴリー集合の要素によってカテゴリー化すべきだというのが、一貫性規則である。ひとりの人が属するカテゴリーは様々にあるが、それらすべてのカテゴリーがつねにあらゆる場面において適切なわけではなく、一貫性規則に従ったカテゴリー化が適切なものとして理解される。

また経済規則とは、カテゴリー化においてはひとつのカテゴリーを用いるだけで十分だということである。先述したようにひとりの人に関して正しく適用できるカテゴリーは様々にあるが、その時々や場面場面において適切なカテゴリーをひとつ用いれば問題なく場面を理解可能にすることができるとサックスは論じている[(1)]。

もうひとつ重要なサックスのアイデアは「カテゴリーと結びついた活動」である。様々なカテゴリーには、そのカテゴリーに属する人が行うはず（べき）だと規範的に期待される活動がある。赤ちゃんならば泣くはずだ、母親ならば赤ちゃんの世話をするはずだなど、私たちはカテゴリーと結びついた活動についての規範的期待を持っている。

成員カテゴリー化装置を構成する規則や、カテゴリーと結びついた活動についての規範的期待もまた、ある発話や行為や活動を笑えるものとして理解するために用いられる知識のひとつだと考えられる。これらの規則や規範的期待に違反するような発話や行為や出来事が生じた際に、それは逸脱的な事態や例外的な事象として理解され、ときに笑えるものとしてみなすことができるのである[(2)]。たとえば、2017年に公開されたアメリカのアニメーション映画『ボス・ベイビー *The Boss Baby*』では、「赤ちゃん」が会社で「ビジネスマン」として「仕事」をする場面が見られるが、このように「赤ちゃん」と「ビジネスマン」のような関係しそうにない二つのカテゴリーを同時に同じ人に適用したり、あるカテゴリー（「赤ちゃん」）に属する人がそれに結びつかない活動（「仕事」）を行っていると述べたりすることは、笑いの対象になりうるだろう[(3)]。

以上で見てきたように、私たちが何かを笑えるか否か[(4)]は、私たちがそれを笑うために必要な知識を持っているかどうかに依拠している側面がある。こうした知識として本章が注目するのは、人の行為や発話や性質に関する規範的期待であり、その具体例は、成員カテゴリー化装置を構成するカテゴリー適用に関する一貫性規則や、カテゴリーと活動の結びつきに関する知識である。本章はこうした知識に着目し、コメディ作品の登場人物の発話やその連なりがいかにして笑えるものとなっているのかを分析する。

また、すでに述べたように、この方針は、異なる属性の人が同じコメディ作品を笑えるのはなぜかという問題意識のもとにある。そのため、具体的な分析対象として、一般的に日本とは異なる文化圏に属するとされるであろう、アメリカ合衆国のコメディ作品に焦点を当てることとしたい。

2 「知識」を補完する字幕と吹替の技法

映画鑑賞における字幕と吹替[(5)]

このとき、もうひとつ考慮に入れる必要があるのが、コメディの視聴者の知識を補完する仕組みとしての字幕や吹替である。英語などの外国語に関する知識やアメリカの様々な事情に関する知識を持たずともコメディを楽しむために、日本語字幕や吹替を用いる視聴者は数多くいるはずだ。異なる文化圏に属すると言われる国のコメディでなぜ笑えるのかを考察するためには、それらの作品の日本語字幕や吹替をも分析する必要がある。

特に、字幕や吹替は単に登場人物の英語の発話内容をそのまま訳すだけではなく、文化的背景などを考慮に入れて様々な情報を付け加えることもある。言語的知識だけでなく、国の事情や文化に関する知識をも補完してくれる場合があるわけだ。もちろん、コメディ作品によっては、字幕や吹替が直訳的でも笑える場面や発話もあるだろうが、字幕や吹替の巧みな技法によって初めて、異なる文化に関する知識を持たない視聴者によるユーモアの理解が可能になる場合もあるだろう。

ユーモアの翻訳の困難

近年では、翻訳とユーモアの関係性に着目する研究が登場している（Attardo 2002）。さらに、ユーモアを字幕や吹替などのかたちで視聴覚翻訳することについての研究も見られるようになっている（Chiaro ed. 2010）。字幕や吹替は、言語や文化に関する視聴者の知識を補完しうる。しかし、まさに言語と文化という二つの差異は、一般的にユーモアの翻訳が困難になる理由にもなっている[(6)]（Chiaro 2008）。

では、そこには具体的にどのような困難があり、字幕や吹替といった翻訳を行うにあたってどのような対処がなされているのだろうか。

困難への対処の方略

ロレンゾたち（Lorenzo et al. 2003）は、アメリカの有名なコメディアニメ『シンプソンズ』のスペイン語版を取り上げ、アメリカの文化や英語の言葉遊びを他国の他言語の視聴者に向けてどのように翻訳するかという問題について考察している。特に、アメリカの地名、歴史、芸術文化、著名な人々などの異文化的要素をどのように翻訳するかが困難かつ重要だ。この場合の対処としては例えば、翻訳せずに元々の言葉を用いる、文化への適応を行う（元々の言葉や要素を視聴者が慣れ親しんだ文化における等価物に置き換える）、説明的翻訳（パラフレーズを行う）、省略するなどの方法があるという（Lorenzo et al. 2003：272）。

そして「外国文化への言及は、翻訳者が、目標テクストのオーディエンスがあらかじめ外国文化に関して持っているだろうと想定する情報を基礎として、新しい知識を組み立てるというやり方で行われる」（Lorenzo et al. 2003：280）。その際に、上で挙げたような様々な方法が用いられるというのである。コメディのユーモアの理解がいかにして可能になっているかを検討する際には、こうした字幕や吹替の組み立てに注意することが必要である。

したがって本章は、視聴者の知識を補完する役割を果たす字幕や吹替の技法にも焦点を当てながら、どのような知識を前提として用いることで、視聴者がアメリカのコメディ作品で笑うことができるのかを分析していきたい。

3　コメディ映画で笑うための知識をめぐる分析

アメリカ合衆国のコメディ映画

具体的な分析対象としては、アメリカのコメディ映画のなかでも、ユーモアの発生源として典型的だと考えられる人種・民族・宗教・性別等に関するカテゴリーに言及する発話やその連なりに焦点を当てる(7)。こうした発話に着目することで、ユーモアの理解を可能にする知識とはどのようなものなのかが明らかになるだろう。加えて、アメリカの視聴者には一定程度共有されていると考えられる知識を日本の視聴者に補完するにあたって、字幕や吹替はどのような役割を果たしているのかが見やすくなると考えられる。

以下では日本で発売されているアメリカ映画のDVDを資料として用いて、コメディ映画における登場人物の相互行為を分析する。なお、これらのDVDの字幕や吹替は、たとえばストリーミングされた同じ映画の字幕や吹替とは異なっている場合もあるだろう。

「普通」であることとカテゴリーの関係

最初に取り上げるのは、グレッグ・モットーラ監督による2007年の映画『スーパーバッド　童貞ウォーズ *Superbad*』である。この映画は、冴えない男子高校生セス、エヴァン、フォーゲルの卒業パーティをめぐって展開される。卒業パーティの主催者であり、自身が想いを寄せている同級生であるジュールスに酒を用意してくれないかと頼まれたセスは、同じく同級生の友人フォーゲルがフェイク(8)IDを手に入れる予定だと聞き、それを使って酒を買おうとする。以下は、フォーゲルが自身のフェイクIDをセスと友人エヴァンに見せる場面の日本語吹替の書き起こしである。なお、書き起こし断片における記号として、本章では…を発話間の沈黙を示すものとして用いる。

断片1：フェイクID（25:10〜）

01 フォーゲル：よお　おい　どうした
02 エヴァン：　フォーゲルどこにいたんだ
03 セス：　　　心臓が止まるかと思ったぜ 見せてみろ ダメだったとか言うなよな
04 フォーゲル：いやいや　ちゃんと手に入ったよ　完璧だ　見てみ
05 エヴァン：　((IDを見ながら)) ハワイ？
06 フォーゲル：うん
07 エヴァン：　いいんじゃない　これなら足がつきにくい　あれ　名前変えたのか？ マクラビン？
08 フォーゲル：うん
09 エヴァン：　マクラビン？　…アイルランド系のR&Bシンガーにでもなるつもりか？
10 フォーゲル：なんでも好きな名前にしていいって言うからさ
11 セス：　　　で　マクラビンにしたのかよ
12 フォーゲル：モハメッドと迷ったけど
13 セス：　　　…どうしてマクラビンとモハメッドなんだ!?　どうしてもっと普通の名前にしないんだよ！
14 フォーゲル：モハメッドは世界で一番多い苗字だぞ。勉強しろよ
15 エヴァン：　モハメッドって苗字の人と会ったことあるか？
16 フォーゲル：マクラビンって苗字の人と会ったことある？
17 セス：　　　ねえよ　だからこの名前じゃダメだっつの
18 フォーゲル：ひどいな
（次ページの画像は、発話07のときのものである）

07でエヴァンはフェイクIDに書かれた名前「マクラビン」について確認を求めている。08で「うん」と確認が与えられたにもかかわらず、09でも

画像出所）『スーパーバッド　童貞ウォーズ』DVD、ソニー・ピクチャーズエンタテインメント

う一度確認の求めを行っている。このことは、エヴァンがマクラビンという名前に対して強い違和感を覚えていることを示している。

09で続けてエヴァンは、「アイルランド系のR&Bシンガーにでもなるつもりか？」と述べる。ここでは民族カテゴリー「アイルランド系Irish」[9]と職業カテゴリー（あるいは音楽に関する職業のカテゴリー）「R&Bシンガー」の2種類のカテゴリーが使われている。エヴァンは、フォーゲルに適用されえないカテゴリーを二つも用いることで、マクラビンという名前に関して、それがいかに異様な名前か、またそれをIDの名前として選択したフォーゲルの普通でなさをあらためて強調している。これにより、エヴァンの発話はユーモラスな皮肉としての理解可能性を持つのである。

12でフォーゲルはフェイクIDの名前をマクラビンかモハメッドのどちらにするかで悩んだと述べている。13でセスはそうした名前の候補選定に関する疑問を呈し、そのなかでマクラビンとモハメッドは「普通」でない名前だという立場を明確に示す。「どうしてもっと普通の名前にしないんだよ」という発話は、質問の形式をとってはいるが、普通ではない名前の不自然なフェイクIDを作成したフォーゲルに対する非難として聞きうる。

こうしたモハメッドという名前を選んだことへの非難に対して、14でフォーゲルはモハメッドが「世界で一番多い苗字」だと述べる。これは、セスによる普通でないという指摘に対して、モハメッドという名前が普通の名前だとする反論になっている。ただしこのとき、「普通」の意味が両者の間で異なっており、この不一致がユーモラスな発話の連なりとしての理解可能性をもたらしている。

一方でセスが指摘しているのは、彼らにとって、モハメッドという名前は身近な人々が持っているような名前ではないということである。この名前は明らかにイスラム教徒という特定の宗教に関わるカテゴリーと結びついているのに対し、アメリカに住む白人とは結びついていない。このような意味で、モハメッドは「普通」の名前ではないし、白人であり特に信仰に関する描写のないフォーゲルの名前としても「普通」ではない。他方でフォーゲルが述べているのは、世界の中で多くの人がモハメッドという名前を持っているという意味でのモハメッドという名前の「普通」さである。たしかにモハメッドはイスラム教徒のありふれた名前のひとつであり、その意味ではよくある「普通」の名前だと言える。またフォーゲルは、「勉強しろよ」と述べることによって、モハメッドという名前の量的な多さは、必ずしも通常の生活において知れるわけではなく、「勉強」したり読書をしたりしなければ知りえないことを示してもいる。

それに対して 15 でエヴァンは「モハメッドって苗字の人と会ったことあるか？」とさらに質問を行う。この反語的な質問によってエヴァンはセスと同じく、モハメッドという名前が、彼らにとって身近であるという意味での「普通」さを備えていないという立場を示している。こうした立場を示す質問もまた、フェイク ID の不自然さ（酒を購入するときに不利になる要素）を指摘するものであり、それゆえにその作成者であるフォーゲルに対する非難としても聞きうるものになっている。しかし 16 でフォーゲルは、モハメッドという名前がそうした「普通」さを備えていないこと、それゆえフェイク ID が不自然であることを問題視するのではなく、「マクラビンって苗字の人と会ったことある？」とエヴァンと同じ形式の反語的な質問を返している。このようにフォーゲルが問題を理解しないがゆえに、17 においてセスは「ねえよ　だからこの名前じゃダメだっつの」とモハメッドの名前が問題であり、それゆえフェイク ID にも不自然さという問題が生じていることを明確に述べている。

このように、ある名前の「普通」さに関する理解をめぐる登場人物の間の不一致が、彼らの発話の連なりをユーモラスなものとしている。そして、こうした名前の普通さや不自然さに関する理解は、特定の名前と特定の宗教・人種との結びつきの有無に関する知識によって可能になっているのである。

性別・人種・宗教をめぐるカテゴリーの交錯

続いて取り上げるのは、フォーゲルが酒屋に行って酒を買うも、レジにて強盗に殴られ、警察が到着した場面だ。白人男性の警官であるスレイターとマイケルズが、レジ係の黒人女性であり警察に通報したミンディに事情聴取をしている。書き起こしは日本語吹替の会話である。

断片2: 警察の事情聴取（38:15～）

01 ミンディ：　だからね　そいつはお客さんを殴って　現金を奪って外へ逃げたの

02 スレイター：じゃあ ［背　　　背の高さは？（(背の高さを示すために手をあげる))

03 マイケルズ：　　　　［背は？　ストップって言ってください

04 スレイター：上から下げていきますか

05 マイケルズ：いや　下から上げてった方が

06 ミンディ：　とにかく　178センチくらいだったと思う

07 スレイター：人種的には　その男は　あー…　犯人は　その　つまり　僕ら似？　それとも（(ペンでミンディを指した後自分の肌を触る))

08 ミンディ：　…女か？

09 スレイター：いえ

10 ミンディ：　女［性？　［女かってこと？

11 スレイター：　［いえ　［性別じゃなくて　あー　つまり

12 マイケルズ：　　　　　［女かじゃなく　　アフリカ系？

13 スレイター：［あう　あう

14 ミンディ：　［なになに？…アフリカ系か？

15マイケルズ：　　　　　　　　アフリカ［系か
16スレイター：　　　　　　　　　　　　　［アフリカ系か
17ミンディ：　いえアメリカ系　あなたたちに［…［そっくりだったわあなたたちに
18マイケルズ：　　　　　　　　　　　　　　［じゃあ［ユダヤ系だなユダヤ系だ
19スレイター：　　　　　　　　　　　　　　　　　　［ユダヤ系だ
20ミンディ：　((目をつぶり、ため息をつく))
21マイケルズ：ユ［ダヤ系が強盗とはなあ
22スレイター：　［あー　すごくいい人たちなのに
23マイケルズ：それじゃあ　アフリカ系ユダヤ系がフードをかぶって
24ミンディ：　ちょっと！私こんなことしてる暇ないのよ　明日試験なんだから　わからないの!?明日獣医学の試験があるのよ

（以下の画像は、発話07のときのものである）

画像出所）『スーパーバッド　童貞ウォーズ』DVD、ソニー・ピクチャーズエンタテインメント

02–05の犯人の身長をめぐる警察官たちの間の抜けたやり取りと質問に対して、06でミンディは端的に回答を与える。その後07で警察官のスレイターは、「あー」「そのつまり」などの躊躇を示す発話を行いながらも、自分の肌に触れながら、ミンディが目撃した人物の「人種[10]」について質問している。そもそも人種にまつわる議論がセンシティブであるなかで、スレイター

は肌の色と人種を同一視する見方を示しており、これは不適切な仕方での人種カテゴリー装置の導入実践として理解できる。ミンディはこの不適切さに明らかに気づいており、08 と 10 で性別という異なる成員カテゴリー化装置を導入し、それに対抗している。つまりミンディは、警察官の振る舞いを、肌に触れその色への注意を促すことで人種への参照を行っていると理解したと示すのではなく、顔に触れ性別への参照を行っているという理解を示している。こうした理解を示すことによって、警察官たちの前提にある肌の色と人種を同一視する見方に対抗しているのである。

12 でマイケルズは性別という成員カテゴリー化装置の導入を退け、「アフリカ系 African」というカテゴリーに明示的に言及することで、人種という成員カテゴリー化装置を導入する[(11)]。その一方でスレイターは、11 の「あーつまり」や 13 の「あう　あう」といった言葉に詰まる様子からうかがえる通り、人種に関するカテゴリーをどのような言葉を用いて導入するのかをめぐって苦労している。

17 でミンディは、「アメリカ系 American」という表現を用いることで、こうした人種という成員カテゴリー化装置の導入に対抗している。ここで彼女は「白人 White」とは言っていない。つまり、警察官が導入した人種カテゴリー装置の一貫性規則に従ったうえで「アフリカン」ではない別の人種カテゴリーに言及するのではなく、そもそも人種カテゴリー装置を用いることを拒否しているのである。そして「あなたたちのような見た目」だと容姿に関して特定のカテゴリーを用いることなく記述している。このような方法のもとで、人種という成員カテゴリー化装置の使用に対する対抗がなされている。

それに対して 18 と 19 で警察官たちは突如として、17 のミンディの発話がまだ終わっていないにもかかわらずそれに被さる形で、「ユダヤ系」というカテゴリーに明示的に言及し、宗教という成員カテゴリー化装置を導入する。20 でミンディは目をつぶりため息をつくことによって、こうした警官たちのカテゴリー使用が非合理だと感じていることを示している。警官たちは 21 と 22 でさらに「ユダヤ人が強盗とはなあ」「すごくいい人たちなのに」

と、ユダヤ人と強盗という活動の結びつかなさや、ユダヤ人と人の良さという性質の結びつきに言及する。そして23では、人種と宗教という二つの成員カテゴリー化装置にそれぞれ属する、「アフリカ系」と「ユダヤ系」という異なるカテゴリーが用いられている。これは相対的に珍しく、かつこれまでの会話におけるミンディの発言を踏まえない点で唐突かつ不可解な二つのカテゴリーの組み合わせである。

このように、警察官側の「人種」や「宗教」という成員カテゴリー化装置の導入の仕方は、不適切あるいは不可解なものになっている。ミンディが対抗しているにもかかわらず、最終的に警察官たちは片方だけでなく2人揃って「犯人はアフリカ系ユダヤ人」という全くミンディが主張していない結論に達する。こうした警察官2人の間の同調と、彼ら2人とミンディとの噛み合わなさが、これらの発話の連なりをユーモラスなものとしている。

字幕・吹替による知識の補完

次に、ある種の知識を日本語字幕・吹替が補完していることが明確なケースを分析する。そのために以下の映画場面の断片では、日本語字幕、日本語吹替、英語音声をすべて書き起こしている。まず取り上げるのは、同じくグレッグ・モットーラ監督による2011年の映画『宇宙人ポール *Paul*』[(12)]である。この場面は、イギリスからアメリカのコミコン（コミックやアニメなどの文化作品に関する大規模なイベント）に参加しにやってきたSFファンのグレアムとクライヴが、ホテルの部屋でルームサービスを運びに来た従業員のジョージと会話するところである。

断片3:「エイリアン」（7:04〜）

01 グレアム：（日本語字幕・吹替）エイリアン信じる？
（英語音声）Would you believe in aliens?
02 ジョージ：（日本語字幕）私外国人（エイリアン）ですが
（日本語吹替）私を不法就労者だと？
（英語音声）What do you mean, “aliens” ?

（以下の画像は、発話 02 のときのものである）

画像出所）『宇宙人ポール』DVD、ジェネオン・ユニバーサル・エンターテイメント

02 は英語では、ジョージが 01 の発話における「エイリアン」の意味を捉えかねていることが示される発話になっている。ただし、ジョージがヒスパニックに見えることに気づいたならば、ジョージはエイリアンという語の意味を単に理解していないのではなく、その語によってグレアムが彼を「外国人」としてとらえている可能性を理解していると視聴者は見ることができる。しかし、ジョージが外見的にヒスパニックでありそうなことや、「エイリアン」という語が「外国人」を意味しうることは、必ずしも日本の視聴者には理解されないかもしれない。字幕と吹替は、こうした想定される視聴者の知識を補う。

まず字幕は「外国人」に「エイリアン」というルビを振るというメディア的特性を生かした手法によって、エイリアンが外国人を意味しうることを明示している。それに対して吹替は、「不法就労者」という語を用いることで、視聴者の理解を一定の方向に誘導している。すなわち、外国人であることに言及したグレアムの発話を、不法就労者である可能性を示唆したものとしてジョージが理解したことが示されている。メキシコなどにルーツを持つヒスパニックの外国人を不法移民あるいは不法就労者だとみなすステレオタイプは、アメリカにおいて存在していると言えるだろう。吹替は、ジョージがグレアムの「エイリアン信じる？」という発話を、ヒスパニック（外国人）と不法就労者を結びつけるステレオタイプに基づいたものとして理解したという見方のもとで、ジョージの発話を「私を不法就労者だと？」と翻訳しているのである。この吹替では、ヒスパニックの外国人に対するステレオタイプ的な知識が補完されている。

そしてこのような知識の補完を通じて、想定される日本の視聴者もまた、「エイリアン」という言葉の持つ複数の理解可能性を参照することが可能になり、それによってSFファンの他愛ない発話が、政治的な意味を持つ発話として誤解されるというやりとりをユーモラスなものとして見ることができるようになるのである。

最後に取り上げるのは、ベン・スティラー監督による2008年の映画『トロピック・サンダー　史上最低の作戦』である。この作品では、ベトナム戦争をテーマにした映画を撮影しようとした俳優たちが、知らず知らずのうちにロケ地のジャングルで実際の戦闘に巻き込まれる。以下の場面は、俳優陣がジャングルのなかで道に迷い、お互いへの不満が募り口論が始まるところである。なお、登場人物のなかでタグとケヴィンは白人であり、アルパは黒人である。そして、カークは白人であるが、劇中映画の黒人の役になりきるために皮膚の色の整形手術を行ったという設定になっている。

断片4：人種差別の疑い（51:30～）

01 タグ：　（日本語字幕）何て奴らだ
（日本語吹替）お前らは信じない
（英語音声）I don't believe you people.
02 カーク：（日本語字幕）"奴ら"？　黒人への差別か！
（日本語吹替）「お前ら」ってそれ人種差別か
（英語音声）Huh! What do you mean, "you people"?
03 アルパ：（日本語字幕）オマエ白人だろ？
（日本語吹替）あんたさあ　どういう立場？
（英語音声）What do you mean, "you people"?
04 ケヴィン：（日本語字幕）タグが言う"奴ら"は"俳優"ってことさ
（日本語吹替）たぶんタグが言ったのは役者って意味で僕に言ったのかも
（英語音声）I think what Tugg means is you people, you ac-

tors. You people.

05 カーク：　（日本語字幕）白い悪魔の目だ

（日本語吹替）違うぞ　ほらあいつの目見てみろ　ありゃ白い悪魔の目だ

（英語音声）No, look at his eyes, man. Look at them beady, white devil eyes.

（以下の画像は、発話 02 のときのものである）

画像出所）『トロピック・サンダー　史上最低の作戦』DVD、パラマウントジャパン

01 のタグが用いた「you people」という表現から、人々を複数のグループに分けているニュアンスを読み取ることによって、人種という成員カテゴリー化装置が用いられていると聞くことができる。実際のところこの「you people」という表現はある人種や民族に属する人物からの他の人種や民族に属する人物に対する差別的な言明とみなされるものであり、一般的には使用が避けられる。02 のカークの発言はそうした理解を示したうえで、01 の発言が黒人差別である可能性を指摘している。03 のアルパの発話は、そうした理解を共有したうえで、そうした理解を白人であるカークが示し差別を糾弾することへの疑念を示すものだ。それに対して 04 でケヴィンは「you people」を人種ではなく職業という成員カテゴリー化装置の使用だとする解釈を示すことによって、場を収めようとしている。

ここでは、同じ表現を異なる成員カテゴリー化装置の使用として理解・解釈するズレが、ユーモラスな相互行為としての理解可能性を生んでいる。英語では、02 においてカークは人種カテゴリーに対する明示的な言及は行っていないが、アメリカ英語に慣れ親しんでいればそれが人種カテゴリーへの言及でありうることが理解できる。それに対して、日本語字幕と吹替では、02 のカークは「黒人」というカテゴリーや「人種」という成員カテゴリー化装置に明示的に言及している。01 や 02 の「you people」という表現を、人種という成員カテゴリー化装置と関連するものとして理解できるか否かは、アメリカや英語に関する知識の多寡に依存する部分が大きいだろう。ここでの日本語字幕や吹替は、成員カテゴリー化装置を明示的な表現を用いて導入することによって、日本の視聴者の知識を補完する役割を果たしているのである。

ただし、ここでは、字幕や吹替による知識の補完に基づいたユーモアの理解しやすさとユーモアの巧みさとの間にある、いわばトレードオフの関係が見られるように思われる。会話におけるユーモアの翻訳は、翻訳自体がその面白さを損ねてしまいうるがゆえに難しい側面があるが、これはその具体例になっていると考えられるのである。これらの日本語字幕や吹替は、「黒人」や「人種」といった元々の英語版では用いられていない非常に明示的な表現を使うことによって、この会話を日本の視聴者にも理解しやすくしている。あるいは、字幕や吹替は視聴者の知識の多寡に関する想定を踏まえたうえでユーモアを理解させるために、より明示的で露骨な表現を使わざるをえなかったとも言える。しかし、「黒人」などの人種に明示的に言及する直接的な表現を使わずとも、人種に関する発話を構成することは可能であり、そうしたキャラクターによる非明示的表現の使用は作品におけるユーモアの巧みさにつながる。この事例では字幕や吹替が、ある会話がユーモラスであると視聴者に理解させることに寄与している一方で、明示的な表現の使用によってそのユーモアが理解しやすくなっていること自体が、当のユーモアの巧みさや複雑さや面白さを低減させてしまっている可能性があるのである。

4 「文化」の差異とは何なのか——作品分析の意義

規範的期待としての文化

コメディ作品における発話やその連なりのユーモラスなものとしての理解

可能性は、規範的な期待としての「知識」に依存している。本章で具体的に見てきたのは、特定の人種・民族・宗教などに関する規範的な期待の特異な仕方での導入や、そうした期待に違反するカテゴリー使用や、人種や民族と関係しうる特定の表現に関する複数の人物の理解の不一致が、相互行為をユーモラスなものとして理解可能にしていることだ。

また、国、年齢、階層などの視聴者の属性と、コメディ作品を笑えるか否か、ユーモラスなものとして捉えられるか否かが一定程度関係しているのは、これらの属性と特定の知識（規範的期待）の有無とが関係しているからだと考えられる。そして、字幕や吹替といった翻訳は、特定の知識を持たない可能性が高い属性の人々の知識を補完する役割を果たしうる。あるいは、そもそも翻訳の有無にかかわらず、こうしたコメディを鑑賞すること自体によって、それを笑うために必要な知識を得ていくこともありえるだろう。

さらに、「何に対して、なぜ笑うか」に対する回答として持ち出されることのある「文化」という曖昧な概念についても、あらためてここで述べたような知識・規範的期待として捉え直すことができる。このような捉え方のもと、「文化」という極めて曖昧であるがゆえに様々なものを説明できてしまいうる概念を用いて現象を解明するのではなく、「文化」と私たちが呼ぶものの内実は何なのか、それは具体的にどのように利用され私たちの経験やその差異――ユーモアの経験、ユーモアを感じられるか否かという差異――を可能にしているのかを明らかにできる。こうした視点は、「文化」やその差異について考えるためのひとつの道筋を提供してくれる。

作品そのものを分析することの重要性

社会学は作品の受け手や消費者を対象として、アンケート、インタビュー、エスノグラフィーなど様々な調査を行い、どのような属性（年齢、性別、階層）を持つ人々が特定のコメディを好むのかを検討し、人々の間の趣味の違いを明らかにしようとしてきた。それに対して本章では、異なる属性を持つ人々であっても同じコメディ作品を好むことがある点に注意し、受け手や消費者が述べていることを検討するのではなく、実際の作品自体をその翻訳も含めて分析することを通じて、作品をユーモラスなものとして理解するために必要な知識、たとえば特定の人種や民族や宗教に関する規範的期待を具体的に明らかにした。

この点において本章は、受け手や消費者へのインタビューやアンケートで得られたデータの分析ではなく、作品そのものの分析によって、作品経験の解明が可能になることを提示する試みでもある。フィクション作品内での会話がいかにして組み立てられているのか、その会話はどのようにしてユーモラスなものとして理解されるのかを、作品内でなされる会話自体の分析に即して明らかにすること。こうした分析は、作り手による作品制作と受け手による作品経験をともに支える基盤となっている私たちの知識の解明にとって有益である。このように作品自体の中に作品経験を可能にする基盤が内包されているのであるから、本来であれば作品経験の分析は作品自体の分析から切り離すことはできない。したがって、作品経験を明らかにしようとする際にも、もっぱら受け手や消費者が語ったことのみを分析対象とすればいいわけではない。むしろ、作品経験の解明を行うためには、それぞれ作品がどのように組み立てられ、どのようにして理解できるようになっているのかを明らかにすること、すなわち作品自体の精緻な分析こそが必要なのである。

付記

本章はサントリー文化財団2018年度「若手研究者のためのチャレンジ研究助成」の成果です。

注

（1）　ただし、私たちの普段のカテゴリー使用を思い起こしてみれば、ひとりの人物について特徴づける際に複数のカテゴリーを用いることはよくあることであり（たとえば「20代」「男性」など)、それが何らかの「規則」への違反と呼べるかについては疑問の余地がある。いずれにしても分析の際に重要になるのは、複数のカテゴリーあるいは成員カテゴリー化装置を同時に用いることで、いかなる行為や活動がなされているのかである。

（2）　こうした規範への違背という観点からユーモアを説明する立場は、複数の要素の間の不一致としてユーモアを説明する点において、いわゆるユーモアの「不一致説」に近しいと言える。ただし本章はこうした説を一般的に提示するのではなく、そうした不一致とは実際のところどのようなものであり、それがどのようにユーモラスなものとして理解できるのかを具体的事例に基づいて明らかにしようとする点に特徴がある。

（3）　ストコウは、この点についてカテゴリーと活動の「パズル」として言及している（Stokoe 2012）。またストコウ（Stokoe 2008）は、コメディドラマを取り上げ、ある発話やその連なりがユーモラスで笑えるものとなるやり方に関して分析している。

（4）　本章では、ある発話やその連なりを見聞きしたときに人が実際に笑うかどうか、そのユーモアを好むかどうかには着目しない。仮にある発話をユーモラスで笑えるものとして理解したとしても、時と場合によっては、実際に声を出したり表情に現したりするかたちでは笑わないこともあるだろう。また、グレン（Glenn 2003）などによる会話分析研究のなかで明らかにされてきたように、笑うことは必ずしも何らかのユーモラスな現象が生じていたことを意味しない。

（5）　ユーモアがテーマとされているわけではないが、映画の字幕研究のなかで日本語で読めるもののひとつとして、篠原（2018）がある。そこでは、日本映画の英語字幕の方略についての検討が行われている。

（6）　また、一般的に字幕や吹替が難しい理由として、いわばメディア的制約もある。字幕であれば、画面に3行も4行も文章を並べるわけにはいかないという長さに関する制約があるし、吹替に関しても基本的に元々の言語で登場人物が喋っている時間にあわせて音声をあてなければならないという制約がある。これは、たとえば小説の翻訳が訳注などによって説明を加え、分量を増やすことができ、かつそうした丁寧な翻訳が高評価の理由にもなりうることとは大きく異なっている。字幕翻訳の特性については、たとえば篠原（2018: 96–101）にまとめられている。

（7）　本章はコメディ映画のユーモアを、主に登場人物の会話に着目して明らかにしようとするが、ユーモアが画面上の工夫や音声などの様々な要素によっても生じていることを否定するわけではもちろんない。

（8）　念のため述べておけば、酒を購入する際に店側から年齢確認を求められた場合、身分証明書（ID）を提示する必要があるが、彼らは高校生であるため偽の証明書が必要になる。

（9）「マクラビン McLovin」の「マク Mc」はゲール語由来であり、「マクナマラ McNamara」や「マッカラン McCarran」のように人々の苗字の一部として使われることがある。しかし繰り返しになるが、「マクラビン McLovin」という名前は現実世界では極めて異様だ。

（10）　なお、英語では07のスレイターの質問は「ethnically」という語を用いて行われており、直訳すれば「民族」に言及している。次の注11も参照のこと。

（11）　どのようなカテゴリーを「人種」や「民族」とするのか、「人種」と「民族」をいかにして区別する／できるのか、さらには「人種」という概念を用いるべきなのかは、とりわけアメリカ合衆国においては問題になる。本章では、同国の2010年の国勢調査において「黒人あるいはアフリカ系アメリカ人 Black or African American」が「人種 Race」のカテゴリーとなっていることに鑑み、ここで使用されている成員カテゴリー化装置についてさしあたり「人種」という名を当てている（U.S. Census Bureau 2012）。

（12）　この作品には、アメリカだけでなくイギリスの人々や会社が多く製作等に関わっており、イギリス・アメリカ映画とも言える。

解　説

ユーモアのセンスは国や文化などによって大きく異なっているなどと言われることもあるなかで、「異文化」に属するとされるような作品をどのようにしてユーモラスなものとして、笑えるものとして理解できるのか。この問いに対して、私たちがコメディ作品を鑑賞し楽しむために用いる必要がある知識（規範的期待）のあり方を分析することを通じて、取り組んできました。こうした議論は、笑いやユーモアと差別や偏見との関係を考える際にも、有益な視点を提供してくれます。

一方で、何をユーモラスだと感じるかの差異は、単なる私的な個々人の趣味の問題に過ぎないように思われるかもしれません。しかし他方で、本章でも取り上げたフリードマン（Friedman 2014）が明らかにしたように、またとりわけ差別的なジョークや特定のカテゴリーに属する人に対するステレオタイプや偏見を利用したコメディを笑う（べき）かという問題を考えればわかるように、笑いやユーモアの趣味の違いは、ときに人々の間で政治的・道徳的な断絶を生みます。

もし私的な趣味が個々人によって決定的に異なっていたり、生まれ育った「文化」によってあまねく規定されていると考えるのであれば、それによって生じる政治的・道徳的断絶もまた、変化しえず覆しえないものとなるでしょう。しかし、笑いやユーモアに関する差異が特定の知識の有無によって異なっており、そうした知識が獲得あるいは補完されうるならば、その差異やそこから生じた人々の断絶もまた、解消される可能性があります。この意味で、笑いを可能にするものを知識としてとらえ、その解明を目指す作業は、人々の政治的・道徳的断絶に対処するためのささやかな助けにもなるでしょう。

ディスカッション

1．「規範的期待」という概念について説明してみよう。
2．日常生活あるいはメディアを通じて見聞きした笑える発言や会話をひとつ取り上げ、なぜ笑えると感じたのかについて、私たちが持っている「規範的期待」への違反という観点から説明できるかどうか、試してみよう。
3．私たちは、コメディ作品や日常生活におけるジョークから、特定の性別、人種、民族、国家に関して、どのような知識や「偏見」を得てきただろうか。また、コメディ作品が自らの持つ偏見に気づかせ、反省を促す機能を果たしうるだろうか。議論してみよう。

参考文献

篠原有子 2018『映画字幕の翻訳学――日本映画と英語字幕』晃洋書房。

Attardo, Salvatore 2002 "Translation and Humour: An Approach based on the General Theory of Verbal Humour (GTVH)," *The Translator*, 8 (2): 173–94.

Chiaro, Delia 2008 "Verbally Expressed Humor and Translation," in Victor Raskin (ed.), *The Primer of Humor Research*, Mouton de Gruyter, 569–608.

Chiaro, Delia ed. 2010 *Translation, Humour, and the Media: Translation and Humour Volume 2*, Bloomsbury Publishing.

Friedman, Sam 2014 *Comedy and Distinction: The Cultural Currency of a 'Good' Sense of Humour*, Routledge.

Glenn, Phillip 2003 *Laughter in Interaction*, Cambridge University Press.

Kuipers, Giselinde 2006 *Good Humor, Bad Taste: A Sociology of the Joke*, Mouton de Gruyter.

Lorenzo, Lourdes, Ana Pereira and Maria Xoubanova 2003 "The Simpsons/Los Simpson," *The Translator*, 9 (2): 269–91.

Sacks, Harvey 1972 "On the Analyzability of Stories by Children," in John Gumperz and Dell Hymes (eds)., *Directions in Sociolinguistics: The Ethnography of Communication*, Holt, Reinhart and Winston, 329–45.

Stokoe, Elizabeth 2008 "Dispreferred Actions and other Interactional Breaches as Devices for Occasioning Audience Laughter in Television "Sitcoms"," *Social Semiotics*, 18 (3): 289–307.

Stokoe, Elizabeth 2012 "Moving forward with Membership Categorization Analysis: Methods for Systematic Analysis," *Discourse Studies*, 14 (3): 277–303.

U.S. Census Bureau 2012 *Modified Race Summary File Methodology Statement*. Retrieved from https://www2.census.gov/programs-surveys/popest/technical-documentation/methodology/modified-race-summary-file-method/mrsf2010.pdf

第5章

「歌いたい曲がない！」

カラオケにおいてトラブルを伝えること

吉川侑輝

私たちは日常生活をおくっているだけで、様々な仕方で音楽と出会ってしまう。たとえば、スーパーやコンビニでのBGM、電車の発車をしらせるベル、ストリート・ミュージック、……等々。このような日常生活の様々な領域に音楽が入り込んでくる事態は、音楽社会学者によって社会の「音楽化」（小川 1988）と表現されている。こうした音楽とのありふれた出会い方のひとつとして、カラオケがある。本章では、カラオケという、ひとつの日常的な音楽活動をみていきたい。このことをつうじて、私たちの日常生活における音楽とのかかわりだけでなく、それがいかなる日常的な課題を含んだ活動でもあるかといったことが明らかになる。カラオケという素人の音楽活動を調べることをつうじて「音楽化」していく私たちの社会生活がそなえるひとつの様態を跡づけていくこと、これが本章で目指されることである[(1)]。

1　いかにしてカラオケを研究するのか

カラオケの理論的研究

カラオケは、特別な訓練を必要としないような日常的な音楽活動のひとつであるように思われる。いくつかの社会調査が明らかにしてもいるように、カラオケは、わたしたちの社会生活における、それなりにありふれた音楽活動のひとつとみなされている（日本放送協会放送世論調査所編 1982: 23-25; 吉井 1984: 168-170; 川西・奥 2004: 48; 南田 2006)。実際、好むかどうかにかかわらず、人はいつでもカラオケに誘われる可能性が、少なくとも潜在的にはあるだろう。カラオケに行ったことがないという人はいるだろうが、カラオケという言葉を聞いたこともないとか、カラオケに誘われたこともないという人はそれほど多くはないはずだ。カラオケはそれだけ、日常に根ざした音楽活動であるといえよう。

こうしてカラオケは通常、音楽の素人によって、「遊び」、「趣味」、そして「社交」として取りくまれているものである（Ben-Ari 1989；Hale 1997；Drew 1997, 2001）。実際、音楽社会学者たちは、カラオケが、仕事としての音楽と趣味としての音楽の境界を、曖昧にするものであると論じてきた。たとえば小川博司は、「カラオケは歌手と楽曲との結びつきを希薄にする方向に作用」（小川 1995：122）し、「仕事として歌を歌うプロフェッショナルな歌手と遊びとして歌を歌うアマチュア歌手との境界を曖昧に」（小川 1995：1023）した、と論じている（小川 1988：116 も参照のこと）。北川純子は、こうしたカラオケに取りくむ「音楽を聴くだけでなく実行する」人びとを、「しろうと」と「くろうと」の間にあるという意味をこめて「灰色層」（北川 1993：132）と呼んでいる。こうしたいくつかの観察からも示唆されるように、カラオケという音楽経験の様態を明らかにするということは、わたしたちの日常的な社会生活の一端を明らかにするという作業に結びついている。

とはいえ、カラオケという活動を対象とするこれまでの様々な研究は、この音楽活動を、若者論（宮台・石原・大塚 2007；小泉 1999, 2007；中西・玉木 2015 a, 2015 b）、メディア論（Keil 1984：94–96；Keil［1994］2005：252–254；小川ほか 2005：43–46；佐藤 1992：128–134；重本 2002）、そしてアイデンティティ論（徳丸・北川 1996；小川 1998：122–125）といった形式において、様々な理論的な関心のもとで主題化してきた。すなわちこれらの議論においてカラオケは、社会生活をおくる人びとが現実に直面している課題を例証するというよりはむしろ、研究者たちが理論的な仕方で取りくんでいる課題を展開していくための差し手として利用されてきたのである。

こうした方針に対して本章では、人びとの実践的課題を明確にしていくために、カラオケという音楽活動におけるエスノメソドロジー（Garfinkel 1967）を明確にすることを試みる。エスノメソドロジーとは、日常的な活動における理解可能な現象を、その現象を編成するために人びと自身が利用している方法ならびにその方法を解明する研究プログラムの両方を指示するために、アメリカの社会学者ハロルド・ガーフィンケルが案出した言葉である。すでに述べたように、本章が目指すのは、カラオケ場面の分析をつうじて、人びとと音楽との日常的なかかわりを明らかにしていくことである。こうしたことを目指すのに、人びとの方法を明確にしていくエスノメソドロジー研究という方針は適していると考えられる。すなわち本章は、エスノメソドロジー研究という方針がとられることによって、音楽の素人による活動に含まれる課題それ自体を、実践的に特定しなおしていく。このことによって、日常的な音楽活動としてのカラオケを、研究者たちにとっての理論的問題としてでなく、人びとの日常的な問題として分析していく。

カラオケの実践的研究にむけて

それでは、日常的な音楽活動としてのカラオケを分析するのに先立って、わたしたちは、どのような先行研究を参照することができるだろうか。

音楽活動を対象としたエスノメソドロジー研究の大部分は、リハーサル（Weeks 1990；1996）、レッスン（西阪 2008：53–118）、そして公開されたレッスンであるところのマスタークラス（Haviland 2007；Reed, Reed & Haddon 2013）といった場面に関心をむけてきた。これらの場面はいずれも、「教師」と「生徒」、または「指揮者」と「演奏者」といったカテゴリーに根差した相互行為が取りくまれているという意味で、制度的な場面といえるものであるだろう。

それに対して、ピーター・トルミーたちは人びとがアイリッシュパブにおいて音楽演奏を日常的に楽しんでいる場面を分析している（Tolmie, Benford and Rouncefield 2013）。トルミーたちは、より具体的にはアイルランド音楽のセッションの参加者たちが、パブにおいて、演奏をつうじて楽曲を選択するための方法を分析している。注目に値するのは、トルミーたちが、活動における問題含みな場面を分析するという作業をつうじて選曲活動の特徴を明確にしているということである。この論文ではたとえば、参加者たちが開始した楽曲が他の参加者に受けいれられなかった場面を分析することで、アイルランド音楽のセッションにおける選曲が演奏者たちの交渉をつうじて決められていることが明らかにされている（Tolmie, *et al.* 2013：234-240）。とはいえ、トルミーたちの研究は、演奏活動を対象にしているという意味で、誰もが参加できるとは限らないような活動を分析するものであるともいえるであろう。

これに対して、カラオケ場面における活動のエスノメソドロジー研究が、わずかではあるものの、存在している。小田中悠たちは、ゲーム理論の方法を相互行為分析に適用しながら検討することによって、カラオケの参加者たちが、身体動作などを利用しながら状況の定義やお互いのカテゴリー付けをおこなうことで、カラオケにおける次の歌い手を決定していくありようを明らかにしている（小田中・吉川 2018）。カラオケ喫茶をフィールドとして研究をおこなった堀田裕子はさらに、カラオケの参加者たちが、ディスプレイや選曲リモコンを相互行為の資源として利用することをつうじて、歌い手の歌を「聴いている／聴いていない」といった状態を提示することをはじめとした様々な規範に従事していることを詳らかにしている（堀田 2019）。こうした研究は、カラオケの参加者たちが、カラオケの淀みない進行を志向しながら自分たちの活動を組み立てていることを明確にするものであるといえるだろう(2)。

そこで本章では、こうした先行研究を念頭におきつつ、以下の三つの方策をとってゆく。第一に、本章はカラオケボックスにおけるカラオケ活動を対象とする。これはカラオケボックスが今日、もっとも一般的なカラオケの形式のひとつと考えられるからである。第二に本章では、カラオケにおいて歌をうたったりすることではなく、カラオケにおける会話を分析する。このことによって、カラオケという場面を組み立てていくための日常的なやり方が明らかになるだろう。第三に、本章はカラオケの参加者たちが何らかのかたちで選曲上の困難を提示している場面に着目する。このことによって、人びとが取りくんでいる現実の課題の一端が明確となることが期待できる。

2 データとトランスクリプト

カラオケの概要

分析にさきだって、本章が対象とするカラオケの特徴を、分析にかかわる範囲において予備的に説明しておく必要があるだろう。

すでに述べたように、本章におけるカラオケはまず、「カラオケボックス」などとよばれる個室においておこなわれている。カラオケボックス内部には日本国内にいくつか存在している楽曲配信会社がもつサーバーから楽曲を呼びだすためのカラオケ通信機器が設置されており、通信機器には、歌詞を表示するための大型ディスプレイやスピーカーなどが有線で、そしてカラオケ通信機器を操作するための選曲リモコンやマイクが無線で接続されている。カラオケボックスの中央にはテーブルがあり、参加者たちは、他の参加者たちとディスプレイの両方をみることができるような形式で椅子にすわる。

椅子にすわった参加者たちがまずすべきことは、選曲リモコンを使用することで、カラオケ通信機器を操作し、選曲をしていくことである。選曲リモコンにはタッチパネルがついており、楽曲の検索と選択が可能である。最初の選曲が完了すると、10秒程度の間をおいて楽曲が開始される。選曲リモコンは交代で手わたされ、それぞれが自分で楽曲を選択していく。多くの場合、参加者全員が選曲を終えると、選曲リモコンは、最初の歌い手の手元に戻ってくる。こうして、選択された順に楽曲が再生されていく。参加者たちは、自分が選択した楽曲が開始されると、マイクを手にして、楽曲を歌う。なお、楽曲と楽曲の間にもまた、30秒弱の間が存在している。こうした空間を利用しながら、参加者たちは短い会話を楽しんだりする場合がある。

しばしば指摘されることがあるように、カラオケという活動には、参加者が皆一度は歌うべきであるという規範（Ben-Ari 1989: 50; Hale 1997: 21）や、他の参加者の嗜好を気にしながら選曲をおこなうべきであるといった規範（中西・玉木 2015 b: 88-89）をめぐる、さまざまな配慮がめぐらされている場合がある。カラオケにおける「個人主義（自分ひとりが楽しむこと）」と「集団主義（皆で楽しむこと）」の軋轢を「カラオケのジレンマ」として定式化したC. M. K. ルムは、このジレンマがヨーロッパと日本のカラオケにおいてどのように表出するのかを論じるなかで、日本におけるカラオケを集団主義的なものと特徴づけている（Lum 1998 : 175–176。類似した関心をもった研究としては、Lum 1996 ; 宮入 2007, 2008 : 191–197 など）。これから本章が論じてもいくように、カラオケの参加者たちは、こうした規範を気にもしながら、他の参加者への配慮とともに活動をすすめていく必要がある。

調査の概要

本章は、主として2017年2月に東京において実施された共同調査をつうじて得られたデータを分析する。調査は、予備的なものも含めて3回実施された。それぞれの調査は、以下の表5–1において提示するような時間、人数、そして参加者において実施された。

第1回の予備的な調査は、著者（Y）と共同調査者（O）の2名で実施された。YとOは知り合い同士ではあったが、ともにカラオケにいくのは初めてであった。第2回以降のいずれの調査にも、YとOがふくまれている。また第2回以降の調査においては、調査協力者たちのなかには、初対面同士のペアが、必ずひとつ以上含まれている。換言すれば、第2回調査においてはOとIが、そして第3回調査においてはIとBが初対面であり、当然ながら、カラオケをともにするのも初めてであった。第2回調査と第3回調査における参加者たちの配置を図5–1に示しておく。

以上のことをふまえれば、本章で扱うカラオケ場面は、それが実験室的におこなわれたという意味において、たんにカラオケそれ自体を目的とするようなカラオケである以上に、人工的な要素が含まれているといえるだろう。とはいえこれらのことは、親密でない者同士で実施されるすべてのカラオケがそうでありうるように、参加者たちにとって、カラオケにおける相手の好みなどを考慮

表5–1　各調査の詳細

	#1	#2	#3
時間	90分	90分	120分
人数	2名	3名	4名
参加者	O, Y	O, Y, I	O, Y, I, B

#2
Y
I
O
↓display
#3
I
Y
B
O
↓display

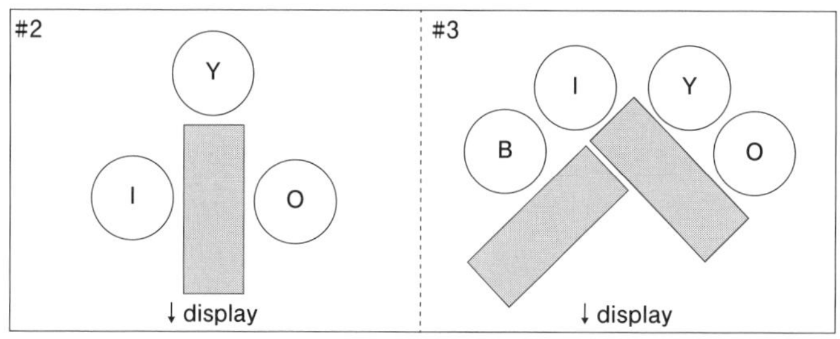

図5–1　参加者たちの配置

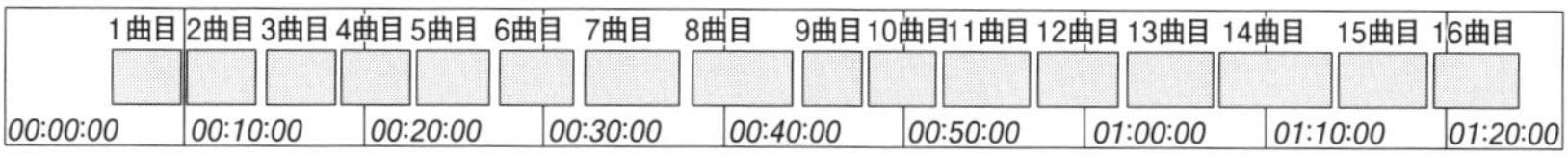

1曲目
2曲目
3曲目
4曲目
5曲目
6曲目
7曲目
8曲目
9曲目
10曲目
11曲目
12曲目
13曲目
14曲目
15曲目
16曲目
00:00:00
00:10:00
00:20:00
00:30:00
00:40:00
00:50:00
01:00:00
01:10:00
01:20:00

図5–2　第2回調査のながれ

しながら自らの選曲をおこなうことができないという課題が生じていることを意味してもいる。こうしたことをふまえれば、本章におけるカラオケ場面は、実験室的な場面ではあるにしても、同じような課題に対処しなくてはならないような日常的な場面とのかかわりにおいて理解することも可能であるといえる。

第2回の調査（計90分）では全部で16曲の選曲が、そして第3回の調査（計120分）では、全部で23曲の選曲がおこなわれた。いずれの調査においても、選曲はおおむね、順番に、規則正しくおこなわれた。すなわち第2回調査において選曲はO、I、そしてYという順番で、そして第3回調査において選曲は、Y、O、I、そしてBの順番でおこなわれた（当然ながらこの傾向は、初対面同士のものが含まれているというセッティングと関係していると考えられる）。また、いずれの調査においても、曲と曲の間は大きな間を置くことなく、続けて選曲がおこなわれた。図5–2には参考として、第2回調査における選曲の全体像が示されている。図5–2において示されているように、およそ90分ある第2回調査において、最初の楽曲はおよそ7分時点から開始されているが、続く2曲目から最後の16曲目までは、楽曲が中断されることなく、続けて淀みなく選曲がおこなわれている。

分析方法

本章は、調査によって得られたデータを、以下に提示する三つの方法をつうじて分析していく。

第一に本章では、分析をおこなうためにビデオデータを利用する。これは、人びとが活動を編成しているときに利用している方法を、利用されている資源にそくして解明していくためである（南出・秋谷 2013：37-40）。第二にビデオデータは、分析の便宜上、トランスクリプトに変換されたうえで分析される。なおトランスクリプトの作成にあたっては、ビデオデータ内において言及されている楽曲名やアーティスト名を必要に応じて改変した。第三に本章では、参加者が選曲上の困難を提示しているようにみえる場面を集中的にあつめ、分析をおこなう（Schegloff 1996：176-181＝2018：128-135）。

すなわち本章では、ビデオデータにおいて、参加者が選曲上のトラブルを伝えているようにみえる場面に着目し、そうした場面のトランスクリプトを作成したうえで、それらの断片を収集したコレクションを構築する。上記の方針によって、第2回と第3回の調査から得られた200分程度のビデオデータから、三つの断片が収集された。以下では、これらの断片を分析していく。

3　カラオケにおいてトラブルを伝えること

選曲活動を継続するための努力の開始

分析の結果として、次の三つのことがらが明らかとなった。それはまず第一に、選曲活動を継続することができない理由を提示するとき、カラオケの参加者たちは、選曲活動を続ける意思があることを同時に示してもいるということである。第二に、カラオケの参加者たちは、こうした方法を利用することをつうじて、自らの選曲過程にかかわる努力の状態を提示することがあるということである。そして第三に、カラオケの参加者たちは、こうした同様のふるまいを利用することによって、自らの選曲結果に対して消極的な態度をとることができる場合がある。以下、これらのことを3節にわけて敷衍していく。

最初に示す断片1では、選曲活動を継続することができない理由を、選曲活動を続ける意思があることとともに示すといういま述べた方法が、明確なかたちにおいて取りくまれている。断片1は、第2回調査における冒頭3~4分の部分からの抜粋である。この断片1は、Oが選曲リモコンを手に持ち、3名の参加者のなかで最初の選曲をしている最中から開始されている。そしてこの断片の2行目において、Oは「ちょっと（悩む）はしのけん か ハワイサマーズかが」と述べ、自らが、選曲上の困難をかかえていることを伝えている。

断片1 #2 (00:05:13-)

01 (0.6)

02 =〉 O: ちょっと（悩む）はしのけん か ハワイサマーズかが

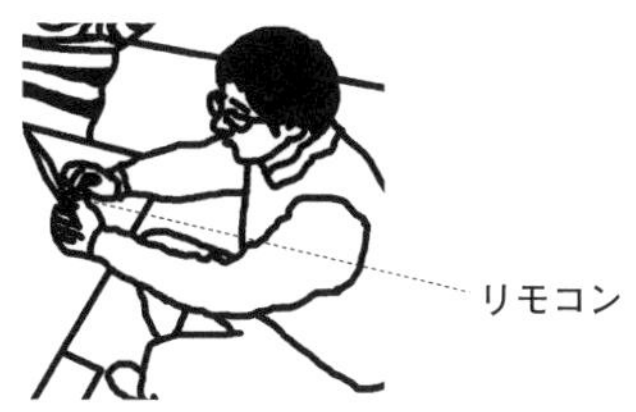

03 (2.3)

04 -〉 Y: ［この前なに歌ったけ

05 I: ［な-

06 (0.5)

07 O: あれ↓ね:

08 (0.5)

2行目（=〉）のこの発言のなかでOは、「はしのけん」と「ハワイサマーズ」という二つのアーティスト名を述べることで、選曲がまだ完了していないというだけでなく、それをひとつに絞るための決定的な要因がないことを伝えている。これに対してYは、4行目（-〉）において「この前なに歌ったけ」と述べることをつうじて、Oが過去のカラオケにおいて歌った楽曲を質問している。このことによってＹは、Ｏが選曲活動を完了するために利用可能な事実を、Ｏが自身で述べることを誘っている。そして実際、7行目以降においてはＹとＯは、ふたりが共にした過去のカラオケにおいて歌った曲を明確にしつつ、2行目における選択肢を絞るためのやりとりをおこなうことになる。

この断片1からわかることは、2行目においてＯによって提示された選曲上の困難が、Ｏが選曲活動を放棄する理由の提示でなく、選曲活動を継続するための努力の開始として理解されているということである。では2行目におけるＯの発言は、いかにして、そのように理解してよいものとなっているだろうか。

こうしたことの理解可能性は、2行目におけるＯ自身のふるまいによって与えられているように思われる。この発言を、身体動作なども含めて、少し詳細にみてみよう。2行目においてＯがしていることは、少なくともふたつある。それはＯが、たんに選曲上の困難を述べるだけでなく、そのことを、選曲リモコンに身体を向けリモコンを操作し続けることとともに述べているということである。ここではいわば、自らが活動を継続することができない理由を、活動を続ける意思を示しながら提示するということがおこなわれている。つまり、選曲活動を継続することができない理由を提示するとき、その提示を、選曲活動を続ける意思を提示しながらおこなうということ、こうした方法を利用することによってＯは、自らが選曲活動を継続することができない理由を述べながら、そうした理由を解決すべき問題として提示することができているのである。

努力の只中にあることを伝える

ここまでの部分では、断片1の分析をつうじて、2行目におけるＯが、自らが活動を継続することができない理由を、活動を続ける意思があることを示すことともに提示しているのだということを論じてきた。それではなぜ、カラオケにおいてこのような方法が利用されているのであろうか。本章は続けて、こうした方法がカラオケにおいて取りくまれているということが備える合理性を、二つの断片を手掛かりに論じていく。

第一に参加者たちは、こうした方法をつうじて、選曲**活動**への**積極性**を示すことが可能となる。なぜなら、カラオケの参加者自らが直面している選曲上の困難を提示することは、その参加者が困難に直面しうるような、なんらかの課題に対処していたことをほのめかすからである。

この方法が自らの努力をほのめかすことでありうるということの確からしさは、第 3 回調査の 52 分地点において得られた以下の断片 2 において見いだすことができる。断片 2 では、5 行目において Y が「もう無いんだよ」と述べることで、選曲上の困難を提示している。

断片 2 #3（00:56:02-）

01　　　　Y：　何入れよう

02　　　　　　　(1.2)

03　　　　　　　((咳払い))

04　　　　　　　(0.8)

05　=〉　　　　もう無いんだよ（　）

06　　　　　　　(0.2)

07　　　　O：　ほ hhu［huhu

08　　　　B：　　　　［¥も：う無い¥

09　　　　O：　¥早い¥
10　　　　　　　(0.4)
11　　　　　　　〉¥ちょっ[と早い¥〈
12　　　　B：　　　　[¥まだ４曲目です（よ）¥
13　　　　I：　ahahaha
14　-〉　Y：　この前一緒に入れたのとか-カ-カウントする
15　　　　　　　ともう無い
16　　　　B：　もう無い
17　　　　　　　(0.6)
18　　　　　　　もう-まだ（よ　）ですよ

断片２は、以下のような構造をそなえている。

まず、５行目（＝〉）の「もう無いんだよ」という発言において、Ｙは入力可能な曲が尽きたと述べることで、自身がまだ曲の入力をしていない理由を説明している。この発言をするときＹはやはり、前方にあるディスプレイを見て、再び選曲リモコンを見ている。このことは、断片１と同様、５行目における発言が、Ｙが選曲活動を続けているということを示しながらなされたものであることを明らかにしているであろう。7、9、そして11行目では、Ｏは笑うことに続けて「ちょっと早い」と述べることで、Ｙが入力可能な曲が「もう無い」（５行目）ということが生じるタイミングに、問題が含まれていることを指摘している。また８行目においては、Ｂもまた、Ｙによる５行目の発言の一部（『もう無い』）を笑いながら引用することで、Ｙの発言に含まれている問題を焦点化している。Ｂはつまり、この笑いを含めた引用によって、Ｙが「もう無い」と述べたということが笑うに値することなのであると主張しているのである。さらにＢは、12行目において「まだ４曲目ですよ」と笑いながら述べている。ここでＢは、これまでカラオケの参加者たちが入力してきた曲数を「まだ」という表現と結びつけることで、「もう無い」ことが生じるタイミングに問題が含まれているというＢの主張を伝えている。

これらの反応に対してＹは、14から15行目（-〉）において「この前一緒に入れたのとかカウントするともう無い」と述べている。ここでＹは、自らの５行目の発言の一部（『もう無い』）の前に「この前一緒に入れたのとかカウントすると」という表現を付け加えることによって、目下の問題が生じている理由を提示している。すなわちＹは、この発言によって、過去に自分がおこなった選曲を避けることによって、まわりの参加者たちが、同じ曲を聞かなくてすむように工夫しているという自らのスタンスを、他の参加者たちに対して示しているのである。

こうしてみると、以上のやりとりをつうじてＹは、自分が周囲の参加者を気にする努力をしながら選曲をおこなっていたことを明かすことができている。すなわちＹは、この断片において、５行目における選曲活動が遂行できないことについての問題含みな理由を、14から15行目において詳細化しているのである。そしてすでに述べたように、その理由とはＹが、カラオケボックスにおいて共在する参加者たちとの過去のカラオケにおける選曲を気にしていることによってもたらされているものであった。５行目の発言はこうして、Ｙが選曲過程への積極的なスタンスを提示するに際してのひとつの差し手となっているのである。

理想的な選曲でないことを伝える

断片２においてＹがなしていたことは、選曲活動が継続できない理由を、それを続ける意思を示すこととともに提示するという方法を利用することによって、選曲活動へと積極的に従事しているというＹ自身の態度を提示しているということであった。ここでは続けて、同じ方法を利用することによってなすことが可能となるもうひとつの事柄について、論じていく。それは参加者たちが、同じ方法を利用することによって選曲結果への消極性を示すことができるということである。なぜなら、理想の選曲が遂行されなかったという事実は、現実の選曲が次善の策として選ばれたものであることを理解可能にするからである。

次に示す断片３は、第３回調査における冒頭6〜7分の部分からの抜粋である。1行目において示されている18秒近い沈黙のあいだYは、選曲リモコンを操作し続けている。すなわちYはここで、第3回調査におけるカラオケを始めるための、最初の1曲を選んでいるのである。続く2と5行目（=〉）においてYは、「歌いたいものがない」と述べ、選曲上の困難を伝えている。この場所においてYが、単に「歌いたいものがない」と述べるだけでなく、そのことを選曲リモコンの操作を継続しながら述べているということに注意すべきであるだろう。すなわちYは、ここでもまた、断片1における2行目や断片2における5行目と同じく、選曲活動が継続できない理由を、それを続ける意思を示すこととともに提示するという方法を利用している。

断片3 #3（00:07:33）

01			(17.6)
02	=〉	Y:	ない.は hh ［hh

03		B:	［え
04			うた-歌いたいのがない［(　)
05	=〉	Y:	［歌いたいものがない
06		B:	てかドムって少ない (.) 感じしますよね
07			〈〉ちょっと〈〉
08			(0.7)
09		Y:	そうなの？
10		B:	うん (0.6) 少ない (.) と思います
11			(0.3)
12	-〉	Y:	〉あった〈 hehehehe (0.6) °あった°

この断片３は、全体としては、以下のような構造をそなえている。

２から５行目（＝〉）において、Ｙは、「歌いたいものがない」と述べることによって、すでに選曲活動が開始されているにもかかわらずまだ選曲行為が完了していない理由を伝えている。続いてＢによる「てかドムって少ない感じしますよねちょっと」という発言から開始される６行目から10行目におけるやりとりでは、ＢとＹによって、Ｙが選ぼうとした曲が「ない」理由が、Ｙに由来する問題というよりはむしろ、カラオケ通信機器の機種（『ドム』）が備える問題に由来するという可能性を明確にするためのやりとりが行われている。

続く12行目（‐〉）においてＹは、「あった」と発話のスピードを速めながら述べることで、曲がこの発言がおこなわれたまさにその時点で見つかったということを報告している。ここでＹは、選曲を遂行しながら選曲上のトラブルを伝えるというふるまい（２行目ならびに５行目）とその直後（12行目）に選択の完了を結び付けることによって、その選曲結果が時間の制約なども気にしながら、いわば緊急避難的になされたものであることを、ほのめかしているだろう。

こうしたことから観察可能であることは、以下のことであるように思われる。すなわち、この断片３においてＹは、まず２と５行目において一度選曲上の困難を伝えたうえで、続く12行目において最終的な選曲をおこなっている。このとき、一連のふるまいが上記の方法とともに遂行されることによって、12行目においてＹがいかなる楽曲を選んでいても、カラオケの参加者たちは、その選択を、いまや緊急避難の結果としてみることができるだろう。

4 日常生活のなかのカラオケ

以上の分析において、本章はまず次のことを論じてきた。すなわちカラオケにおいて、自らの選曲活動を継続することができない理由を、活動を続ける意思があることを示すこととともに提示するという方法が繰り返し取りくまれている、ということである。加えて、カラオケにおいてこうした方法を使用することによって、カラオケの参加者たちは以下のことを成し遂げることができていた。それは選曲活動への積極性を示すことということや、選曲結果への消極性を示すということであった。

本章の断片における参加者たちのふるまいは、なぜこうも貢献的であったり、反対に防衛的であったりするのだろうか。断片においてこうした方法が利用されていることは、参加者同士に、はじめてカラオケに行った者がいることとかかわっているかもしれない。たとえば、カラオケの参加者たちは、こうした方法を利用することをつうじて、選曲された楽曲に対する評価と、その選曲をおこなった参加者への評価を切り離すことができるだろう。このことによって、カラオケの参加者たちは、誰もが一度は歌わなくてはならないという規範（cf. Ben-Ari 1989；Hale 1997）に対処しつつ、カラオケの好みが知られていない参加者たちをいら立たせてしまったり、気分を損ねてしまったりするリスクをとることなく、自らの選曲活動を進めることができるかもしれない[(3)]（cf. 中西・玉木 2015 b）。

本章は、カラオケの参加者が選曲上の問題を伝えているようにみえる場面を分析することで、選曲を進めていくということが、参加者にとってどのような問題であるかを明確にする試みであった。分析によって明らかになったのは、選曲上の問題を伝えるということが、カラオケにおける選曲を連鎖していくという活動を妨げるものではなく、その活動に適切に埋め込まれているということである。すなわちカラオケの参加者たちは、自身が直面している選曲上の困難を（わざわざ）伝えることによって、カラオケという場面に対する自らの貢献を自分から明かすのではない仕方で明かすことができたり、反対に、カラオケの参加者たちの好みを気にすることなく、選曲を進めたりすることができていた。このように、本章の分析は、カラオケ場面における参加者同士の配慮のあり方を明確にするという作業（cf. 小田中・吉川 2018；堀田 2019）をつうじて、音楽活動が日常的場面の一局面として取りくまれていることを、より明確に想起させるものであるといえよう（cf. Tolmie, *et al.* 2013）。

本章の冒頭でも述べたように、カラオケは、特別な訓練を必要としないような音楽活動のひとつである。ゆえにカラオケにおいて、人は様々な参加者たちと遭遇することになる。このとき、本章が明らかにしたのは、参加者の多様性を可能にするような実践であるともいえるだろう。以上みてきたように、カラオケにおける他の参加者への配慮は、まずは人びと自身によって気にされている配慮である。であるなら、カラオケの研究もまた、人びとが現実に取りくんでいる配慮それ自体を気にすることから、スタートすることができるだろう。これは決して、カラオケという研究対象の価値を損ねることではなく、反対にその価値を切り詰めることなく明らかにすることにほかならない。このようにして、カラオケという素人による音楽活動を実践的に研究することとはまさに、私たちの社会が「音楽化」（小川 1988）しているとされるなかで、わたしたちの社会生活の一端へと、積極的に接近していくことでもあるのである。

注

（１） 本章は The 11 th Australasian Institute of Ethnomethodology and Conversation Analysis Conference（マカオ大学、2018 年 11 月 29 日）における報告「"No Songs to Sing !"：An Interation Analysis of a Problematic Scece in a Karaoke Space」を改稿したものである。

（２） 関係する研究として、論文としては未刊行であるものの、カラオケの参加者たちがその活動においてしばしば自らの選曲理由を述べたりすることについて分析した、吉川・小田中（2018）も挙げておく。

（３） むろんこうした見立てを確からしいものとするためには、自然に生起するようなカラオケ場面などを対象とした、さらなる調査研究が必要であることはいうまでもない。

解　説

ここまで、第２章を読んできました。本文でも述べたように、第２章が目指したのは、日常生活に根ざした「素人の」音楽活動を調べることを導きの糸として、わたしたち自身の社会生活に接近していくということでした。日常的な音楽活動としてのカラオケを研究することによって明らかになったのは、カラオケにおいて選曲上のトラブルを伝えたりすることが、ほかの参加者に対する配慮として取りくまれているということです。このように、カラオケにおける参加者たちの実践的な問題に接近することができたのは、本章が、カラオケという活動それ自体に接近しようとしたからにほかなりません。

ところで、本文で検討をしたカラオケについての研究の多くは、以下のような特徴をそなえていました。それはカラオケの研究が、カラオケ自体についての理解を深めるためというよりはむしろ、カラオケ以外の様々な専門的なトピックについての理解を深めるためにおこなわれている、ということです。こうしたことは、カラオケという活動の日常性とかかわっているように思われます。つまり、カラオケがわたしたちの社会生活にひろくいきわたった「一般的な」活動であるからこそ、研究者たちもまた、カラオケの分析をつうじて、カラオケ以外の、様々な題材を（正当に）主題化することができる、というわけです。

カラオケをつうじて、カラオケ以外の主題に接近しようとした興味深い研究として、民族音楽学者であるトマス・トゥリノによるカラオケの観察を挙げておきたいと思います（Turino 2008＝2015）。トゥリノによれば、カラオケのひとつの特徴は、その場にいる参加者全員の参加が求められているということです。カラオケがそなえるこうした特徴は、たとえば西洋クラシック音楽が演奏者と聴衆をはっきりわけることとは、異なっています。トゥリノは、カラオケやクラシック音楽を含めた様々な音楽実践を比較検討することによって、「参加型音楽」という音楽タイプについての分析概念を打ち立て、それが世界中の様々な音楽実践のなかに遍在していることや、参加型音楽がもつ政治的な可能性などを論じました。このように、一見するとささやかな実践に大きな可能性が眠っていることを、ひとつの小さな音楽実践はおしえてくれることがあるのです。

ディスカッション

1．カラオケ実践は、カラオケ以外のどのようなトピックと関係しうるだろうか。本文で言及したトピックス（若者論など）以外にも考えてみよう。
2．カラオケという活動のなかには、参加者が皆一度は歌うべきであるという規範や、他の参加者の嗜好を気にしながら選曲をおこなうべきであるといった規範が存在することが、指摘されてきた。あなたはこうした主張に同意できるだろうか。あるいは、カラオケという活動のなかには、ほかにどのような規範があるだろうか。実際にカラオケに行って、考えてみよう。
3．日常生活における音楽に不意に出会ったりする機会として、カラオケや、本章の冒頭で言及した事例（スーパーやコンビニでのBGM、電車の発車をしらせるベル、そしてストリート・ミュージック）以外には、どのようなものがあるだろうか。街に出て考えてみよう。

参考文献

小川博司 1988『音楽する社会』勁草書房。

小川博司 1995「音楽化社会における仕事と遊び」井上俊・上野千鶴子ほか編『岩波講座 現代社会学 20 仕事と遊びの社会学』岩波書店、115-130。

小川博司 1998『メディア時代の音楽と社会』音楽之友社。

小川博司ほか 2005『メディア時代の広告と音楽——変容するCMと音楽化社会』新曜社。

小田中悠・吉川侑輝 2018「日常的な相互行為における期待の暗黙の調整——E.Goffmanのフォーマライゼーション」『理論と方法』33（2）: 315-330。

川西孝依・奥忍 2004「「現代の若者と音楽」に関する調査」『岡山大学教育実践総合センター紀要』4（1）: 43-53。

北川純子 1993『音のうち・そと——音楽社会学試論』勁草書房。

小泉恭子 1999「高校生とポピュラー音楽——教育の場におけるジェンダー分化のエスノグラフィー」北川純子編『鳴り響く〈性〉——日本のポピュラー音楽とジェンダー』勁草書房、32-57。

小泉恭子 2007『音楽をまとう若者』勁草書房。

佐藤卓己 1992「カラオケボックスのメディア社会史——ハイテク密室のコミュニケーション」アクロス編集室編『ポップ・コミュニケーション全書——カルトからカラオケまでニッポン「新」現象を解明する』PARCO出版、112-143。

重本憲吾 2002「メディアとしてのカラオケボックス——内部空間における力学の微視的研究」慶應義塾大学大学院政策・メディア研究科修士論文。

徳丸吉彦・北川純子 1996「現代社会と音楽——〈複数形の音楽〉のために」井上俊・上野千鶴子ほか編『文学と芸術の社会学』岩波書店、125-144。

中西裕・玉木博章 2015a「行事によって形成される関係性がもたらす行動と心理的変化に関する試論——祭りの後の祭り「打ち上げ」の聞き取り調査を手がかりにして」『就実論叢』44: 251-264。

中西裕・玉木博章 2015b「聞取り調査に見る若者のカラオケにおける選曲の心理——「一座する芸能」としてのポピュラー音楽消費行動」『就実表現文化』9: 94-75。

西阪仰 2008『分散する身体——エスノメソドロジー的相互行為分析の展開』勁草書房。

日本放送協会放送世論調査所編 1982『現代人と音楽』日本放送出版協会。

堀田裕子 2019「カラオケの相互行為秩序に関する試論」『現象と秩序』10: 1-20。

南田勝也 2006「若者の音楽生活の現在」浅野智彦編『検証・若者の変貌——失われた10年の後に』勁草書房、37-72。

南出和余・秋谷直矩 2013『フィールドワークと映像実践——研究のためのビデオ撮影入門』ハーベスト社。

宮入恭平 2007「カラオケとKaraoke——文化としての〈カラオケ〉再考」『余暇学研究』10: 78-83。

宮入恭平 2008『ライブハウス文化論』青弓社。

宮台真司・石原英樹・大塚明子 2007『増補 サブカルチャー神話解体——少女・音楽・マンガ・性の変容と現在』筑摩書房。

吉井篤子 1984「現代人の音楽生活」林進・小川博司・吉井篤子『消費社会の広告と音楽』

有斐閣選書、123-186。
吉川侑輝・小田中悠 2018「音楽とコンテクスト再考——カラオケにおいて選曲理由を提示すること」カルチュラルタイフーン 2018（龍谷大学、6月23日）。

Ben-Ari, Eyal 1989 "At The Interstices : Drinking, Management, and Temporary Groups in a Local Japanese Organization," *Social Analysis : The International Journal of Social and Cultural Practice*, 26 : 46-64.
Drew, Rob 1997 "Embracing the Role of Amateur : How Karaoke Bar Patrons Become Regular Performers," *Journal of Contemporary Ethnography*, 25 (4) : 449-68.
Drew, Rob 2001 *Karaoke Nights : An Ethnographic Rhapsody*, AltaMira Press.
Garfinkel, Harold 1967 *Studies in Ethnomethodology*, Prentice-Hall.
Hale, Rebecca Whitlock 1997 *The Adaptation of Karaoke as American Nightclub Entertainment*, MA thesis University of Illinois.
Haviland, John B. 2007 "Master Speakers, Master Gesturers : A String Quartet Master Class," in Susan D. Duncan, Justine Cassell and Elena Terry Levy (eds.), *Gesture and the Dynamic Dimension of Language : Essays in Honor of David McNeil*, John Benjamins Publishing Company, 147-172.
Keil, Charles 1984 "Music Mediated and Live in Japan," *Ethnomusicology*, 28 (1) : 91-96.
Keil, Charles [1994] 2005 "Music Mediated and Live in Japan," in Charles Keil and Steven Feld, *Music Grooves : Essays And Dialogues*, 2 nd edition, Fenestra Books, 247-256.
Lum, Casey Man Kong 1996 *In Search of A Voice : Karaoke and the Construction of Identity in Chinese America*. Psychology Press.
Lum, Casey Man Kong 1998 "The Karaoke Dilemma : On the Interaction between Collectivism and Individualism in the Karaoke Space," in Toru Mitui and Shuhei Hosokawa (eds.), *Karaoke Around the World : Global Technology, Local Singing*. Routledge, 166-177.
Reed, Beatrice S., Darren Reed and Elizabeth Haddon 2013 "Now or Not Now : Coordinating Restarts in the Pursuit of Learnables in Vocal Master Classes," *Research on Language and Social Interaction*, 46 (1) : 22-46.
Schegloff, E. A. 1996 "Confirming Allusions : Toward an Empirical Account of Action," *American Journal of Sociology*, 102 (1) : 161-216.（西阪仰訳「仄めかしだったと認めること——行為の経験的説明に向けて」『会話分析の方法——行為と連鎖の組織』世界思想社、2018年、101-202）
Tolmie, Peter, Steve Benford, and Mark Rouncefield 2013 "Playing in Irish Music Sessions," Peter Tolmie and Mark Rouncefield (eds.), *Ethnomethodology at Play*. Ashgate, 227-256.
Turino, Thomas 2008 *Music as Social Life : ThePolitics of Participation*, The University of Chicago Press.（野澤豊一・西島千尋訳『ミュージック・アズ・ソーシャルライフ』水声社、2015年）
Weeks, Peter 1990 "Musical Time as a Practical Accomplishment : A Change in Tempo,"

Human Studies, 13 : 323–59.
Weeks, Peter 1996 "A Rehearsal of Beethoven Passage : An Analysis of Correction Talk," *Research on Language and Social Interaction*, 29 (3) : 247–290.

第6章 観光する時間と友人との時間

観光実践のエスノメソドロジー

秋谷直矩

1　観光における友人同士の他愛もないやり取り

本章では、友人同士の観光旅行における「近況報告」や「思い出を語りあうこと」といった、他愛もないやり取りを取り上げたい。これらはその他愛もなさと、観光それ自体に対する一見したところの無関係さゆえに、観光という社会現象や経験を探求する観光学領域においては、特段の注意が払われてはこなかった。しかし、友人同士の観光旅行において、近況報告をしあったり、思い出について語りあったりすることは（友人と旅行に行った経験のある人は）誰しもが経験することだろう。むしろ、気のおけない友人との観光旅行の楽しさは、こうした点にあると言ってもいいかもしれない。

本章では、こうしたやり取りが「観光すること」、とりわけ「観光的なものや出来事を見ること」とときに密接にかかわりあうことを示す。それにより、観光学における実践の記述的研究の重要性もあわせて示す。その作業の準備として、観光学における実践（観光学の用語で言うところの「パフォーマンス」）研究のこれまでの展開について、第２節と第３節で概観する。続く第４節では、エスノメソドロジーの観点により、友人同士の観光におけるやり取りの分析を行い、第５節と第６節で、分析結果とそれが観光学において有する意義について議論する。

2　観光学におけるまなざし論とパフォーマンス転回

観光のまなざし論

観光にかかわる人びとの実践については、「観光学におけるパフォーマンス転回（the performance turn in tourism studies）」と呼ばれる研究群において90年代より議論が進められている。そこで、実際の観光実践の分析に入る前に、まずはこの研究動向について、ジョン・アーリとヨーナス・ラースンによる「観光のまなざし（tourist gaze）」をめぐる議論を中心に据え、概観する。

1990年にアーリによって提唱された「観光のまなざし」の議論（以下、まなざし論）は、発表当時から現在に至るまで、観光学において大きな影響を与え続けている。この本は、現在に至るまで2度の改訂が加えられ、ラースンを共著者として加えた『観光のまなざし［増補改訂版］（“*The Tourist Gaze 3.0*”）』が2011年に出版されたのが最新である。この2011年版は、これまでにまなざし論に対して向けられてきた批判に応え、まなざし論と批判点を接合させた「パフォーマンス」の章が追加されていることが大きな特徴のひとつである。

まなざし論においては、観光客の視覚経験は「社会的に構成され制度化されている」（Urry & Larsen 2011＝2014 : 2）という点が中核を成す。視覚経験は個人の心理に還元されるものではなく、「社会的にかたちが決まり、習得された「モノの見方」」（Urry & Larsen 2011＝2014 : 4）なのである[(1)]。そのまなざしは「差異」、つまり「観光と反対側にあるものとの関係性から構成されていく」（Urry & Larsen 2011＝2014 : 4）こともあわせて指摘される。「観光の対象は、前もって存在する何かの特性によって定まるのではなく、こちら側にある非・観光的社会環境が内包している対照点に生まれる。非・観光環境というのはとりわけ家庭と労働の場である」（Urry & Larsen 2011＝2014 : 4–5）ということである。

こうした対照図式がまなざし論で強調されていることについて、まなざし論では逸脱論のロジックを引き、次のように説明する。「逸脱論は、異常で特異な社会的行為の研究を行うが〔……〕逸脱の研究の前提には「正常な」社会側のもつ興味深く意味ある諸相が解明されるだろうということ」（Urry & Larsen 2011＝2014：5）がある。彼らによれば、観光は日常からの逸脱である。したがって、「観光のまなざしの典型的な対象を考察することで、より広い社会の基本的原理を理解しようとするにはこの逸脱を用いてよいだろう」（Urry & Larsen 2011＝2014：5）、という帰結が導かれる。つまり、まなざし論は、観光という非日常的な営みを通して、逆にそれが非日常的であることを際立たせる日常的なこと——すなわち、観光客の視覚経験を特定の向きに方向づける制度、規則、慣習、道徳、価値といった社会的制約の解明というミッションをも内包した社会理論なのである。

観光のパフォーマンス転回

先に、『観光客のまなざし［増補改訂版］』は、それまでのまなざし論に対する批判への応答として「パフォーマンス」の章が追加されたと述べた。ここでは、その批判と、それに対するアーリらの応答について概観する。

『観光客のまなざし［増補改訂版］』以前のまなざし論に対する批判的な取り組みのうち、とりわけ人びとの実践それ自体の記述的研究に指向したものは、アーリ（とその共同研究者たち）自身によって、「観光学におけるパフォーマンス転回」という言葉でまとめられている。曰く、パフォーマンス転回は、観光学が強く求めているのはただ「見ること」だけというよりはむしろ、存在すること（being）、成すこと（doing）、触ること、見ること、これらにより準拠した新しいメタファーであると提起することにより、「観光のまなざし」やその他の「視覚」を特権化した表象的アプローチに限定されないのものとして形成される、ということである（Haldrup and Larsen 2010：3）。そこでは、(1) 観光客は静態的で受動的な消費者なのではなく、観光経験を他者とともに産出しデザインする能動的で創造的な主体であること、関連して (2) 観光客もまた特定の観光場面を（観光プロデューサーや観光地のスタッフなどと）協働的に作り上げる存在であること、(3) 観光（という非日常的な企て）と日常とのつながりにも目を配ること、(4) 個としての観光客の営みだけでなく、家族や友人同士等の小集団による観光にも注目すること、以上の観点がもたらされた（Haldrup and Larsen 2010 : 3–7）。

また、パフォーマンス転回は、観光学における方法論的貢献もあった。このことについて、マイケル・ハルドラップとラースンは以下2点の貢献を指摘する。(a) 観光における表象や言説の研究から、エスノグラフィックな研究へと観光学の動向を水路づけたこと(2)、そして、(b) 観光にかかわる人びとの実践の分析における、対面的相互行為の構造を探求した社会学者のアーヴィング・ゴフマンによるドラマツルギーの有用性を見出したことである（Haldrup and Larsen 2010 : 6）。

まなざし論の提唱者であるアーリと共同研究者たちは、以上の議論を取り入れたエスノグラフィー研究を進め（著作としてまとまったものとして、Bærenholdt, Haldrup, Larsen and Urry 2004 ; Haldrup and Larsen 2010）、その成果を踏まえて、まなざし論とパフォーマンス転回の議論の接合を試みた。それが、『観光のまなざし［増補改訂版］』にて追加された新章「パフォーマンス」である。

3　まなざし論とドラマツルギーの接続

視覚表象研究から行為論へ

ゴフマンのドラマツルギーの議論は、演劇的メタファーとしての「パフォーマー」と「オーディエンス」の二役を空間に共在する行為者がそれぞれ担うことによって「見る／見られる」関係が形成されること、また、そのもとで相互行為秩序を壊さぬようそれぞれが気を配ることにより、当該相互行為が秩序だったものとして組織されること、以上2点について、さまざまな演劇的メタファーを用いてアナロジカルに描くものである（Goffman 1959＝1974）。

ゴフマン理論におけるドラマツルギーと観光学の議論の相性のよさは、「アーヴィング・ゴフマンが、観光のほぼ全般にわたって存在する演技的性格への洞察の豊かな源泉となる」(Urry & Larsen 2011＝2014：232) という言葉に端的に表れている。パフォーマンス転回に包含されうる論者の多くは、観光場面を舞台とみなし、そこにかかわる人びとがその場面にかかわるそれぞれの役割のもとで「パフォーマンス」することにより、まさにその場が特定の意味を帯びて顕現するという循環的関係をドラマツルギーという概念のもとで説明してきた。

アーリとラースンは、従来彼らが提唱してきたまなざし論もまた、ドラマツルギーの議論とは重なりあう点が多いと述べる[(3)]。この点について、彼らは『観光客のまなざし［増補改訂版］』においてさまざまな分析事例を示している。実際のところ、同書において、彼らは従来のまなざし論とドラマツルギーの議論との接続については文中にて局所的に言及するものの、明確には説明していないのだが、ここでは、筆者なりに言葉を補いながら、彼らの観光写真を撮るワークの分析を例として説明する[(4)]。

アーリとラースンは、観光グループが写真を撮られるときに、それまでのやり取りの文脈から離れて、親密さを示す身体的触れ合いを行うなどの演劇的様相を呈することに注目する。「写真を撮ることは、写す人とポーズを取る人と、いまの、あるいは将来の想定される写真を見てくれる人との複雑な社会関係を象徴化したもの」(Urry & Larsen 2011＝2014：328–329) なのである。

観光写真にみられる「理想化された家族像」はその一例である。身体的な触れ合いや笑顔などで、愛情ある家族を演ずるような一体化が観光時の写真撮影において現出することについて、アーリとラースンは社会関係の演劇的発露であるとし、ゴフマンの「自己呈示」や「役割距離」といったドラマツルギーの諸概念を使って説明する。「観光者の多くのグループは、共同で一つの社会的身体を作り出し、その身体は儀礼にかなった姿となって展示される」(Urry & Larsen 2011＝2014：330) のである。あわせて、彼らは、観光客がこうした儀礼につねに「合わせる」存在ではなく、それに対して距離をとったり、反抗したりする様についても言及することで、その能動性を強調する。

この議論において焦点化されている「理想化された家族像」は、アーリとラースンにおいては、「観光客の視覚経験を特定の向きに方向づける制度、規則、慣習、道徳、価値などの社会的制約」のひとつである。彼らは、観光客の能動性と身体性を考慮しつつ、「観光写真を撮る」という具体的な実践のうちに、近代化の産物である「理想化された家族であること」の演劇的達成を見出すのである。

ドラマツルギー導入の問題をこえて

かくして、ドラマツルギーという武器を得て、まなざし論は『観光客のまなざし［増補改訂版］』において行為論をも射程におさめる理論として再構成された。しかし、行為論を射程におさめたことにより、まさにその水準で新たな問題を抱えることになったと指摘できる。それは、ゴフマン理論それ自体に従来向けられた批判をも同時に抱えることになったということである。この批判自体は社会学、とりわけ相互行為論の文脈において議論の蓄積がある。以下、概説する。

ゴフマンの相互行為論の特徴のひとつは、さまざまなメタファーやレトリックを用いて相互行為秩序を説明することである（渡辺 2015）。しかし、そうした技法を駆使することは、かえって行為が他者にとっても理解できるようなかたちでいかにして組織されるのかという手続きの記述と分析を欠いてしまう、といった会話分析の立場からの問題点の指摘がある（Schegloff 1988; Lerner 1996）。さらには、エスノメソドロジーの立場から、ギルバート・ライルの議論を援用して「カテゴリー錯誤（category mistake）」であると批判されることもあった（Watson 1999）。すなわち、ドラマツルギーは演劇的比喩によって人びとのやり取りの形態を説明しようとするが、それはあくまでも分析者側が設定した「比喩」であって、人びとがその場面・状況で参照し、使用しているカテゴリーではない。人びと自身の行為理解それ自体は、ドラマツルギーという分析装置によって、かえって覆われてしまう、ということである。

ドラマツルギーを援用したアーリとラースンによる「パフォーマンス」の

議論もまた、同様の問題を抱えることとなる。これについては、ワークのエスノメソドロジーの観点による酒井信一郎の次の指摘が参考になる。「「観光のまなざし」は「見ること」を「視線を向けること」(gaze) に限定した議論である。だが「視線を向けること」は「見ること」の多様な様式の一部でしかない　〔……〕「見ること」の多様なあり方に即してみれば、「観光のまなざし」論はいまだ十分に視覚的ではない」(酒井 2016:291) し、アーリらによって分析されている人びとの行為や活動は研究者の理論的関心事を検討するための素材としてのみ用いられており、「成員にとっての現象」(酒井 2016:291) として探求されていない、ということである。(5)

以上のエスノメソドロジーや会話分析によるゴフマン批判を踏まえたうえで、本章では、観光における「見ること」それ自体の固有な実践の編成に注目する。それにより、観光における「見ること」の多様なあり方のひとつを示したい。それはすでに冒頭で述べたように、これまでの観光研究では注目されてこなかった、友人同士の「他愛もない」やり取りにおける「観光的なものや出来事を見ること」と「自分たちについて語ること」との結びつきである。(6)

4　観光実践の相互行為分析

データ概要

本節で事例として分析するデータは、3名の小グループによる、京都市内にある平安神宮の観光場面をビデオカメラによって撮影したものである。(8) 3名は、平安神宮に入る直前の冷泉通での信号待ち時に、平安神宮を回ったあとに近隣にある岡崎神社でお守りを買うことを決めている。平安神宮は約10分で足早に鑑賞を終え、岡崎神社に向かう。

断片1は、冷泉通を渡り、平安神宮入り口（応天門）にさしかかるまでのやり取りである。そこで、3名は七五三で平安神宮を訪れたと思われる男の子を発見する。断片2は、平安神宮入り口に入ってから、正面の大極殿に向かってまっすぐ歩いている途中のやり取りである。そこで3名は自撮りをす

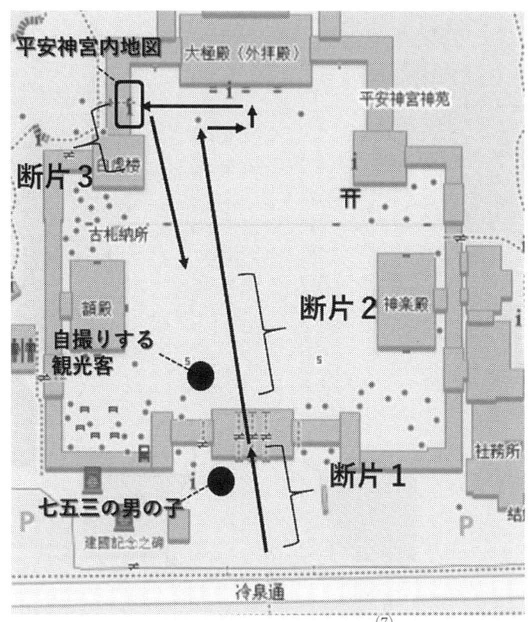

図 6-1　平安神宮内の移動経路[7]

るほかの観光客を発見する。断片3は、白虎楼の横に掲示されている平安神宮案内図を見て自分たちの現在地を確認したうえで、次の行き先へと向かおうとしている場面のやり取りである。本章では、以上三つの断片を分析対象として取り上げる（経路については上記地図参照）。

以下、ともに観光する3名について述べる。3名とも20代後半から30代前半のほぼ同年代の女性である。長友は北海道出身東京在住（当時）で、妊娠中である。平安神宮は小学校以来訪れておらず、京都には馴染みがない。姜は韓国出身兵庫在住（当時）である。京都には仕事でよく訪れる。郷は京都出身京都在住（当時）である。京都在住歴は長く、今回の京都観光では先導役を務めている。3名は同業者かつ友人関係であり、付き合いは長い。なお、3名とも仮名である。

観光対象の発見と自身らについての物語の結びつき

本節ではいくつかの事例に対して分析を進めるが、その結論を予告的にここで述べておく。観光における「見る」という実践は、ただ単に新しい・物珍しい・ノスタルジックなものを見るということにとどまるものではない。「見る」という実践は、これまでの友人間で共有してきた情報・知識・経験を更新する契機としてもあるのだ。いままさに何かをともに「見る」という時間と、これまでの友人間で共有してきた時間。この二つの異なる時間が、無数の糸をまとめるボトルネックさながらに「観光する」という活動のもとで束ねられ、それぞれが混ざり合って進み、再び出会うまでは止まっていた友人間の時間が観光する時間のなかでまた新たに紡がれてゆく[(9)]。観光における「見ること」が、「自分たちについて語ること」と結びつくと先に述べたが、それはこのようなことなのである。では、具体的な事例の分析に入る。

ケース１：既知の情報の更新

「あっ、あのＴシャツで思い出したんだけど」のような発見と想起の発話は、他者との共在状況において発見されたものや出来事をきっかけとして産出され、参与者間での共同注視の資源となり、そのうえで発話者によって想起された物語が開始されることがある（Jefferson 1978 : 222）。これは日常生活においてもよく経験することだろう。観光はそもそも未知の場所に出かけ、さらにそこで「見ること」、とりわけ「見るべきものを発見すること」に強く動機づけられている実践であるからか、「発見」の発話は非常に多くみられる。この「発見」の発話を資源として、参与者間でのやり取りはさまざまに展開する。筆者はその「発見」の事例が多くみられることに気づき、その分析を進めるうちに、「自分たちについての語り」へと展開するケースが少なくないことにも気づいた。本章で最初に分析対象とするのは、そのうちのひとつの「既知の情報の更新」である。それでは具体的にみていこう。

【断片１】

01 長友：て何も持ってなくて、そのうちどっかでとか思ってうん

02　　　(1.0)

03 長友：うん

04　　　(2.0)

05 長友：お：

06　　　(1.5)

07 長友：あ、七五三 huhuhu

08 郷　：そ：：だよ［ね、11 月だもんね：：

09 長友：　　　　　［ね：：

10 姜　：(　) がある：：かわい：：

11　　　(1.0)

12 郷　：七五三、5 繊

13 姜　：あそ：：なん［だ：：

14 長友：　　　　　　［うんうんうん

15 郷　：なんか男の子あんま見ない［から新鮮：：

16 長友：　　　　　　　　　　　　［う：：ん、ねえ、かわいい

17 姜　：(　　　　)

18 郷　：あ、そうだ、ど、どっちかって

19 長友：まだあ：：

20 郷　：ほ：：

21 長友：せん、せん、先々週行って、わかるはずだったんだけど、ちょっとうまいこと見えなくて

22 郷　：え：：：

23 姜　：あすご：：い

24 長友：でなんか前日に、友達の子どもに会ってえ

25 郷　：うん

26 長友：1 歳 2 歳の子って当てるって言うじゃない？

27 郷　：あ、あ、うんうん［うん

28 長友：　　　　　　　　［そうそいでその子に聞いたのね［(.) どっちだと思うって言った［ら

29 郷　:　　　　　　　　　[うんうん　　　　　　　　　[うん、うん
30 長友：もう即答で女の子って [言われて
31 郷　:　　　　　　　　　　[へ:::
32 長友：なんかそんな気がするって思って、そのつもりで、心構えして、翌日病院行ったら
33 郷　：うん
34 長友：先(h)生に(h)お:と:こ:の:こかな::とか言われ[て
35 郷　:　　　　　　　　　　　　　　　　　　　　[へ::[hehehe
36 姜　:　　　　　　　　　　　　　　　　　　　　　　[hahaha haha
37 長友：huhu ん::でも微妙だな::とか言って、わざわざへその緒がなんか、そういうものに見えることもあるらしく
38 郷　：なるほどね:
39 長友：うん、位置によってはちょっとかなり、間違えやすいんだって=
40 姜　：=ふ::[ん
41 郷　:　　　[は::
42 長友：だから、来月かな:とか言われ [て
43 郷　:　　　　　　　　　　　　　[hahaha
44 長友：つぎ、huhuhu まだわかんない
45　　　(1.5)
46 郷　:すご::い、自撮り棒使って撮って [る::
47 長友：　　　　　　　　　　　　　　[す (h) ごい (h) 使ってる

断片1は、先に述べたとおり、冷泉通を渡り、平安神宮入り口（応天門）にさしかかるまでのやり取りである。01 行目の長友の発話は、平安神宮を観て回ったあとに近隣の岡崎神社でお守りを買うことが決まったあとに、長友、姜、郷の共通の知人に以前より安産祈願のお守りを渡そうと思っていたことを言っている。この発話は、岡崎神社に向かうことに関する一連のトー

クの終了部分である。その後、長友は「あ、七五三 huhuhu」(07 行目) と言う。長友の視線の先には祝い着である紋付羽織袴を着付けた男児がいる (断片1中画像①)。この発話により、姜と郷も当該男児に目を向け、「11 月だもんね::」(08 行目)「かわい::」(10 行目)「なんか男の子あんま見ないから新鮮」(15 行目) といった評価的な発言をする。

そして郷は自身の腹部を左手で押さえ、長友を見ながら「あ、そうだ、ど、どっちかって」(18 行目) と言う。この質問に対して、長友は「まだあ::」(19 行目) と応答している。これ以降のやり取りから、郷の質問 (18 行目) は、妊娠中の長友のお腹のなかにいる子どもの性別を聞く質問として長友に聞かれていることがわかる。そして、この質問と応答をきっかけとして、長友による、お腹のなかの子どもの性別がわからないことに関する物語が話される。そして、「まだわからない」(44 行目) ともう一度「お腹のなかの子どもの性別がわからないこと」が述べられることで、一連の物語の終結がアナウンスされる。そこからやや短い沈黙を挟み、3 名のやり取りは次のトピックに移る (46 行目以降、自撮り棒について話す)。

ここで注目したいのは、郷の「あ、そうだ、ど、どっちかって」(18 行目) という発話が、ほかならぬ「長友のお腹のなかの子ども性別を問う」ものとして長友にも、そしてこのやり取りをみている私たちにも自然に理解できるのは何によってか、ということである。これについて、郷の 18 行目の質問の直前になされていたことをもう少し丁寧にみていこう。

まず、この郷の問いが産出される直前では、11 月という時期、平安神宮という場所、紋付羽織袴を着付けているということ、男の子という性別および発達属性、以上すべての結びつきが合理的に理解可能になるものとして宗教的な年中行事である七五三が導かれ、そのもとで、視線の先の男児が何者であるかということについての理解の共有作業が行われている (07〜16 行目)。そして、郷は「なんか男の子あんま見ないから新鮮」(15 行目) と感想を述べることで、長友、姜、郷の視線の先にいる男児が備えていると彼女らによって言及された要素のうち、とりわけ「子どもであること」と「性別」をピックアップしている。この一連の流れは、18 行目時点で郷が自身の腹部を左手で押さえながら長友を見ているという身振りと相まって、郷による「あ、そうだ、ど、どっちかって」（18行目）という問いを、たとえば「お腹が痛いかどうか」とか「空腹であるかどうか」ではなく、ほかならぬ「長友のお腹のなかの子どもの性別について聞いている」として理解することの蓋然性を高めているのである。結果としてこの問いは、お腹のなかの子どもの性別をめぐる笑い話を長友が語るきっかけとなっている。それにより、18行目の問いの時点で郷にとって既知であった長友が妊娠しているという情報に、「この時点ではまだ性別はわからない」という情報が付加されたのである。

以上の流れが興味深いのは、観光対象が偶発的に発見され、それがメンバー間で共有されていることと、それを資源として、メンバー間で共有されている既知の情報を更新する語りが自然に生起していることである。もうひとつ、別の事例をみてみよう。

ケース2：ほかのメンバーは知らない自分の話

【断片2】

46 郷　：すご::い、自撮り棒使って撮って［る::
47 長友：　　　　　　　　　　　　　　　　［す（h）ごい（h）使ってる
48　　　（・） 
49 姜　：あたしあるよ、ないか［な
50 郷　：　　　　　　　　　　［おおっ
51 長友：さｈす（h）［が（h）
52 姜　：　　　　　［あない、ない、ごめん hahaha
53 郷　：hahaha［haha
54 長友：　　　［な、なんだっけあの［名前
55 姜　：　　　　　　　　　　　　　［ないないないあったのに
56 姜　：せいかぽん
57 長友：え
58 姜　：せ、せいか
59 長友：せ［いか？::

60 姜　：　　[せ、セルフっていうね＝
61 長友：＝ふんふんふん [ふん
62 姜　：　　　　　　　[せ、セルフ
63 長友：うん
64 姜　：カメラ
65 長友：うん
66 姜　：ボンっていう
67 郷　：へ::[:
68 姜　：　　[だからせいかぼんっていう
69 長友：[せいかぼん
70 郷　：[せいかぼん、へ::
71 姜　：huhu
72 　　（・）
73 長友：韓国から？
74 姜　：そうそう [そうそう
75 長友：　　　　[来たものだよね
76 　　（1.0）
77 長友：hhhh
78 郷　：どっち行こうか [な::
79 姜　：　　　　　　　[.hh、でたぶん私一番最初にそれ [で撮った
　　　　　　　　　　のが3年前ぐらいだった [と思う
80 長友：　　　　　　　　　　　　　　　　　[こっち？
81 郷　：
　　　　　　　　　　　　　　　　　　[へ::
82 長友：はああ、そんな [前から
83 姜　：　　　　　　　[妹が、妹が持ってきて [くれて
84 郷　：　　　　　　　　　　　　　　　　　[ふん [ふんふん
85 長友：　　　　　　　　　　　　　　　　　　　　[はあはあはあ
86 姜　：（　）って遊びに来るときに

87 郷　：はあ、うんうんうん
88 姜　：で大阪（　）でこうやって撮ってたのね、でそしたらみ::ん
　　　　な（h）にあれ::(h）み［たいな
89 郷　：　　　　　　　　　　　　　　［あ::
90 長友：　　　　　　　　　　　　　　［あ::だよね::
91 姜　：(nod)
92 郷　：知らんもんね、知らんもんね:
93 姜　：なに（h）あれ（h)::みたいな感じになって、今もうもみんな
94 長友：今もう［ね::
95 姜　：　　　［もう::
96 長友：でもあたしは、ちょっと慣れないな、恥（h）ず（h）か（h）
　　　　しい
97　　　(.)
98 郷　：huhuhu
99 姜　：(　）ね、そうだよ［ね
100郷　：　　　　　　　　［うんうんうん
101長友：あんま使えないな
102　　　(4.0)
103姜　：ふ:::ん
104長友：へ:::なんか
105郷　：広々してる
106長友：ねえあれなんかなんだろう
107郷　：見てみよう

断片２は、断片１の直後の場面である。応天門を抜けてすぐ、郷は自撮り棒を使って写真を撮っている人びとを発見し、「すご::い」と評価を与えている（46 行目および断片２中画像③)。この郷の発話を受けて長友と姜も郷と同じ対象に視線を向ける（断片２中画像④)。そして、長友は笑い混じりに「す（h）ごい（h）使ってる」(47 行目）と述べ、郷の評価に同調している。

やや短いながらも、断片２冒頭においても、観光対象の偶発的な発見と、それに対する評価がメンバー間で共有されていることは断片１と同様である。

そして、姜は自身のバッグに目を落とし、中をまさぐりながら、「あたしあるよ、ないかな」（49 行目）と述べる。この発話が生じたタイミングで、長友と郷は姜に視線を向ける（断片２中画像⑤）。そこからしばらく、自撮り棒が韓国由来であること、韓国ではセルカ棒（せいかぼん）と呼ばれていることについてのやり取りがなされる（54〜75 行目）。このやり取りが終了したことは、76 行目に短い沈黙が挟まれていること、そして 78 行目で郷が「どっちに行こうかな::」と、前方に視線を向けながら行き先についていままさに検討中であることを示していることからわかる（断片２中画像⑥）。

ここで注目したいのは、郷の「どっちに行こうかな::」（78 行目）の発話終了部分と重なるタイミングで姜が下を向いて短く笑い（79 行目「.hh、」）、自身が初めて自撮り棒を使った時期についての語りを始めたところである。この姜の短い笑いを聞き、長友と郷は視線を姜に向ける（断片２中画像⑦）。そして姜は「でたぶん私一番最初にそれで撮ったのが３年ぐらい前だったと思う」（79 行目）と言う。この情報が長友と郷にとって未知の情報であったのは、この発話に対して、郷が「へ::」（81 行目）と言っていることと、長友が「はああ、そんな前から」（82 行目）と言っていることからわかる。長友と郷が、姜が初めて自撮り棒を使った時期について知らないことをここで確認し、姜はそのエピソードを語る（83〜95 行目）。そして、それが語り終えられた時点で、彼女らは次の観光対象を発見し（104 行目長友「へ::なんか」105 行目郷「広々してる」）、それについてのやり取りに移行する。

この事例においても、観光対象が偶発的に発見され、それがメンバー間で共有されている。そして、それを資源として、先に発見・評価された観光対象についての、メンバー間で共有されていなかった姜の個人史の語りが生起している。もちろん、メンバーに関する既知の情報の更新や未知の情報の提供がつねに観光対象の発見・評価のやり取りをきっかけとして生じるわけではない。これについては、次節で検討する。

ケース3：観光する身体に対する過去と今の「印象」の一貫性

【断片3】

01 郷　：現在地、になってて:、
　　　　じゃここが大極殿かな？
02 長友：あ、そっか、ここから入った
03　　　(2.0)
04 郷　：へ::
05　　　(1.0)
06 長友：へ
07 郷　：ふむふむ
08　　　(1.5)
09 長友：すごいお庭になってる。
10 長友：ふ::[ん
11 郷　：　　[どうしようかな↑::
　　　　岡崎::[神社行くんだったら
12 長友：　　　[あ
13 郷　：岡崎神社に行ったほうがい [いかも [::
14 姜　：　　　　　　　　　　　　 [そう
15 長友：　　　　　　　　　　　　　　　　[ふんふんふん行こう＝
16 姜　：＝そこ行こう
17 長友：huhuhu
18 郷　：hahaha、[hahahahahaha
19 長友：　　　　[歴史に興味がない＝
20 姜　：＝じゃなくて::
21 郷　：hahaha
22 長友：姜さん
23 姜　：これが一番大事だから
24 長友：hahaha [ha
25 郷　：　　　　[ひだり [::

26 長友：　　　　　　　　［ああそういうことねありがとね＝
27 姜　：＝それを［買ってから考える
28 長友：　　　　［うん
29 郷　：うん、［そうだね、そうだね
30 長友：　　　［なんか太宰府天満宮のこと思い出した huhu［ghhaha
31 郷　：　　　　　　　　　　　　　　　　　　　　　　　［え、なになになになに？：
32 長友：太宰府行ったとき楽しかったよねえ
33 姜　：楽しかった::だっ［て
34 郷　：　　　　　　　　［え、楽しかったことを思い出した［の？
35 長友：　　　　　　　　　　　　　　　　　　　　　　　　［huhu
36 郷　：なんかもっと違う＝
37 長友：＝歴史には（h）あまり興味が（h）ないって（h）いうのがよく［わかるね
38 姜　：　［あ::
39 長友：お互いに
40 郷　：じゃあＨさんが一番歴史［好きでしょう
41 長友：　　　　　　　　　　　［そうそうそうそう
42 姜　：そいで、私ずっと教えてくれたんだけど＝
43 郷　：＝そう韓（h）国の歴史（h）とかね
44 姜　：そう、ふーんってかんじ
45 長友：huhu
46 郷　：hahaha
47 姜　：Ｈさんも::うってかんじ
48 郷　：だろうね::
49 長友：あんま興味が（h）ない（h）
50 長友：あたしもあんまりわかんないな::って［思いながら
51 郷　：　　　　　　　　　　　　　　　　　［huhuhu

30 長友：［なんか太宰府天満宮のこと思い出した

52 長友：面白かったけど
53　　　(.)
54 姜　：ああそうそう、なんか、おじ:さんにガイドしてもらったん
　　　　[だけど
55 郷　：[ふんふん [ふんふんふん
56 長友：　　　　　[(　)
57 姜　：で、別に私そこまで:詳しく教えてくれなくてもいいのにって
58 郷　：hahahaha
59 長友：へ↑:::
60 姜　：(　) てて、これわかるのか、これわかるのかって感じで
61 長友：畏かったよね
62 姜　：そう
63　　　(3.0)

本節でも、断片1・2と同様に、自分たち自身についてメンバーが物語る場面を検討するが、ここで検討する断片3は、断片1・2とやや性質が異なる。断片3では、白虎楼入り口の横にある平安神宮案内図を見ながら、自身らの現在地の確認および次の目的地に向かうための道程を検討している場面である。この場面で注目したいのは、姜の素振りを見た長友が姜に対して「歴史に興味がない」(19行目) と評し、さらにそれが過去に見た姜の姿を彷彿とさせるものであったことを長友が想起していることである。

まず、長友と郷は、平安神宮案内図を見ながら、現在地の確認と、次の目的地について検討している (01～10行目)。その間、姜は長友と郷からやや距離をとり、無言でその様子を眺めている (断片3中画像⑨)。11行目あたりから郷は手元のスマートフォンに目を落としながら、平安神宮案内図に徐々に背を向ける。それに同調するかたちで長友と姜も平安神宮案内図に背を向ける。その過程で、郷は「岡崎神社に行ったほうがいいかも::」(13行目) と提案する。この提案の発話にややかぶさるかたちで姜は小さい声で「そう」と言い (14行目)、長友は「ふんふんふん行こう」と同意を示す (15

行目)。そこに間髪入れず、姜は「そこ行こう」と前のめりに、やや声を張って同意を示す(16行目)。その様子に長友と郷は笑い(17、18行目)、長友は姜のほうを振り返り、そして姜に「歴史に興味がない」(19行目)と評する。ここでの笑いと評価は、それまで姜が積極的に長友と郷のやり取りに参加していなかったにもかかわらず、間髪入れずに行き先の意思決定にかかわってきたことに起因する。こうした唐突さが、コミカルな印象を生んでいる。この長友による姜の「歴史に興味がない」という評価に対して姜は反駁し、長友もそれについて受け入れる(20〜26行目)。

一方で、姜が歴史に興味がないと長友にみなすことができるような出来事が、過去に長友と姜が連れ立って太宰府天満宮に行った際にもあったことが長友によって想起される(30行目長友「なんか太宰府天満宮のこと思い出した」)。さらに、太宰府天満宮での出来事は、長友と姜双方が「歴史に興味がない」ことに関係する「楽しさ」があったこともまた長友によって語られ(32行目、37行目、39行目)、それについて姜も同意している(38行目「あ::」)。

郷はここで、長友、姜とともに太宰府天満宮に行った歴史好きのH(仮名)について言及する(40行目)。ここから、姜が「歴史に興味がないこと」を示す太宰府天満宮でのエピソードが姜自身によって以下のように語られる。太宰府天満宮の観光中に、Hが姜に韓国の歴史などをずっと教えてくれていたが、姜にとってそれは「ふーんってかんじ」(44行目)で、「Hさんも::うってかんじ」(47行目)とあるように、あまり響くものではなかった、ということである。これに対して長友は「あんま興味が(h)ない(h)」(49行目)と笑いながら応答しており、直前のHの歴史語りに対する姜の態度を「歴史に興味がない」ことを表したものとして聞いたことを示している。そして、同じようなエピソードがさらに姜によって語られる(54〜62行目)。

この一連のシークエンスの興味深い点は、観光中の姜の「歴史に興味がない」と長友にとって理解可能な身振りや発話が、過去に長友と姜がお互いに「歴史に興味がない」ことを確認した出来事を想起する資源となっていることである。観光する自身らの身体はつねに観光実践に帯同する(城2018)。

それはつまり、観光する身体は、ともに観光する人びとにとってもっとも視野に入り続けるオブジェクトなのだ。そこから過去に抱いたものと同じ印象を抱くような身振りや発話が発見され、言及され、共有されるのである。

こうしてみると、友人同士の観光という実践は、身体の共在がともなうがゆえに、「共有された過去」の発見の契機につねにさらされていると言ってよい。それはつまり、友人たちとともに過ごした日常的・非日常的な時間との延長線上に観光という実践があることもまた示している。

5　観光における「見ること」の展開可能性

前節では、観光学におけるまなざし論およびそれに関連づけられたパフォーマンス転回に包含される研究に対して、視覚表象の理解可能性に限定して議論するとか、あるいは何らかのメタファーを通して理解しようとするのではなく、まさに彼らが実際にやっていることに即した記述から分析を進めた。そこでは、従来議論されてきた「観光的なものや出来事」と「見ること」について、それを契機とした活動の展開可能性という観点から問い直すことにより、従来重要視されてこなかった観光すること（とりわけそこにおいて何かを見て、話すこと）の重要な側面が見出された。以下、その個々の論点についてまとめる。

「見るべきもの」を発見することの定番性と偶発性

「見る」という活動は、特定の対象物や出来事に対して、観光対象として「見るべきもの」であるという身分を付与する契機でもある。とりわけ小グループによる観光においては、特定の人物による何かを「見る」という活動とともに「あ､」（断片１の 07 行目）という発見を示す間投詞や「すご::い」（断片２の 46 行目）のような感嘆詞が産出されることにより、他のメンバーがその対象に目を向けることが可能になる。そうすることで、「ともに見る」ことが達成され、その対象をめぐるメンバー間での「評価」もまた可能になる。

通常、観光においては、「これは見るべきものである」「この順序で見るべきである」といった環境側の期待がホスト側やガイドなどによってデザインされることが多い。そして、観光客はそれに対して確かにまなざしを向ける。一方で、本章で取り上げた一連の事例にあったように、「七五三の男の子」(断片1)「自撮り棒を使っている他の観光客」(断片2)「観光する自分たちの振る舞い」(断片3)のような対象を、偶然的状況において「発見」し、「見るべきもの」として取り上げることもある。

見るべきものをピックアップするタイミング

断片1と2は一続きの場面であった。この二つの断片では、長友のお腹のなかの子どもの性別に関するエピソードと、姜による自撮り棒のエピソードの二つが物語として語られていた。この二つの物語の間には、1.5秒間の沈黙(断片1の45行目)が挟まれている。流れとしては、断片1の44行目でAは物語を語り終え、45行目の1.5秒間の沈黙の間に3名は応天門を抜け、そこから出たあたりで自撮り棒を使っている他の観光客を発見する。つまり、この1.5秒の沈黙は、先に発見し共有した特定の対象に関する物語を語り終えたあとに、次に見るべき対象を発見するまでの間に生じたものなのである。もっとも、見るべきものの発見がつねにこうした活動と活動の「間」になされるわけではない。

【断片1–2】

21 長友：せん、せん、先々週行って、わかるはずだったんだけど、
　　　　ちょっとうまいこと見えなくて
22 郷　：え:::
23 姜　：あすご::い
24 長友：でなんか前日に、
　　　　友達の子どもに会ってえ
25 郷　：うん

断片 1-2 は、断片 1 の 21 行目から 25 行目を抜き出したものである。この場面は、ちょうど長友が自身のお腹の子どもの性別にかんするエピソードを語り始めたところである（21 行目）。これに対して郷は「え:::」（22 行目）と反応しているが、じつはこのとき、姜は応天門を見ながら「あすご::い」（23 行目）と言っており、長友と郷のやり取りに参加していない。この姜の発話は、長友による「あ、そうだ」（断片 1 の 07 行目）や郷による「すご::い」（断片 2 の 46 行目）と同様に、「見るべきもの」の発見を示している。しかし、この姜の発話が後者二つと明確に異なるのは、姜の発見を示す発話は長友の物語の渦中に産出されたことと、長友と郷の視線誘導を引き起こさなかったことである。だから、姜の発見は長友と郷に共有されることはなかったし、ゆえにそこから共同での評価やそれをきっかけとした物語の語りも生じることはなかったのである。

アーリとラースンだけでなく、パフォーマンス転回に包含される多くの観光研究が繰り返し言及してきたように、観光においては「見ること」はその中核となる。しかし、酒井信一郎が指摘するように、「見ること」のありかたは多様である（酒井 2016）。本章に即して言うならば、「見ること」と「見るべきものをピックアップすること（＝発見すること）」と「小グループにおいてそれを共有すること（＝同じ対象をメンバーそれぞれが見ること）」は、いずれも「見ること」であり、かつひとつの流れのなかに繋がりあってなされるものではあるが、それぞれ異なる活動でもある。さらに言えば、こうした一連の流れが基盤となって、「評価すること」や「物語を語ること」が可能になっている。以上を鑑みれば、「見ること」がいかなるタイミングでなされているのか、また、それがどのような展開をメンバーに可能にするのかという観点からの探求は、観光において「見ること」が実際にどのような特徴を持った活動なのかを、人びとが実際にやっていることから再特定化するひとつの切り口になるだろう。

想起と物語を語ることの資源

物語を語り始めるという実践においては、「①直前の連鎖ないし話題とどのようにして関連づけるか、②物語を語るのに十分な発話機会をどのようにして確保するのか」(平本 2017:172) という二つの問題に人びとは直面する[(10)]。ここで注目したいことは、すでに本章において繰り返し述べてきたことだが、今回取り上げた観光実践例において、観光客が自身らに関する物語を語るという実践は、「見ること」と「見るべきものをピックアップすること (=発見すること)」と「小グループにおいてそれを共有すること (=同じ対象をメンバーそれぞれが見ること)」を資源としてなされていたということである。

観光学において、観光という実践を特徴づけるものとして「見ること」が注目されてきたこと自体はまったく正しいことである。もの珍しいものや美しいもの、興味深いもの、日常生活においては見られないもの、こういったものを見て感動したり、不思議がったり、ときに失望したりする。重要なのは、「数多く」という点である。短い間隔でさまざまな対象や出来事をピックアップしそれについて語ることを繰り返すということは、その数だけそれに関連した何かを想起するきっかけになりうる機会が生じているということでもある。観光における「見ること」は、こうした想起の機会が頻発する活動であると表現することもできよう。本章で言えば、友人との観光においては、友人間で共有していると期待される、あるいは新たにもたらされるメンバー個々の情報や出来事の記憶の語りを導くきっかけとして、「想起」がなされていた。この活動の連鎖は、観光実践において実際になされている「見ること」を契機とした観光実践のひとつのあり方である。

観光することと、つねにともにある身体

断片1では長友のお腹のなかの子どもが、断片2では姜が所持する自撮り棒が、断片3では姜の「歴史に興味がない」と理解可能な振る舞いが想起の対象となっていた。いずれも観光する自身らを対象としている。小グループによる観光であることと、そこにおいて、自身らの身体がつねにともなっていることがかかわっている。

「見ること」は身体的な行為である。したがって、それを成す身体はその

行為とつねにともにある。それは観光中、さまざまな対象や出来事、あるいは自分たちに向けられる。会話における想起が、直前に話していた内容や、会話環境にあるものや出来事に関連づけてなされること（Jefferson 1978）はすでに述べたとおりである。したがって、想起のきっかけとして、あるいは想起の対象として、まさに観光する自身らが参照されることはまったく不自然なことではない。

さらに言えば、自身らに対する想起と物語が頻発することは、友人同士の観光「らしさ」にも繋がっている。観光地における「見るべきもの」の発見は、結果として、過去に共有した「その人らしさ」を象徴する何かを再び見出したり（断片3）、会わない期間に生じたであろう情報の更新を求めたり（断片1）、メンバー間では未知の情報を与えたり（断片2）するきっかけとなっていた。何を「見るべきもの」として発見し、メンバー間で共有するかは、局所的かつ偶発的である。それは、何を想起し、自身らの何について物語るかもまた、局所的かつ偶発的であるということでもある。観光における友人（あるいは知人）同士であることの達成は、長時間同行するなかで、観光をしつつ、こうしたメンバー間の情報の共有と更新をさまざまに繰り返していくことのただなかにあるという言い方も可能であろう。観光的なものや出来事は、そうしたことの「きっかけ」にもなりうるものなのである。

6　観光実践の記述的研究に向けて

本章では、観光対象を発見し、ともに見るという活動のなかで、友人同士がそれぞれの、あるいは皆が共有している「情報」の更新や「過去」を語りあう実践をみていった。未知のあるいはもの珍しいものを見ているただなかでともに観光する人びと同士のこれらの実践がみられるということは、観光という実践それ自体が友人たちの「これまでの「私たちの」時間」と「「私たちが」観光をする時間」との重ね合わせを作り出す契機に溢れているということを示している。

こうした実践は、本章前段でアーリとラースンらに代表される近代化論あるいはポストモダン論を反映した、かつドラマツルギーという眼鏡を通した観光のパフォーマンス論ではフォーカスされにくい。けれども、これらの実践は「観光すること」において人びとが実際にやっていることである。こうしたトリヴィアルな対象をとらえ向かいあうことは、「観光実践の人びとの「やり方」を理解する」こと以外にどのような認識利得があるのだろうか。最後にこれについて簡単に述べておこう。

現代的な観光は、近代化、資本主義化、グローバル化といったものの帰結として現れた特徴的な現象である。これらを視野に入れつつ、文化／空間論によりその射程を広げている現代の観光学（神田 2013）において、そこで扱うトピックや概念もまた多岐にわたるようになっている。こうした射程拡大のさなかにおいては、概念論争や混乱がしばしば生じる。本章が観光学、とりわけその中心人物であるアーリらによる「パフォーマンス」概念をめぐる議論に対して、人びと自身による「見ること」の実践の記述から問い直していったように、これまで議論されてきた／いるさまざまなトピックや概念に対して、人びとの指向とレリヴァンスに立脚して「人びとが実際にやっていること」に差し戻し、ひとつひとつ探求を進めることは、その処方のひとつなのである。

ただし、本章は、あらかじめ「パフォーマンス」概念を問い直そうという動機から出発したものではない。(1)「観光する」という実践が観光する人びとにとってどのような活動であるかを、記述のトピックを前提的に定めずに彼ら自身の「やり方」に即した記述によって探求し、(2) そこでの「やり方」をいくつか明らかにしたあとで、(3) そこで明らかになった特定の「やり方」を同じく記述の対象としていた「パフォーマンス」をめぐるアーリらの理論的議論を発見し、(4) それを再考するポイントを考察する、という順番によって本章は書かれた。その意味で、こうした処方は狙い撃ちできるものではなく、あくまでも人びとが実際にやっていることに依存するものではある。

注

（1）　アーリ（とラースン）は、ここでフーコーの「医学的まなざし」の議論を援用する。なお、まなざし論におけるフーコーの援用については、いくつかの問題点が指摘されている。たとえば、安村克己は、「アーリがフーコーに倣って付与する“まなざし”の特徴は、「社会的に構成され体系化された」まなざしというものだけである」（安村 2004：12）とし、「観光のまなざしの概念は、観光専門家の知のまなざしに限定しなければ、医学的知のまなざしと同次元には取り扱えない」（安村 2004：12）と批判する。後者の批判については、近代以降においては、観光専門家が観光のまなざしを作り出すのではなく、近代化それ自体が作り出すという指摘もある（須藤 2008）。

（2）　もっとも、ハルドラップとラースンは同著のなかで、パフォーマンス転回に包含される議論の多くは、観光学におけるクラシカルな研究においてすでに取り組まれているものが多いことを指摘している。

（3）　アーリとラースンは、『観光のまなざし［増補改訂版］』の「パフォーマンス」の章の冒頭で、フーコーの影響下にある科学哲学者のイアン・ハッキングによる歴史的存在論とゴフマン社会学を架橋した議論（Hacking 2002）を引用し、そこでの議論を踏まえてまなざし論とゴフマンのドラマツルギーを架橋することを宣言している。ただし、その内実については、同書では明確な説明はない。注（1）でも述べたとおり、まなざし論におけるフーコーの援用については批判があることもあり、こうした言明に基づく論の成立如何は検討に値するトピックである。

（4）　なお、神田考治も「（『観光のまなざし［増補改訂版］』においては）構造主義的な認識論と、偶有的な行為に注目した存在論が併存しているのである。ただし、これら二つの視座について、同書において必ずしも明確に関係づけられているわけではない」（神田 2019：76）と指摘している。一方で、注（3）で述べたとおり、アーリとラースンは、ハッキングによるフーコーとゴフマンの架橋の議論のうちに、この「構造主義的な認識論と偶有的な行為論」の接続をみているところまでは確認できる。このハッキングの議論は、「ループ効果（looping effect）」をめぐってエスノメソドロジストのマイケル・リンチとの間でなされた論争での一手である。アーリとラースンの「パフォーマンス」をめぐる方法論的妥当性の議論は、この論争の整理を手がかりに検討できると思われる。これについては別稿での課題とする。

（5）　同様の観点による会話分析の立場からの批判については平本（2020）を参照のこと。

（6）　2007 年時点において、スコット・マッケイブは、「観光学領域においてエスノメソドロジー・会話分析研究が用いられることは少ない」（McCabe 2007, 227）と指摘している。その理由として、エスノメソドロジー・会話分析は社会学における質的研究内部においてその重要性が議論されてきたが、それゆえ観光学領域の研究者からは見落とされてきたこと、観光場面における観光客の「自然に生起し、組織化された」実践を集めることが難しいこと、エスノメソドロジー・会話分析研究の「やり方」の知識が観光学領域の研究者には欠けていることなどが推測されると述べている。

（7）　Map data© OpenStreetMap contributors, CC-BY-SA

（8）　本章と同じデータを分析したものとして、城（2018）がある。トランスクリプト上の名称表記もそれとあわせている。城は、「グループとして観光写真を撮ること」について分析しており、本章の分析的スタンスを共有するものである。「写真を撮ること」はまなざし論において取り上げられていた活動であるが、そこでの議論を相互行為の組織と理解可能性の観点から丹念に問い直した論考として読むことも可能である。

（9）　このような社会的関係と結びついた時間・出来事の認識とそれに基づいた実践の組織については、ハーヴィー・サックスによる「プライベートカレンダー」の議論もあわせて参照のこと（Sacks, 1987；團 2018）。

（10）　会話分析における「物語開始」の技法の議論については、近年出版された複数の教科書に収められた「物語」についての章（たとえば平本 2017）においてそれぞれ手際よくまとめられている。

解　説

観光とは何かということを考えるとき、何か非日常的でもの珍しいものを見聞きするといった特徴づけがまずはイメージされるでしょう。一方で、観光における「見る」という行為のありようを人びとが実際にやっていることに即して見ていくと、当初なんとなくイメージしていたものよりはるかにたくさんのことが「見る」という行為によって／通して／契機としてなされていることに気づきます。

本章では、友人同士の観光旅行における「見ること」に焦点化し、その具体的なありようを見ていきました。そこでは「見ること」にあわせて、ともに観光する人びとにかかわる情報・知識・経験の共有・更新がなされていることがその具体的なやり方とあわせて明らかにされています。それはまた、観光という実践それ自体が友人たちの「これまでの「私たちの」時間」と、今まさに「「私たちが」観光をする時間」との重ね合わせを作り出しているという点で、友人同士という社会的関係のありようの一端を明らかにするものでもありました。

本章で検討してきたような活動は、いずれもおそらく誰もが当たり前のようにやっている一方で、観光を特徴づけるような実践だと思っていないゆえに、かえって「観光」について議論する際にはトピックになりにくいものです。本章で簡単に触れた観光学における「パフォーマンス転回」に包含されるさまざまな取り組みは、そうしたものをひとつひとつ拾い上げ、それによって観光における「パフォーマンス」や「見る」といった概念を問い直していくものでした。このように、一見些細なことを取り上げた分析は、実際に人びとがやっていることを理解することができるだけでなく、何らかの集団や分野、領域での一般通念や特定の概念をめぐる論争に対して、それを問い直し整理する資源を提供することができるという点で、非常に重要な取り組みなのです。

ディスカッション

1．「ドラマツルギー」を用いた分析の長所と短所を整理してみよう。

2．社会通念、普段の生活の習慣、ともに旅する人との社会関係といった「日常的なもの」が観光には持ち込まれる。これらと「観光すること」は、実際の観光経験においてどのように結びついているだろうか。具体的な事例を挙げて議論してみよう。

3．観光以外でも、私たちは日々さまざまな活動において「他者とともに見る」ということをやっている。フィールドに出て具体的な場面・状況を観察し、そこで何をどのようにやっているのか、それによって何が成し遂げられているのかを分析してみよう。

参考文献

神田考治 2013「文化／空間論的転回と観光学」『観光学評論』1（2）: 145–157。

神田考治 2019「観光客のまなざし――観光学における基本かつ最前線の視座」遠藤英樹・橋本和也・神田考治編『現代観光学――ツーリズムから「いま」がみえる』新曜社、70–76。

酒井信一郎 2016「観光における「見ること」の組織化」酒井泰斗・浦野茂・前田泰樹・中村和生・小宮友根編『概念分析の社会学 2――実践の社会的論理』ナカニシヤ出版、279–292。

城綾実 2018「相互行為における身体・物質・環境」平本毅・横森大輔・増田将伸・戸江哲理・城綾実編『会話分析のひろがり』ひつじ書房、97–126。

須藤廣 2008『観光化する社会――観光社会学の理論と応用』ナカニシヤ出版。

團康晃 2018「止まった時間の乗り越え方――プライベートカレンダー試論」『ユリイカ』50（3）: 168–176。

平本毅 2017「物語を語る」串田秀也・平本毅・林誠『会話分析入門』勁草書房、169–190。

平本毅 2020「パフォーマンスとしての<まなざし>、実践の中の<まなざし>」小川（西秋）葉子・是永論・太田邦史編『モビリティーズのまなざし：ジョン・アーリの思想と実践』丸善出版、83–96。

安村克己 2004「観光の理論的探求をめぐる観光まなざし論の意義と限界」遠藤英樹・堀野正人編『「観光のまなざし」の転回――越境する観光学』春風社、8–24。

渡辺克典 2015「ゴフマネスク・エスノグラフィー」中河伸俊・渡辺克典編『触発するゴフマン――やりとりの秩序の社会学』新曜社、26–45。

Bærenholdt, Jørgen Ole, Michael Haldrup, Jonas Larsen, and John Urry, 2004 *Performing Tourist Place*, Ashgate.

Goffman, Eirving 1959 *The Presentation of Self in Everyday Life*, Doubleday Anchor.（丸木恵祐・本名信行訳『行為と演技――日常生活における自己呈示』誠信書房、1974 年）

Hacking, Ian 2002 "Between Michel Foucault and Erving Goffman : Between Discourse in the Abstract and Face-to-Face Interaction," *Economy and Society*, 25 : 275–289.

Haldrup, Michael . and Jonas Larsen 2010 *Tourism, Performance and the Everyday : Consuming the Orient*, Routledge.

Jefferson, Gail 1978 "Sequential Aspects of Storytelling in Conversation," in J. Schenkein (ed.), *Studies in the Organization of Conversational Interaction*, Academic Press, 219–248.

Lerner, Gene. H 1996 "Finding 'Face' in the Preference Structures of Talk-in-Interaction," *Social Psychology Quarterly*, 59 (4) : 303–321.

McCabe, Scott 2007 "The Beauty in the Form : Ethnomethodology and Tourism Studies," in I. Ateljevic., A. Printchard, and N. Morgan (eds.), *The Critical Turn in Tourism Studies : Innovative Research Methodologies*, Elsevier, 227–243.

Sacks, Harvey 1987 "You Want to Find Out in Anybody Really Does Care," in G. Button and J.R.E. Lee (eds.), *Talk and Social Organization*, Multilingual Matters, 219–225.

Schegloff, Emanuel. A 1988 "Goffman and the Analysis of Conversation," in P. Drew and A. Wooton. (eds.), *Erving Goffman : Exploring the Interaction Order*, Polity Press, 89–135.

Urry, John and Jonas Larsen 2011) *The Tourist Gaze 3.0*, Sage.（加太宏邦訳『観光のまなざし［増補改訂版］』法政大学出版会、2014年）

Watson, Rod 1999 "Reading Goffman on Interaction," in G. Smith. (ed.), *Goffman and Social Organization : Studies in a Sociological Legacy*, Routledge, 138–155.

第Ⅲ部

趣味のアルケオロジー

人間は、現在にのみ生きているのではなく、過去に起こった膨大な出来事の積み重ねのうえに存在しています。人びとが趣味を楽しむしかたについても、歴史的文脈をふまえることでより適切に理解できるでしょう。

「趣味のアルケオロジー」と銘打った第Ⅲ部は、歴史のなかで物事を考える視座をもった二つの章で構成されています。社会学は歴史それ自体の内容を明らかにすることを目指す歴史学ではないですが、社会のしくみを明らかにしようとするなかで、歴史を不可欠な要素として扱ってきました。

この解説では、歴史社会学、カルチュラル・スタディーズ、メディア史、メディア考古学という順に、社会学やその周辺領域の学問が歴史を扱ってきた手つきを概観していきます。そのうえで、第Ⅲ部に収められた二つの論考の位置づけを確認します。最後に、趣味の歴史を扱う社会学的研究の現在地と今後の方向性を示しておきます。

1　社会学と歴史

歴史社会学

社会学が実験室のなかで制御されたデータではなく、現実の社会現象を扱う以上、過去の出来事の積み重ねである歴史を無視することはできません。そのため、歴史という論点は、近代に制度化された社会学の初期段階から重視されてきました。

例えば、社会学の古典のひとつであるM.ウェーバーの『プロテスタンティズムの倫理と資本主義の精神』（Weber 1920＝1989）では、近代西洋で誕生した資本主義の起源がプロテスタントの世俗内禁欲だとされています。ウェーバーは、人類の文明社会とともにある商業一般とは異なる、利潤追求を自己目的とする「資本主義の精神（エートス）」について、どのような「諸事情の連鎖」があったのかを探求し、その連鎖の端緒として宗教改革後のプロテスタンティズムの倫理、特にカルヴァン派におけるそれがあると考えました。

社会学における歴史研究は、このように出来事の連鎖を時系列的かつ原因

－結果的に捉え、何らかの社会のしくみを見出すことからはじまった、と言えるでしょう。現在、歴史社会学という研究領域が広がっていますが、初期の歴史社会学で見られたクロノロジカルで因果律的な分析以外にも、多くのアプローチによる研究が存在しています。

ここで現代的な「歴史社会学」の範囲を確認しておきましょう。それは最もひらたく言うと「歴史を扱う社会学」になるかもしれませんが、より詳細な定義もあります。T.スコチポルは、歴史社会学の最も基本的な点として、以下の四つを挙げています（Skocpol 1984a＝1995：11‒12）。

①提示される設問は社会の構造や過程に関するものだが、それらは時空間のなかに具体的に位置づけられたものとして了解されている。

②そこでは時間軸に沿った過程が対象となり、また結果の説明に際しては、時系列が重視される。

③大部分の歴史的分析は、個人生活や社会変動における意図的あるいは非意図的な初帰結の展開を理解すべく、有意味な行動と構造的文脈との相互作用に留意する。

④各社会構造あるいは変化パターンの持つ「固有で多様な」特徴を重視する。

つまり、現代の歴史社会学は「普遍的進化の哲学」「形式的概念化」「理論的抽象化」を排しているのです。これは例えば、歴史が生産関係に対応しており、中世的な封建主義から近代的な資本主義を経て、共産主義に発展するとしたマルクス主義のような見方です。

また、上述したウェーバーがプロテスタンティズムから資本主義の発展を捉えたような、因果律的で「単一の進化物語」「一連の決まりきった筋道」については、否定されるわけではないですが、より多様な歴史像が提示されます。

歴史学と歴史社会学

では、こうした歴史社会学は、歴史学とどう異なるのでしょうか。ごく基本的な違いを確認すると、歴史学は、同時代に書かれた一次資料（史料）から歴史的事実を探求し、記述することが目指されます。だからこそ、一次資料の探索や発見、綿密な史料批判が重視されます。一方、歴史社会学は、歴史的事実の背後にある社会のしくみ、つまり「構造」や「規範」を取り出す傾向があります。

そのため、先のスコチポルは、歴史社会学について、優れた歴史学の文献（二次資料）があればそれを歴史記述のために用いることは理にかなっている、と言います（Skocpol 1984b＝1995）。ただ、社会科学としての歴史社会学のこうした態度は、歴史学の側から否定的に言及されることも多くあります。イギリスの社会学者であるJ.H.ゴールドソープですら、歴史社会学者が史的証拠を好きなように取捨選択することを辛辣に批判しています（Goldthorpe 1991）。

だからといって、社会のしくみに注目する歴史社会学の意義がないわけではありません。そうした視点だからこそ明らかにできる側面もあるでしょう。では、本書の対象とする趣味活動に関わる研究では、こうした持ち味がどのように発揮されてきたのでしょうか。

歴史社会学における趣味研究

歴史社会学のなかには、M.ウェーバーのような宗教／経済や、社会問題（とされる）領域だけではなく、「余暇」を対象とする研究も存在します。そのひとつにJ.デュマズディエのレジャー史研究があります。デュマズディエは20世紀の半ばに登場した余暇社会学の代表的論者です。人類の歴史のなかで、1950年代から60年代が画期となって、大衆が日常生活のなかでレジャー活動を行うようになったと論じました。

また、1970年代に入ってからは「遊び」の意味を歴史的に分析する動向も出てきました。そのうち、オランダの文化史研究者であるJ.ホイジンガは、その名も「遊ぶ人」という意味の書物を著しました。そこでは、自己目的的な「遊び」が人類とその他の種を区別する要件であり、そうした活動の歴史的展開が論じられています（Huizinga 1938＝1973）。ホイジンガは歴史学者として言及されることもありますが、前の項目で述べたような歴史学と歴史社会学との違いに即して考えると、歴史社会学的な意味でも重要な研究でしょう。

こうした趣味の意味をマクロな歴史から捉えるしかたは、現在でもある種の有効性を持ちます。しかし、そうしたアプローチは、その後批判されることにもなります。次節以降は、そうした新しい歴史社会学の方法を確認していきましょう。

2　カルチュラル・スタディーズ

1970年代になると、カルチュラル・スタディーズ（以下、CS）と呼ばれる学術・文化運動が起こりました。CSの立場は、階級やジェンダー、エスニシティなどの差異によって、文化をめぐる権力が不均等に配分されている状態を批判するものでした。

S.ホールとともに初期のCSの中心のひとりであったD.ヘブディジは、パンクやレゲエなど、それまでの文化社会学の題材になっていなかったサブカルチャーを研究の遡上に乗せたうえで、支配的文化やそれを支える資本主義への「抵抗」と捉えました（Hebdige 1979＝1986）。

こうしたCSをめぐる動向のなかから、既存の余暇社会学を批判するレジャー・スタディーズが登場します。レジャー・スタディーズにおける歴史の扱い方も、階級などの不均等に注目して歴史を描きなおすものでした。例えば、イギリスにおけるその歴史記述は、次のようなものです。イギリスでは、近代以前より支配階級であった貴族などの上流階級に加えて、18世紀には弁護士や医者など専門職であるアッパーミドル層が「レジャーをもつ階級」として発見されます。その後、産業革命の影響が本格化した19世紀になると、労働者階級も鉄道旅行ツアーや海辺のリゾートで余暇を過ごすようになります。このようにレジャー・スタディーズは、万人が等しくレジャーを享受できないという現状認識から出発して、異なる他者に生じる不均等な差異を告発していきました（小澤 2015）。

さらに、CS におけるメディア研究では、能動的な文化活動の担い手が注目されました。例えば、1990 年代には R.シルバーストンらによってテレビの家庭での受容をめぐる実践の研究が行われました。そこでは、家庭の外部からやって来るテクノロジーをあるがまま受動的に受け入れるのではなく、交渉的かつ能動的に「飼いならす」（domesticate）ような人びとの実践が描き出されました（Silverstone and Hirsch eds. 1992）。こうした「家庭化」（domestification）をめぐる研究は、さまざまなメディアやテクノロジーを対象に行われていきます。

上記のように、CS が提起した階級やエスニシティやジェンダーの差異、あるいは送り手と受け手（新たなテクノロジーと消費者）のせめぎ合いに注目する観点は、趣味活動についての画一的な歴史像に修正を迫る点で、いまも重要であり続けています。実際、これらの問題を現在の「アフター・テレビジョン」時代に受け継ぐ試みも盛んに行われています（伊藤・毛利編 2014）。もしかすると「一億総中流」や「単一民族神話」といった幻想が崩れて、多様な人びとの差異が顕在化してきた現代日本では、かつてより重要性をもっているかもしれません。

しかし、趣味活動を捉える歴史的なアプローチはこれだけではありません。1990 年代以降には、また異なるしかたで歴史を捉える社会学的研究が盛んになってきます。次節以降はそれを検討していきます。

3　メディア史

1990 年代以降、メディア史という言葉を冠する研究が盛んになってきています。メディア史は、一義的には「メディア」の「歴史」である以上、歴史学のディシプリンに基づいていますが、同時に社会学の影響を強く受けてもいます。本節では、そこでの趣味研究のあり方を検討していきます。

メディア史は、ジャーナリズム史やマス・コミュニケーション史を前提として、前節で述べたCSの批判を受けて成立した分野です（佐藤 2013）。まず、1920年代に成立した新聞史を中心とするジャーナリズム史は、送り手の規範を問うものでした。その後、1940年代のプロパガンダ研究（宣伝学）から形成されたマス・コミュニケーション研究を受けて、第二次大戦後に本格化したテレビ放送とともにマス・コミュニケーション史が制度化されていきました。そこでは放送史を中心とする歴史記述や視聴率などの計量的な実証分析が行われてきましたが、一方で文化や価値の問題（特にその不均等な配分や差異）が扱われていないと、CSから批判されていきます。

さらに、1980年代には、言語学や哲学から「言語論的転回」という動きが起こり、多くの人文学・社会科学分野に影響を与えます。歴史研究においても、言語論的転回によって、一次資料自体が（言語的・メディア的）構築物であるとする発想が出てきます。そうなると、もともと「内容」だけでなく、媒介する「形式」を問うてきたメディア研究と重なる部分をもつようになります

これらの潮流が合流することによって、1990年代には、メディア論と歴史学が近づき、CSからの批判も取り込むかたちで、新聞やテレビなどの個別的な媒体（メディウム）だけでなく、それらの相互関係やメディア文化のあり方を研究する「メディア史」が形成されたのです（ibid）。

メディア史でも当初は、マス・コミュニケーション研究を引くようなマスメディアそれ自体の歴史が多かったですが、近年はその対象が広がり、本書のテーマである趣味活動も扱われるようになってきています。例えば、戦後日本の雑誌を対象とした佐藤卓己編『青年と雑誌の黄金時代』（佐藤編 2015）では、雑誌そのものの分析にとどまらず、他のメディアとの関係や読者像の変化などにも目配りされています。そのなかで、音楽・ファッション・ゲームといった趣味文化の変容が描き出されました。

また、近年ではメディア史を別の領域の歴史と接続することで、趣味活動の新たな様相を明らかにする研究も出てきています。その例として、神野由紀・辻泉・飯田豊編『趣味とジェンダー』（神野・辻・飯田編 2019）が挙げられます。同書では、デザイン史の知見と接合するかたちで、手芸・人形・イ

ンテリアなどの女性的な手作りと、工作・模型・ミリタリーなどの男性的な自作文化とが考察されています。

ただ、こうしたオーソドックスなメディア史と重なりつつも、少し異なった視座をもつ歴史研究も出てきています。次節では、それを紹介しましょう。

4　メディア考古学

近年、特に2000年代になって盛んになってきている歴史研究に「メディア考古学」という動向があります。メディア考古学は、W.ベンヤミンのパサージュ論、M.マクルーハンのメディア論、言語論的展開以後の歴史学、それらとも関係する（前節で述べた）メディア史など、いくつかの学問的潮流のなかで形成されてきました。ですが、その名からわかる通り、特に大きな影響を与えたのは、M.フーコーによる「考古学」（アルケオロジー）です。

そもそもフーコーは、理性や知の特権的主体としての人間を批判してきた哲学者です。1969年の『知の考古学』において、フーコーは「歴史的分析を連続的なものに関する言説に仕立てることと、人間の意識をあらゆる生成およびあらゆる実践の根源的主体に仕立てること、これは、同じ一つの思考システムの両面」（Foucault 1969＝2012：30）だと言いました。つまり、人間主体の特権性を維持するのは連続的な歴史像であるとして、この「古い砦」を捨て去る必要があるということです。フーコーの考古学は、人間主体を作る「知」について、隠された唯一の法則を明らかにするのではなく、脱中心化するような散乱を描き出すものでした（慎改 2018：156）。

フーコーの考古学に影響を受けたメディア考古学もまたそうした特性を備えています。メディア考古学を牽引するE.フータモは、「抜け落ちた物事、気づかれていないもしくは隠れた断絶、そして日の当たらない片隅を求めて、アーカイヴを調査」するといいます（Huhtamo 2011＝2015：163）。隠されたり埋もれたりした歴史を明らかにするため、そこでの手法は二次文献中心の研究に終わらず、一次資料の探索も積極的に行われていきます。

また、メディア考古学において、メディアをめぐって反復されるある種のパターン的な言説を「トポス」と呼びますが、ここで用いられる資料は「語られたこと」だけではありません。狭義のテキストに加えて、物理的なモノも資料として参照することで、ある時代のメディアや文化をめぐるトポスを浮かび上がらせるのです。例えば、19世紀末の映像実験から20世紀半ばのディズニーランド、現代のVR機器にまで断続的に繰り返される「没入」体験の歴史（Huhtamo 1995＝2005）は、メディア考古学のトポス研究の典型です。ちなみに、やや余談ですが、こうした学問上の特徴と関わって、フータモはロストメディアの有数のコレクターでもあります（太田 2015 311-312）。

ただ、フータモが「これまで注目されてこなかった連続性と断絶を指摘する」（Huhtamo 2011＝2015：8）というとき、認識論的断絶を強調するフーコーの考古学とは、歴史へのアプローチが異なっているようにも思えます。しかし、連続性を拒絶するフーコーの方法は、近代西洋の中心にあり続けてきた進歩主義的な人間観を批判するという目的のためでした。そのため、こうした根本的な研究姿勢において、目的論的で直線的な歴史観を拒否するメディア考古学と共通する視座をもつといえるでしょう。

では、こうした視点に基づく趣味的活動の研究はどのようなものがあるでしょうか。日本での研究例として、飯田豊によるテレビジョンの考古学が挙げられます（飯田 2016）。そこでは、戦後に構築された放送史に回収されない戦前期のテレビジョンの技術史が描かれており、それはときに工作と結びつく趣味活動でもありました。

また、身近なモノをある種のメディアと捉えた研究に、松井広志による模型の歴史研究があります（松井 2017）。そこでは、日本社会における模型が、科学や軍事から趣味領域まで、かたちや意味を変えてきた多元的な変遷が論じられています。

以上四つの節で、社会学をめぐる歴史研究の系譜を概観しつつ、それぞれの方法論からの文化や遊びをめぐる活動や趣味実践を扱う手つきについて述べてきました。最後となる次節では、こうした流れのなかで第Ⅲ部収録の二つの論文の位置を確認するとともに、趣味の歴史を捉える研究の今後ありうる方向性について議論していきます。

5　趣味のアルケオロジーとその先

第Ⅲ部の収録論文について

あらためて確認しますが、上述してきた歴史社会学、CS、メディア史、メディア考古学は、「前のものが後のものに置き換わった」という単線的な動きではありません。これらは、重層化しながら現在でもすべて存在しているのです。

例えば、メディア考古学について言うと、そもそも固定したディシプリンではなく、メディアの「過去」が「現在」も（ときには異なるかたちで）生きていることを示すことを目指す研究であり、その意味では姿勢や立場と言うべきものです。実際、メディア史と名乗る研究成果が、実質的にメディア考古学的な視座をもつことも少なくありません。

本書の第7章・佐藤論文は、1950年代の「ミニサッカー」からはじまったフットサルをめぐる実践の現在に至る歴史を記述しています。そこでは、都市空間のなかでフットサルがもつ意味を検討したうえで、現代的なあり方である「個サル」の実践における規範が分析されます。この論文は、内実を変化させつつも、「フットサル」としてのある種の同一性と連続性を描いているという意味で、オーソドックスな歴史社会学やメディア史の性質を強くもちます。ただ、フットサル概念成立以前の「ミニサッカー」時代から説きおこし、そこでは現在的な「都市の文化」イメージが付与されていなかったというある種の断絶を指摘してもいます。その意味で、メディア考古学としての意義もあるとも言えます。

一方、第8章・松井論文は、1990年代後半に流行した「たまごっち」をめぐる実践を初期デジタルメディアという視点から捉えています。これは、デジタルガジェットあるいは携帯型ゲームをめぐる実践から、現在のスマートフォンやソーシャルメディアへと繰り返されるトポスに注意を促すという点で、メディア考古学の研究事例となっています。しかし、デジタルメディア研究としては現在のメディア環境に至る道筋のひとつとして、またゲーム研究としてはカジュアル革命という大きな変化に先んじる初期革命として、既存のメディア史の成果として把握することもできるでしょう。

歴史の連続と変化

ここで、歴史の連続性と変化（あるいは断絶）をどのように根拠づけるか、という点について述べておきます。歴史記述における連続／変化は、個別／一般をめぐる問題と重なります。なぜなら、ある事象aがbへ「変化している」というとき、aとbは「別である」ことを意味します。逆に、aとbが「連続している」というとき、aとbのある部分が実は「共通している」と捉えていることになるからです（後者の場合、aとbはそれぞれ別と記述されず、両者はxと一般化されることもあるでしょう）。

E.H.カーによれば、歴史家だけではなく、多くの人びとも含めて、実は歴史をある程度一般化して把握しています。その例としてカーは、ペロポネソス戦争と第二次世界大戦を、非常に内容が違っているにもかかわらず、ともに「戦争」と呼ぶ事態を挙げています（Carr : 1961＝1962 : 89–90）。戦争や革命といった大きな話だけでなく、本書が扱う趣味活動においてもこれは同様でしょう。例えば「鬼ごっこ」という遊びも、それ自体の外延はけっして確定していませんし、具体的な内容も時代によって異なると思われます。そのように考えると、厳密な個別性の記述は実は難しいことがわかります。

こうした問題へのひとつの回答として、下記のことが言われています。すなわち、歴史研究では、純粋な演繹や帰納は不可能であるため、発見的・仮説形成的な方法を繰り返すしかありません。それゆえ、ある事実が観察された場合、それはなぜかと問い、誤っている可能性の高い作業仮説をつくって説明していく、という推論の方法が用いられるわけです（保城 2015 : 第3章）。

こうした歴史学の思考は、社会学が歴史を扱う際にも共通するでしょう。実際、先述したスコチポルも、歴史社会学は「これまでも常に社会学の一重心をなしてきた一連の学際的試み」であり、「過去の時空間の探求であってもよいし、現在に至り、現在を貫くような時系列的変化過程の探求であってもよい」ものだと述べています（Skocpol 1984b＝1995 : 332–333）。

ただ、歴史記述は場合によって「偽史」的なものになる危うさも秘めています。フェイクニュースが話題になり、「ポスト・トゥルース」の時代とも呼ばれる現代において、その危険性はより顕在化しているかもしれません。

そうしたとき、複数の資料（一次資料と二次資料）を適切に組み合わせるとともに、場合によっては、他のデータ（例えば、インタビューや参与観察などの質的調査に基づくデータや、質問紙を用いた量的調査によるデータ）とも突き合わせることで、歴史の（連続と変化の）記述の妥当性を担保できるでしょう。「歴史的な技術あるいは資料は、社会的世界に関する資料を収集する方法および分析するために用いられる他の方法とも容易に結びつきうる」(ibid : 332-333) という言明がそのことを示しています。

歴史人類学とアクターネットワーク理論

最後に付け加えとして、趣味の歴史研究をめぐる今度の展望について検討しておきましょう。そこには、社会学の隣接分野として合わせ鏡のように展開してきた人類学の考え方が関わります。

もともと近代初期の文化人類学は、19 世紀の欧米で支配的な枠組みであった進化論的な発想が主流でした。その後、20 世紀初頭には、B.K.マリノフスキらによって長期フィールドワークに基づく個別地域の集中的研究という方法論が確立されました。しかし、その後こうしたスタイルは、進化論的な人類学に対する反動として、共時的で非歴史的な性質を帯びることになりました。

そうした脱歴史性の批判から出てきたのが「歴史人類学」です。歴史人類学は、植民地支配の歴史をはじめとする調査地の歴史を視野に入れてました。その研究成果により、それまで不変の「伝統的慣習」と思われていたものが、実は植民地主義を含む歴史のもつれ合いの産物であることが明らかになったのです（里見 2018 : 137-140）。

このように、文化や社会を動的で可変的なものとして捉え直す視座は、これまで見てきた歴史社会学やメディア史と共通しています。ただ、歴史人類学のその後の展開は、社会学ではいまだ一般化していない部分を含んでいます。それは、「社会・文化」と「自然」との交錯です。1990年代以降、人類学の多くの研究に影響を与えていったアクターネットワーク理論（以下、ANT）では、人間とモノ（非人間）を区別せず、その両方からなるアクターが形成する（あるいは、アクターがそれによって形成される）ネットワークによって、特定の現象がどのように可能になっているのかを説明しています。

趣味のアルケオロジーの先へ

自文化／他文化の枠を取り払うことで社会集団を相対化してきた人類学は、その後、現在／過去のゆらぎに注目することで時間軸での相対化の術を獲得し、さらに今日では、ATNによって人／モノの壁を無化することで、その文化の相対化は究極的なところまで来ています。

こうした視点は、今後は社会学にも導入されていくのではないでしょうか。そうなると、趣味実践の捉え方も変わっていくに違いありません。例えば、アウトドアで体を動かすことは木々や地面の状態、天気などの自然と不可分な実践であるし、インドアな趣味は部屋の空間的特性やそこに置かれた物理的なモノと密接に関係しています。

この第Ⅲ部に収められた二つの論文でも、フットサルをめぐる空間（特に、都市空間とフットサルコートのアーキテクチャ）や、たまごっちの物質性（特に、キーホルダー型であるという物理的特徴によるモバイル性）がある程度は言及されています。上記のような人類学の流れを考えても、こうした点は、趣味実践の社会学でもより重要な論点になってくるでしょう。モノや自然と混ざり合った実践の理解と記述は、本書に続く、新たな「趣味のアルケオロジー」の課題です。

（松井広志）

参考文献

飯田豊 2016『テレビが見世物だったころ――初期テレビジョンの考古学』青弓社。
伊藤守・毛利嘉孝編 2014『アフター・テレビジョン・スタディーズ』せりか書房。
太田純貴 2015「編訳者解説」『メディア考古学』NTT出版、308-316。

小澤考人 2015「カルチュラル・スタディーズ」渡辺潤編『レジャー・スタディーズ』世界思想社。

佐藤卓己 2013「メディア史の可能性」『ヒューマン・コミュニケーション研究』41 (0) : 5-15。

佐藤卓己編 2015『青年と雑誌の黄金時代』岩波書店。

里見龍樹 2018「「歴史」と「自然」の間で――現代の人類学理論への一軌跡」『21 世紀の文化人類学』新曜社、133-186。

慎改康之 2018『フーコーの言説――〈自分自身〉であり続けないために』筑摩書房。

神野由紀・辻泉・飯田豊編 2019『趣味とジェンダー――〈手作り〉と〈自作〉の近代』青弓社。

保城広至 2015『歴史から理論を想像する方法――社会科学と歴史学を統合する』勁草書房。

松井広志 2017『模型のメディア論――時空間を媒介する「モノ」』青弓社。

Carr, E.H. 1961 *What is History ?*, Macmillan.（清水幾太郎訳『歴史とは何か』岩波書店、1962 年）

Foucault, M. 1969 *L'Archeologie du Savoir*, Galimard.（慎改康之訳『知の考古学』河出文庫、2012 年）

Gold thorpe, J. H. 1991"The Use of History in Sociology : Reflections on Some Recent Tendercies," British Jornal of Sociology, 42-2.

Hebdige, D., 1979 *Subculture : the Meaning of Style*, Methuen.（山口淑子訳『サブカルチャー――スタイルの意味するもの』未來社、1986 年）

Huhtamo, E. 1995 "Ehcapsulated Bodies in Motion : Simulators and the Quast for Total Immersion". in Simon Penny ed. *Critical Issues in Electronic Media*, State University of New York Press,159-186.（堀潤之訳「カプセル化された動く身体――シュミレーターと完全な没入の探求」NTT 出版、2005 年、75-84）

Huhtamo, E. 2011 *Media Archaeology : Approaches, Applications, and Implications*, University of California Press.（太田純貴訳『メディア考古学』NTT 出版、2015 年）

Huizinga, J. 1938 *Homo Ludens : Proeve eener bepaling van het spel-element der cultuur*, Wolters-Noordhoff cop.（高橋英夫訳『ホモ・ルーデンス』中央公論社、1973 年）

Skocpol, T. 1984 a "Sociology's Historical Imagination," in *Vision and Method in Histrical Sociology*, Cambridge University Press.（小田中直樹訳「社会学の歴史的想像力」『歴史社会学の構想と戦略』木鐸社、1995 年）

Skocpol, T. 1984 b "Emerging Agendas and Recurrent Strategies," in *Vision and Method in Histrical Sociology*, Cambridge University Press.（小田中直樹訳「歴史社会学における研究計画の新生と戦略の回帰」『歴史社会学の構想と戦略』木鐸社、1995 年）

Silverstone,R. and E. Hirsch eds. 1992 *Consuming Technologies : Media and Information in Domestic Space*, Routledge.

Weber, M. 1920 *Die protestantische Ethik und der 'Geist' des Kapitalismus*, Mohr Slebeck.（大塚久雄訳『プロテスタンティズムの倫理と資本主義の精神』岩波書店、1989 年）

第7章

個人参加型フットサル

「おひとりさま」で行うチームスポーツの規範

佐藤彰宣

1　趣味としての「個サル」

「おひとりさま」で楽しむチームスポーツ？

大阪市内のフットサルコート。所定の開始時間になると、コートにはその日の参加者がぞろぞろと集まり円形になる。スタッフからの簡単な注意事項の説明のあと、すぐに「1、2、3……」と順に番号を言ってチームが決まる。「それでは1番と2番のチームから始めます」というスタッフの呼びかけとともに、早速ゲームが始まり、あとは1時間ないし2時間ひたすらゲームを行う。都市部のフットサルコートを中心によくみられる「個サル」の風景である。

「個サル」とは、個人参加型フットサルのことである。フットサルは現在、日本の中で若者（とりわけ「20代の男性」[(1)]）を中心に楽しまれているスポーツのひとつだが、その参与形態として本章で注目したいのが、個人でフットサルに参加する「個サル」である。「個サル」そのものはこれまでも各地のフットサルコートの多くで実施されてきたが、近年では都会で楽しまれる「エンタメ」やライフスタイルの一環としても扱われるようになりつつある。

例えば、2017年刊行の『東京ウォーカー』のムック版『おひとりさま専用ウォーカー』では、「チームに属さぬ“個サル”で気軽にフットサル体験」は、「ひとりでしたいこと」のひとつに紹介される（図7-1）。同年に刊行された『男の隠れ家 別冊おひとり様のすすめ』においても、「いま、個人参加型サッカーがアツい」としてスポーツクラブで提供されているフットサルと

図 7-1　『おひとりさま専用ウォーカー』

出所）『おひとりさま専用ウォーカー』KADOKAWA、2017 年、12 頁

同種の「アクションサッカー」が取り上げられている。『関西ウォーカー』(2018 年 5 号) の特集「おひとり様だから楽しい 44 のこと！」でもまた、「好きな時にひとりで参加してゲームを楽しめる個人参加型フットサル“個サル”が人気！」という記事がみられる。このように、現在「個サル」は、カラオケやキャンプなどと同様に「おひとりさま」で楽しむ趣味として認識され始めているのだ。

だが、そもそもチームスポーツであるはずのフットサルに「個人で参加する」とは、どういうことだろうか。言い換えれば、いかにしてチームスポーツであるはずのフットサルへの関わり方において、個人参加という形態が選び取られるようになったのか。そこから、現代社会における趣味実践の特徴（スポーツの社会的な位置づけや、他者との関係性など）が見えてくるのかもしれない。(2)

本章では「個サル」の実践がいかにして成立したのか、そこにどのような意味や価値が付与されてきたのかを検討したい。

スポーツ＝「つながり」？

見知らぬ者同士が集まって、ひとつのボールを追いかける。その様子に、社会学に関心のある読者なら社会関係資本や趣味縁の議論をすぐに想起するかもしれない。これまでの社会学のなかでは、スポーツなどの趣味を通して築かれる「つながり」や「連帯」に関心が寄せられてきた。

社会関係資本は、人々のつながりとそれが生み出す社会的な効用を指す概念で、R・パットナムなどの研究で知られる。パットナムは、アメリカにおける公共性を担保する社会的な条件について検討している（Putnam 2000＝2006）。その際、社会関係資本に注目し、インフォーマルな人間関係を重視する結束型と、地位や属性を超えたネットワークとしての橋渡し型に分類した。『孤独なボウリング』というタイトルでも触れられている、ボウリングのような趣味を通じて築かれる地域コミュニティこそが、かつてのアメリカ社会のなかで「互酬性と信頼性の規範」を生み出していたと論じた。すなわち、パットナムは橋渡し型の社会関係資本として説明される、趣味を通して異質な他者と関わる機会に注目し、それが減少していく過程をアメリカ社会の変動との関わりで分析している。

日本社会におけるコミュニティ形成については、例えば天野正子の研究などが挙げられよう（天野 2005）。天野は、戦後の日本社会に出現したサークルのような「つきあい」のあり方の歴史的変化を明らかにしている。天野は、サークルの性格を「目的志向性」と「親睦性」などの視座から分析し、高度成長期を経て1980年代の消費社会化の到来によって、目的志向型サークルから脱力型サークルへ移行していったことを指摘している。浅野智彦も、先のパットナムらの社会関係資本の議論を参照したうえで「趣味縁」という概念を提起しながら、身近な友人を重視する若者の地元志向のなかで、趣味を介して「徒党を組む」＝公共性の可能性を論じている（浅野 2011）。趣味縁や社会関係資本に関する文化史として、労働者たちの音楽鑑賞団体である「労音」を対象に、趣味を通じた人々の「つながり」とその文化的メカニズムを読み解いた長﨑励朗の研究も重要である（長﨑 2013）。

こうした趣味を通じた「つながり」や「連帯」という議論との関わりのなかで、スポーツ社会学や地域社会学、都市社会学などの領域でも、趣味とそれを可能にする集団や空間についての研究が盛んに行われてきた(3)。特に「無縁社会」や「孤立」などが社会問題として取り上げられる現代の日本においては、こうした社会関係資本や趣味縁の議論は訴求力を持ってきたといえよう。実際、フットサルにも後述するように社会的な「つながり」を担保する趣味としての期待が寄せられている。

しかし、「個サル」は必ずしも「つながり」だけを目的になされるものとは言い切れない面がある。冒頭で紹介したように、現在「個サル」は、「おひとりさま」だからこそ「気軽に楽しめる」ものとしての側面が強調されているのである。ともすれば異質な他者とのつながりを断念（ときに回避）しながらも、スポーツを楽しみたいようにも見える「個人参加」のあり方がそこには浮かび上がる。もちろん、完全に「おひとりさま」でいようとするなら、ジョギングやサイクリング、あるいはフィットネスジムでのトレーニングなど、個人で完結できるスポーツを選択することもできよう。新倉貴仁は、「皇居ラン」のあり様を、現代社会における都市と個人の身体という視点から鋭く指摘している（新倉 2015）。実際、「個サル」にはランニングやフィットネスなど都市でのライフスタイルに沿ったスポーツ実践と沿う向きもあろう。

「個サル」には、そうした個人で完結するスポーツと一定重なる面はありつつも、それでいて本質的には個人のみでは完結できないチームスポーツとしての性格がある。つまり一方で「おひとりさま」として参与しながらも、他方でチームスポーツとして他者との関係性が「個サル」では必然的に求められる。だからこそそこには、個人参加という形態独自の「楽しみ」と、それを成り立たせる規範や秩序が存在しているはずである。[4]

以下では、現代社会における「個サル」という社会空間が、いかにして成立しているのかを検討していく。「個サル」の成立要件を問ううえで、まず第２節では、フットサルが日本社会のなかでどのようにして普及していったのかを歴史的に概観する。そのうえで、続く第３節において都市空間のなかでのフットサルがいかなる意味を持つようになったのかを確認する。さらに第４節では、「個サル」の特徴とその規範を分析する。

2　フットサルの来歴

積雪地域で生まれた「ミニサッカー」

日本におけるフットサルの由来は、1950年代に行われるようになった「ミニサッカー」にまでさかのぼることができる。現在ではフットサルといえば都市部で若者が楽しむ「カジュアルなニュースポーツ」といったイメージがあるが、それとは裏腹に日本のフットサルの源流となる「ミニサッカー」は、実は地方部で積極的に行われていたのである。

ミニサッカー発祥の舞台となったのは、北海道であった。降雪量の多い北海道では、冬の期間は屋外でサッカーを行うことが難しく、体育館などの「屋内でプレー可能なサッカーとしてミニサッカーが切望」された（松崎・須田 2012:10)。1956年には、札幌YMCA総主事だった海老澤義道が南米から「サロンフットボール」(南米発祥の室内でプレーするサッカー）を持ち帰り、北海道のサッカー関係者に紹介する(5)。その後1975年に札幌大学の柴田勗らが「日本サロンフットボール普及会」を設立し、翌年に「日本サロンフットボール協会」へと至る。こうした動向を受け、1977年には日本サッカー協会の傘下に「日本ミニサッカー連盟」が立ち上げられる。以降、小中学生を中心に「ミニサッカー大会」が各地で開催されるようになった。

「ミニサッカー」はその名の通り、サッカーのミニチュア版で、主要な担い手も小中学生であった。具体的には、地域のスポーツ少年団、学校体育、部活動などを中心に行われ、降雪対策の練習方法や習い事・教育の一環として位置づけられた。そのため、「ミニサッカー」は「子供」にとってのサッカーの「入門競技」で、大人の趣味としては認識されていなかった（鍋島 1981)。言い換えれば「ミニサッカー」はあくまでサッカーの代替手段であり、それ独自の価値や意味が十分に見出されていたわけではない。同時に、少なくとも降雪地帯に由来する「ミニサッカー」として行われていた時点では、そこに「都市の文化」というイメージは付随してなかった(6)。

このように地域社会を主として、スポーツ少年団や部活動といった集団単位で行われていた状況のなかでは、見知らぬ者同士による「個人参加型フットサル」という様式は成立しえないものであった。

「フットサル」の誕生とサッカーブーム

フットサルが普及する転機となったのは、それまで世界各地でさまざまな形で行われていた少人数で行うサッカーのルールが統一され、「フットサル」という呼称が出来上がったことであった。同時に、それは「個サル」という参与形態が生まれる遠因ともなった。

先述した日本の「ミニサッカー」のモデルとなったのは、南米で生まれた「サロンフットボール」である。サロンフットボールは、1930年代にウルグアイで考案された5人制サッカーであり、その後南米全体へ広がり、1961年には世界サロンフットボール連盟（FIFUSA）が設立された（北川編 2000:492-493）。弾まないボールを使用するサロンフットボールに対して、その一方で、ヨーロッパでは普通のサッカーボールを使用し、壁面の跳ね返りも利用できる「インドアサッカー」が普及していった。こうして各地でそれぞれ独自の少人数制サッカーが行われる状況のなかで、FIFA（国際サッカー協会）が1988年に独自のルールを作り、1994年に「FUTSUL（フットサル）」という名称を定め、競技規則を統一化していった（松崎 2015:1234）。

折しも日本では、1993年に開幕したＪリーグブームの影響で、サッカーへの関心が高まっていた時期でもあった。フットサルには、人数やコートの面で気軽に行うことができる「ミニサッカー」としての期待が寄せられていく。そうした状況のなかで、施設の面では、公共の体育館だけでなく、民間のフットサル用コート（人工芝）が1994年ごろから作られようになる。例えば、栃木県足利市内のスポーツ施設が「サッカーブームが過熱している半面、グラウンドやメンバーが足りないのが悩みの種になっている。五人制のミニサッカーは将来、有望だ」と（『朝日新聞』1994年5月21日）、既存のテニスコートをつぶして、フットサルコートを建設する様子がみられる[(7)]。このように、当時のフットサルを取り上げた記事のなかでは、とりわけ施設面でのテニスコートからフットサルコートへの転用が強調された[(8)]。

施設について興味深いのは、当初はフットサルコートが郊外のリゾート地を中心に設置されていたという点である。これらの記事では単なるフットサルの紹介のみならず、「話題の新たなスポーツが楽しめるリゾート地」としての広告的含意を見て取ることができる(9)。フットサルは降雪地帯で行われる小中学生向けの「ミニサッカー」から、郊外のリゾート地で楽しまれる「新たなスポーツ」へと性格を変えていった。

コミュニティスポーツとしての期待

1993年のJリーグ開幕は、日本においては戦後長らくマイナースポーツとしての地位にあったサッカーへの関心を大きく高めるきっかけとなった。Jリーグブームに沸く1990年代の日本社会のなかで、フットサルはサッカーを「気軽に楽しめる」ものとして普及していく。

> “サッカーをやりたい”と思いたった時に、まず頭に浮かぶのが、場所、コートの問題だ。一般のサッカー専用コートは、それほど数がない上に、公共のグラウンドを取るために2、3ヵ月も前から予約を入れなければならない。そして、抽選にもれたり、せっかく予約が取れても当日になって人数が集まらなかったりする。そのような、サッカーをする時のデメリットを、様々な面でフォローしているのが、フットサルだ。1チーム5人でゲームができるし、女性が入っても、体力差、経験差があっても、十分に楽しめる。一般のサッカーコート1面分の広さがあれば、フットサルコートなら8面を造ることができる。(『月刊体育施設』1995年12月号：92–93)

「身近」にかつ「手軽」にできるフットサルは、サッカーを行ううえで懸念材料であった「場所の問題」を緩和する存在とされた。こうした「気軽に楽しめる」というフットサルの特徴は、スポーツを通したコミュニティ形成としての「コミュニティスポーツ」への期待に接続されていった。当時、日本サッカー協会フットサル委員会委員長を務めていた榮隆男は、フットサルとは「本質的にはコミュニティスポーツ」であると論じる。

> 生涯スポーツ、ファミリースポーツ、レクリエーションスポーツとして、この競技をどう受け止め、育み、発展させていくか、今後は市町村単位での取り組みが非常に大切になってくるであろう。（榮 1996 : 72–73）

「コミュニティスポーツ」としての性格が強調される背後には、1990 年代における「総合型地域スポーツクラブ」というスポーツ政策の潮流がある。当時の文部省は、これまで行政や企業、学校に依存してきたスポーツのあり方を見直し、地域住民が主体的に参与するスポーツクラブのあり方としてドイツをモデルとした「総合型地域スポーツクラブ」を提唱した。そのなかではトップアスリートの「競技スポーツ」だけではなく、老若男女による「生涯スポーツ」の価値が掲げられた。ただしそこには、これまで行政が担っていたスポーツ実施にまつわる負担を、市民の「自助努力」によってまかなう新自由主義的思惑も含まれていたと指摘される（小林 2013）。

「地域密着」を掲げるＪリーグは、まさに「総合型地域スポーツクラブ」を理念として登場した。そこでは、スポーツによる「地域活性化」や「コミュニティ形成」が強調されたのである。1990 年代当時、スポーツ施設を主題とした雑誌『月刊体育施設』では、フットサル施設の取り組みが紹介されている。そのなかで、「老若男女を問わずに楽しむことができる種目」として、「フットサルをイベント種目とすることによって市民の関心を助長し、市民（特に小学生や親などを中心に）の地域コミュニティづくり促進の一役を担える」という声を紹介している（『月刊体育施設』1996 年 3 月号 : 74）。

こうして 1990 年代「気軽に楽しむことができるスポーツ」と位置づけられたフットサルには、当時のスポーツ政策との関係のなかで、「地域のコミュニティ形成」としての役割が期待されるようになる。

3　ファッション性の獲得

都市空間への流入

しかし、2000年代に入ると「地域のコミュニティ形成」を掲げた協会や行政の意図とはやや離れた形でフットサルは普及していくことになる。フットサルは都市での若者文化としての様相を帯び始めていったのだ。具体的には、2002年に開催された日韓ワールドカップの盛り上がりのなかで、フットサル施設は郊外だけでなく、都心にも設置され始めた。例えば、フットサルを推奨する一般書（高井ジロル『アラフォー×フットサル――ひとりで始める、チームで続ける』第三書館、2012年）のなかでは、都心部において増加するフットサルコートについて以下のようにその印象が述べられている。

> 立地場所の点で見れば、都心部型か郊外型に大別できます。都心部型は東京なら渋谷東横店屋上のアディダスフットサルパーク渋谷や、日比谷シティのMIYAMOTO FUTSUL PARKなど。いずれも仕事帰りに寄りやすい一等地に、限られたスペースをやりくりしてコートを設けています。東京以外でも、横浜、名古屋、岡山、福岡、札幌…と地方の大都市でも、都心部の屋上フットサルコートは増えています。デパートの屋上といえば、アラフォー世代が子供の頃は遊園地スペースでしたが、最近ではフットサル場に様変わりしているのです。（高井2012:95）

フットサルを行う空間は、郊外の「遊休地の活用策」から、都心の「デパートの屋上やアミューズメント施設への併設」へと中心地を移していった（『月刊体育施設』2008年10月号：19）。その典型は、渋谷や池袋などにコートを構える「アディダスフットボールパーク」である（図7-2）。

日韓ワールドカップ開催を控えた2001年頃より、東急電鉄がアディダスと提携し、東京や神奈川の都市部に「アディダスフットボールパーク」を開設していった。2001年7月渋谷駅に隣接する東急百貨店東横店西館屋上に

図7-2　アディダスフットボールパーク渋谷（現在は移転）

出所）アディダスフットサルパーク渋谷のフェイスブックページより（https://www.facebook.com/adidasfutsalpark.shibuya/photos/a.1093531887329199/1848268485188865/）

オープンした「アディダスフットボールパーク渋谷」(2019年1月に渋谷ストリームへ移転）や、2009年10月に「摩天楼に浮かぶフットサルコート」として池袋近隣の家電量販店の屋上にオープンした「アディダスフットサルパーク池袋」などが代表例である。こうしてフットサルコートが繁華街のビル屋上に建設され、フットサルは都市空間のなかに流入していった。

アンチ近代スポーツ

さらに都市空間に入ってきたフットサルは、「ファッション性」や「若者文化」としての意味を獲得していった。フットサルのイメージについて、フットサルを推奨する上記の一般書のなかで以下のように語られている。

> フットサルにはどことなく若者のイメージがまとわりついているかもしれません。いってみれば、ストリート系のファッションを身にまとい、耳にピアスをつけた茶髪&ロンゲの10~20代の若者が、華麗なリフティング・テクニックを見せつけている感じ、とでもいいましょうか。当初はメディアの取り上げ方も、オシャレでスマートな若者たちが熱中するニュースポーツといった紹介が多かったように思います。(高井2012:3)

フットサルには「ストリート系のファッションを身にまとった若者」の「ニュースポーツ」としての印象が示されている。

それと同時にフットサルは、単なるサッカーの代替物としてではなく、独自の特徴を持つ「ニュースポーツ」として位置づけられていった。2000年に刊行された『ニュースポーツ用語事典』では、ボルダリングやウェーブスキーなどとともにフットサルも紹介されている。ここでいう「ニュースポーツ」とは、厳しい鍛錬や記録がつきまとう既存のスポーツとは異なり、「気軽さ」や「自由さ」を強調するオルタナティブなスポーツのあり方を指し、2000年代前後の日本のスポーツ界で紹介された。野々宮徹は、「ニュースポーツ」の源流は「アメリカ社会のカウンターカルチャーとしてのニューカルチャーの思潮にある」と指摘し、近代社会のなかで生まれた男性中心的な競争原理に基づく既存のスポーツ＝近代スポーツへのアンチテーゼこそが、「ニュースポーツ」を貫く思想であると説いている（野々宮 2000）。

フットサルが「ニュースポーツ」の特徴と完全に符合するわけではないが、少なくとも競争や鍛錬を重視する近代スポーツとは異なる価値を模索する点においては重なる面もある。この当時、フットサルを紹介する雑誌記事のなかでは、18歳の男子高校生が「部活動は嫌だが、サッカーをしたい」なかでフットサルと出会い、「上下関係もないし、ただサッカー好きが集まっているっていうのがいい」とその魅力を語っている（朴 2001）。

「オシャレで汚れないスポーツ」

2001年に設立された「gol.」などのフットサルブランドは、既存のサッカーブランドとは違って「ストリート系」のファッション要素を取り込んでいった。こうしたフットサルブランドのウエアなどのアイテムは、同時期に創刊されたフットサル専門誌の『フットサルマガジンピヴォ』（ムース出版、2000年創刊）や『フットサルナビ』（白夜書房、2004年創刊）にて、毎号ファッション誌のカタログのように紹介された（図7–3）。

近年のフットサル入門書（『おとな×ブカツ フットサル部』ベースボール・マガジン社、2014年）でも、「オシャレからだって楽しめる」として以下のよ

図 7-3 「真夏の個サルスタイル」

出所）『フットサルナビ』2017 年 9 月号、148-149 頁

うに、フットサルとファッションとの関係性に言及している。

> 「そこにある」ものを「着る」ではなく、「着る」ものを「お店などで選ぶ」。スポーツウエアもファッションやテーマで選ぶ時代です。好きなウエアをまとって、オシャレとフットサルの両方を楽しんじゃいましょう。（相根ほか 2014 : 37）

単にスポーツとしてフットサルに興じるだけでなく、「オシャレなウエア」を身にまといながらプレーすることが志向されている。

こうした「オシャレでスマートな」イメージとしてのファッション性は、とりわけ個人参加型フットサルの「気軽さ」を構成する重要な要素のひとつとなっている。既存のチームスポーツのように同一のユニフォームを着用してプレーする状況が、各人がバラバラな個人参加型フットサルではそもそも起こりえない。たとえコートのなかでチームを判別するためにビブスを身に付けたとしても、ビブスの下からのぞかせる各人のファッションは、後述するように「男性らしさ／女性らしさ」というジェンダー規範も絡まりながら自分自身がどのような参加者なのかを表象するアイテムとして機能している。

加えてフットサルというスポーツにファッション性が期待される要因には、フットサル自体がプレーされる場の空間的な特性も関わっている。フットサ

ルは通常、土のグラウンドではなく、室内や人工芝でプレーされるため、基本的に「汚れない」スポーツである。実際、フットサルの魅力として「泥まみれになったりする心配なし」ということが強調される。

> 運動したいけど、やっぱり汚れるのが嫌なので、外でのスポーツに抵抗あるという人も多いと思います。フットサルは室内、もしくは屋外であっても人工芝のコートで行うので、泥だらけになる心配はありません。帰宅後に汚れたウエアの洗濯で苦労して疲労が倍に…なんてこともないので安心してください。フットサルは女子に嬉しい、「汚れず、気軽に、気持ちよく汗がかけるスポーツ」です。(相根ほか 2014:20)

「汚れずに、気軽に」できるフットサルの志向は、先述した泥臭く、鍛錬を美徳としてきた近代スポーツ、あるいは従来の日本的なスポーツの価値観とは対照的なものである(10)。だからこそ、フットサルを行うことは何も特別なことではなく、「仕事が終わった後でも大丈夫」な、各個人のライフスタイルに沿った趣味となる。

> 夜10時頃まで営業しているフットサル場が多く、仕事後にひと汗かくために集まる人も増えてきています。今はボールやシューズだけでなく、ウエアのレンタルをしているフットサル場も多く、「手ぶらでフットサル」も可能になっているので、ジムで通う感覚で気軽に続けられるといわれています。(相根ほか 2014:26)

都市のライフスタイルに沿った、気軽でカジュアルなスポーツとして、フットサルはさまざまな媒体で提示される。ビジネス誌『日経ビジネスアソシエ』でも先述の「アディダスフットボールパーク渋谷」が紹介され、フットサルがランニングとともに「屋上や路上でアフターファイブにひと汗」かく「ビジネスパーソン」の「楽しみ」として紹介されている(『日経ビジネスアソシエ』2016年12月号:115)。

こうしてフットサルは、週末に郊外へ足を運んで楽しむ特別な非日常的体験から、都市空間のなかで「仕事帰りに」、言い換えればライフスタイルに沿った形で楽しまれる日常的な体験となる。現代のフットサルのあり様は、趣味と労働が二項対立の関係にあるのではなく、都市空間のなかで趣味と労働が溶け合う状況を象徴している。

4 「個サル」の規範

都市空間での「商品」

フットサルが都市空間のなかでライフスタイルに沿ったスポーツとしての意味を獲得していくなかで、「個人参加」という形態が登場する。個人参加型フットサルは、フットサル専門誌では「個サルは日常のなかのアクセント」と語られ（『フットサル Life』2007 年 2 号：79）、フットサルの入門書でも都市空間のライフスタイルに即した「手軽」なスポーツとして提示される。

> 仕事帰りや休日など、自分がやりたいときにフットサル場に行けば個人参加でプレーできる個サル（個人フットサル）もある。誰もが手軽にプレーできて、ストレス解消にもつながることが、フットサル最大の魅力だ。（中村監修 2014：8）[(11)]

個人参加型フットサルは、都市空間でのフットサルコートの設置・建設数の拡大と軌を一にする形で急速に広がっていった。実際、日本フットサル施設連盟・事務局長の川前真一によれば、2006 年時点で全国に 529 カ所あるフットサルコートの「すべてが個サルを開催」するようになった（『フットサル Life』2007 年 2 号：79）。フットサルコートを運営する施設側にとって、空いた時間を活用する有効手段として見出されたのが、個人参加型フットサルであった。

個人参加型フットサルは、他者との関係性に注目すると二つのタイプに分類することができる。ここではひとまず「草の根型個人参加」および「商品型個人参加」と呼びたい。

まず草の根型個人参加は、既存のチームがインターネットの「LaBOLA FUTSAL」などのメンバー募集サイトを通じてプレーヤーを募集し、それを目にした個人が参加するものである。もともと職場や学校などでの既存の人間関係をもとに作られたチームがメンバー不足を補うために、外部からプレーの場を探す個人を呼びかける。こうした参与形態は必ずしもフットサル固有の、あるいは現代特有のものではなく、以前より「草サッカー」や「ママさんバレーボール」のチームが、雑誌の読者欄などでメンバー募集することにより行われていたものである。その意味で、戦後のサークル文化の流れをくむものとしてみることもできよう。

ただしそこでは、メンバー・時間・空間・費用を調整する負担がともなう。すなわちフットサルができるメンバー同士で日程を合わせて、コートを予約し、利用料をカンパすることが求められる。その意味で、コート外での他者との関係性が欠かせないものとなってくる。だからこそ他者同士が出会う「趣味縁」としてのきっかけを見出すことも可能である。だがその一方で、すでにチームのなかでの人間関係ができあがっているなかに、外部から個人が飛び込む分、気軽に参加しづらい面もある。

それに対して、商品型個人参加は、フットサルコートを運営する側（民間企業）が提供するプログラムを指す。平日の夜や土日の日中を中心に開催され、利用者は1時間～2時間で1500円前後の料金を払って参加するものである。例えば、大阪市内のフットサルコートでは、以下のように「個サル」プログラムが紹介されている。

> 「個サル」とは「個人参加型フットサル」の略称です。その日に集まったメンバーでフットサルを楽しみます。これからフットサルを始めようと思っている方、チームには所属していないがフットサルを楽しみたい方、チームでの集まりが少なく物足りない方などにお勧めです。そのほかに、最近運動不足解消やダイエットを考えている方にも、ピッタリのプログラムです。クラスによって、レベルや内容が異なりますので、ご

自身にあったクラスをお選びください。お一人で、またはお友達とご一緒にと、お気軽にご参加ください！（「多目的フットサルコートキャプテン翼スタジアム「個サル」とは」）

本章冒頭に紹介した「おひとりさま」のフットサル体験は、まさにこの商品型個人参加」タイプに当てはまる。本来、フットサルというチームスポーツを行ううえで必要なメンバー・時間・空間・費用の調整コストを、利用者は商品として購入するのである。それによって、利用者はボールを蹴ることだけに専念することができる。

ただし、商品型個人参加には都市と地方の間での偏差も生じている。利用者が多い都市部のフットサルコートでは、週に何度も開催され、まさしく利用者個人の「ライフスタイル」に沿った形で参加できる。上記の大阪市内の中心部にあるフットサルコートでは、平日の午後から夜にかけて4件、休日には午前9時スタートのものから午後9時スタートのものまで実に10件ものプログラムが提供されている。だが一方で、地方や郊外のフットサルコートでは、十分に個人参加の利用者が確保できないため、サービス型は縮小傾向にあり、プログラムとして提供していないコートも出てきている[(12)]。そもそも都市と地方ではフットサル施設の数に大きな開きがあり、地方においてはフットサルを行うための施設そのものが限られている（長沼編 2012）（表7-1）。

商品型個人参加の都市と地方の間での偏差ゆえに、地方でフットサルを始めたいと思う者は、ほとんどインターネットで既存のチームを探して参加する「草の根型」を選択するしかない。裏を返せば、「おひとりさま」のフットサル体験は都市空間でしか成立しえないものとなっている。

個人のままでプレーするための環境設定

商品型個人参加は、さらにプログラムの内容によってゲーム型とレッスン型の2種類に分類することができる。

前者のゲーム型個人参加は、当日集まったメンバー同士が即席で試合を行

表７-１　都道府県別フットサル施設数の上位・下位５位（2012年時点）

都道府県	施設数	面数	都道府県	施設数	面数
東京都	109	232	宮崎県	1	1
埼玉県	75	186	鳥取県	1	1
神奈川県	75	184	秋田県	1	2
大阪府	56	121	島根県	1	2
愛知県	49	109	佐賀県	1	2

出所）長沼編 2012：16 をもとに筆者作成。

うプログラムである。冒頭で紹介した、集合した後にすぐにチーム分けを行い、２時間ひたすら試合を行うような内容が典型である。

一方で、後者のレッスン型個人参加は、フットサルコートのスタッフ指導による練習中心のメニューである。従来のテニス・レッスンや卓球教室など市民向けスポーツ教室に位置づくものといえよう。「習い事」という面からいえば、大半のフットサルコートでは夕方に少年向けのサッカースクールとして開催している(13)。

ただ初心者向けのレッスン型に対して、ゲーム型は初心者から上級者まで参加者のレベルもさまざまであり、多くのフットサルコートではゲーム型のプログラムが主として開催されている。そのため、個人参加プログラムの紹介文も単に「一緒にプレーするメンバーが集まらない方へ」だけでなく、「フットサルデビュー」、「所属チームがあっての自主トレーニング」、「健康・ダイエットのため」など多様なニーズを想定されたものとなっており、利用者個々の参加目的もおそらくさまざまであることが見受けられる。

まず、集まった人たちでチーム分けをします。それからキックオフ。いたって簡単です。友達同士で参加しても、ランダムにチーム分けをするので、顔を合わせてからたった５分でいきなりチームメイトになってしまいます。〔……〕いざ試合がはじまってみると、最初はお互いの顔色をうかがいながらのプレーとなってしまいます。それに自分がミスすると申し訳ない気持ちでいっぱいになって、変な汗をかくことも…。でも、

この独特の緊張感がたまらないという人も多いはずです。（田中 2005：79）

参加者は通い続けて常連になるうちに、顔なじみの関係になることもあるが、自己紹介の機会も基本的になく、匿名のままでプレーする。また上述のように、友人２、３人のグループで参加するケースもあるが、そこでも内輪の友人関係で楽しむ。そのため他者とパスは回しても、言葉を交わす機会は極めて限定的である。そもそも参加者同士のコミュニケーションを図ることが、プログラムに組み込まれているわけでもない[(14)]。

もちろんパットナムが取り上げたリーグボウリングや、浅野智彦が提示する若者たちの趣味集団のような恒常的な「つきあい」に発展する可能性が閉ざされているわけではない。パットナムや浅野は他者同士が集まって、対面状況のなかでコミュニケーションを取ることに「新たな公共性」が生まれる契機をみているが、個人参加型フットサルにおいても交流の機会を積極的にプログラム内に取り入れることで「出会い」を創出することは可能であろう。現実に東京や大阪の大規模なフットサルコートでは、「就活フットサル」や「街コンフットサル」、「婚活フットサル」といった「出会い」を目的とした企画イベントも一部開催されている。

だがその一方で、通常のプログラムでは一期一会的な関係で終わることがしばしばである。実際、ゲーム型の個人参加ではコートの内外でのコミュニケーションは掛け声にとどまり、それ以上は他者に干渉せぬよう無関心を装うことが暗黙の了解となっている。

ここに商品型個人参加ゆえに生じる人間関係の「気軽さ」が見えてくる。商品型個人参加では、他者との交流がなければ成立しないはずのチームスポーツを、匿名を保った個人のままで参加することができるように、最適化された環境が設定されているのである[(15)]。

自己アイデンティティの査定と管理

個人に最適化されたプレー環境を作り上げるうえで、各フットサルコートには特有の「決まり」がある。それは、フットサルコートの施設を運営する側が設定し、プレーヤーの間で緩やかに共有されている規範である。例えば、「キャプテン翼スタジアム」のHP上では「個サル」の参加者に対して、申し込む際に注意書きを提示している（表7–2）。開催当日も集合時の諸注意としてもあらためてアナウンスがなされる。

興味深いのは、スライディングや強いシュートなどのプレー内容に関する制限のみならず、「プレー中の過度な指示、発言」といったようにコミュニケーションの取り方にも一定の制約が課されている点にある。というのも、従来の近代スポーツ的価値の前提にある勝利のために全力を尽くす行為は、「気軽さ」を重視する個人参加のなかでは、むしろ周囲から疎まれるような、ある種の逸脱的なものとみなされるのである。

こうした取り決めは、「個サル」の「快適さ」や「楽しさ」を成り立たせるための独特の秩序であり、ライフスタイルに沿って気軽に楽しめるスポーツとなったフットサルのなかで一定、共有された文化といえるものである。

さらにいえば、上記に「各カテゴリーにより、強度は多少異なります」とあるように、各個人にそれぞれ「快適な楽しみ」を担保するうえで設定されているのが、クラス分けである。具体的には、年齢・性別・技量・志向に応じて、「エンジョイ」や「オープン」など独自の用語によってクラス分けが

表7–2　「個サル」参加にあたっての注意事項

〇また「個サル」を皆様に快適に楽しんでいただくため、下記をお守りください。
・球際、接触プレーが激しくならない
・スライディングタックル、ショルダータックル等、激しいチャージは禁止
・強いシュートではなく、コースを狙って打つ
・プレー中の過度な指示、発言
以上の４点とマナーを守って、みんなで楽しく蹴りましょう！！
※フットサルの競技ルール上、ノーファールの場合でも、注意、改善のお願いをさせていただく事があります。
※各カテゴリーにより、強度は多少異なります。
※著しくマナーを守れない方は、利用中であってもプレーを中止いただく場合や今後、弊施設のご利用をお断りさせていただく場合があります。

出所）多目的フットサルコートキャプテン翼スタジアムHP　「個サル」とは（https://tsubasa-stadium.com/shin-osaka/individual）

■…個サル　【E】エンジョイ…楽しく蹴りたいあなたに
【BG】ビギナーゲーム‥初心者メインでミスや失敗も気にせず蹴りたいあなたに
【O】オープン…比較的高いレベルでプレーしたいあなたに
【O－●】オーバー●…同世代で楽しみたいあなたに（男性は年齢利限あり）Ex. オーバー 35→35 歳以上
【1 h●】1 時間試合形式…2 時間は体力的に持たないあなたに　Ex.1 hE→エンジョイクラスの 1 時間プログラム
【LB】レディースビギナー…女性のみで蹴って上達をしたいあなたに
【B】ビギナー…フットサルを上達させたいあなたへ（練習つき）

図 7–4 「個サル」のクラス

出所）多目的フットサルコートキャプテン翼スタジアム HP 「個サル」とは（https://tsubasa-stadium.com/shin-osaka/individual）

なされている（図 7–4）。

「初心者メインでミスや失敗も気にせず蹴りたい」対象とする「ビギナーゲーム」と、それに対して「比較的高いレベルでプレーしたい」向けの「オープン」、そして「楽しく蹴りたい」「エンジョイ」といったように、個人参加の各プログラムにクラスが設定されている。

だが、そもそも「初心者」や「上級者」といった技量レベルを判別する客観的な基準があるわけではない。そのため参加者は、自らの技量や志向を自分自身で査定し、その査定をもとにクラスを選択する。そして、当日は各クラスに応じたふるまいが求められる。具体的には、即席で組むことになったチームのなかで、相互に互いのレベルを暗黙裡に読み合いながら、自分自身の役回りを演じていくこととなる。

フットサルはチームスポーツだが、個人参加ではチーム性を強調せず、その関係性はあくまで一時的なものに過ぎない。とはいえ「個人」だからといって、各々自由に、好き勝手にプレーできるわけでもない。「個人参加」であり、その関係性が一期一会的なものであるからこそ、つねに自分自身のアイデンティティを査定し、コート上での相互関係のなかで自らの役割を再定義しながらプレーを行う。このような一期一会ゆえに生じる秩序のなかで「個サル」の楽しみが見出されているのである。

「個サル」のジェンダー規範

男性中心主義の近代スポーツ的価値から離れ「気軽さ」を強調する現代のフットサルのあり方のなかでは、性別を問わず男女が一緒にプレーする機会が担保される。もちろん実際の参加者は相対的に男性が数としては大半を占めるが、男女が一緒にプレーする「ミックス」となることも多い。しかし、そうした空間のなかでも、男女が同じようにプレーするというよりは、暗黙のジェンダー規範のようなものが存在している。

フットサルの入門書では、「ミックスフットサルはここに気をつけよう」というマナーが提示されている（相根・長谷川監修 2014）。「ミックスフットサルは“男女の社交場”です。ちょっとした心がけや、プレー中の行動によって、好感度は大きく違ってくるもの」としたうえで、「こんな男子&女子は嫌われる」という典型例が示される。

「こんな男子は嫌われる」例としては、「ボクの分まで守っておくれ」と守備をしない「王様くん」や、「オラオラ系キャラ」として周りにパスを出さない「ドリブルくん」、そして独善的なプレーに終始して「理解不能！自称・天才」な「ファンタジスタくん」、周囲に配慮するこなく強いシュートや激しいスライディングを行う「マナー違反の豪快野郎」である「強シューくん」などである。

一方で「こんな女子は嫌われる」例としては、「女子のかわいい仕草」を過剰にアピールする「ぶりっ子ちゃん」や、対照的に「男子顔向けの豪快なプレー」を見せる「パワフルちゃん」が挙げられている（図 7–5）。「女子らしさ」を過剰に演じることも憚られるが、だからといって「男子顔向け」のふるまいをしても敬遠されてしまうという、アンビバレントな状況に置かれるのである。

個人参加型フットサルという社会空間は、各人がそれぞれに自己アイデンティティを査定し、そのクラスに相応しいふるまい方を相互作用のなかで演じつつ、しかもそこにはジェンダー規範も複雑に絡みながら成り立っている。

図 7-5 「こんな女子は嫌われるパターン」
出所）相根・長谷川監修 2014：108-109

5 「一期一会」をやり過ごす技法

このように個人参加型フットサルには、「おひとりさま」で「気軽」に参加するためのさまざまな規範や秩序が張り巡らされていることがわかる。

戦後初期に「ミニサッカー」として始まったフットサルは、降雪対策の練習方法や習い事の一環として文字通り簡易版のサッカーとして行われたものであった。だが、1990 年代以降、フットサルは都市空間に流入し、ライフスタイルに沿ったスポーツとしての価値が浮上するなかで、個人参加という形態が登場した。

歴史的な視点からみれば「気軽さ」が強調される個人参加型フットサルの姿は、煩わしい人間関係にとらわれず、純粋にボールを蹴る「楽しみ」を味わうための原点回帰のようにも映る。それは、スポーツに「コミュニティ」や「つながり」ばかりが期待されてきたがゆえに、かえって見えづらくなっていたスポーツそのものの「楽しみ」なのかもしれない。

しかし、そうした個人参加型フットサルの「楽しみ」は無条件にもたらされるものではない。そこには、個人参加型フットサル固有のアーキテクチャ（環境設定）が作動している。

アーキテクチャとはもともとは建築学の用語で、当事者本人に意識させないまま、一定の方向へとふるまい方を誘導する仕組みのことであるが、個人参加型フットサルでは本来チームスポーツを行ううえで欠かせないさまざまなメンバーと接触する他者性が、まさにプレー空間のアーキテクチャとして削がれている。それは参加者からすれば、見知らぬ者同士が遭遇する都市空間において他者との一定の距離感を保つ、いわば「一期一会」をうまくやり過ごす技法でもある。

他者との積極的な関わりを回避させるアーキテクチャや「一期一会」をやり過ごすための技法は、「気軽」にフットサルへ参加するために生まれたものである。だが、同時に実際の空間では絶えず周囲に気を配りながら、自分自身の役割やふるまい方を定義し、管理していかなければならない。そこには「気軽さ」を担保するために張り巡らされた規範とその技法によって、かえって自分自身のふるまい方が制限され、「気軽」ではなくなっていくという逆説的な状況もある[(16)]。

とはいえ、本章でみてきた「個サル」のあり方は、フットサルの多様な実践様式の一側面かもしれない。ここでは十分に論じきれなかったが、もちろん「個サル」の空間には、見知らぬ他者との「出会い」の場としての可能性も開かれている。

だが、その一方で今日においては、「おひとりさま」が強調されるように、むしろ他者との「つながり」をあえて期待しない趣味の形態にも関心が寄せられている。その意味で、「個サル」にみられるような、「コミュニケーションを取り過ぎないためのコミュニケーション」にも目を向けてもよいかもしれない。そこには、従来想定されていなかったような、趣味における新たな他者との関わり方があるように思われる。こうした「一期一会」をやり過ごす技法は、現代の都市空間のなかで趣味実践がどのように行われているのかを読み解くひとつの視点となろう。

注

（1）　文部科学省「体力・スポーツに関する世論調査」（2013年）において「この１年間

に行った運動」のなかで、「サッカー、フットサル（ブラインドサッカーを含む）」は全体では4.9％にとどまるが、20代の男性では30.4％と突出して高い。これは、「ボウリング」49.4％、「ウォーキング」39.2％、「ランニング」38.0％に次ぐ値となっている。（文部科学省 2013 : 142-144）

（2）「個サル」は、麻雀や囲碁などでの「フリー」（個人で来店し、居合わせた者同士で対局する形態）の発想と通じており、他の趣味文化の流れを汲むものである。実際、フットサル施設の経営資料において「個サル」は「古くからある囲碁・マージャン店」の「個人がフリーで来店しても、楽しむことができるというノウハウは流用できるだろう」とされている（長沼編 2012 : 55）。その意味で「個サル」の動向を検討することは、他者との関わりを必要とするインタラクティブな趣味実践のあり方を問うことにもつながろう。

（3）スポーツ社会学では、これまで農村社会学、地域社会学の知見をもとに生活者の視点から、松村（1993）などをはじめスポーツによる地域コミュニティの形成が論じられてきた。都市社会学においても、Borden（2001＝2006）や田中（2016）のようにスポーツと都市空間の関わりを鋭く問う研究なども出てきている。ただし、いずれの研究においても地域住民のコミュニティや若者グループなど一定の社会集団の存在を前提にしており、「個人」で参与するスポーツのあり方は視野の外に置かれてきたといえよう。

（4）個人参加型フットサルも、事前に申し込みさえすれば誰もが参加可能なフットサルコートや体育館という公共の場で行われるコミュニケーションのひとつであるといえよう。公共の空間で、知り合いでない者同士によって対面的に関わりながら生み出される秩序のメカニズムについては、Goffman（1963＝1980）がフィールドワークとともにエチケットに関する書物をもとに検討している。本章ではゴフマンの議論に示唆を得ながら、社会のなかで行われなれつつ、同時にスポーツとしての独自の内在的な規範を持つフットサルのなかで秩序や規範がどのようにして成立しているのかを、都市部のフットサルコート（東京都、大阪府、京都府、兵庫県、福岡県にある5ヵ所）での参与観察とあわせて、フットサルの入門書や雑誌で提示されるマナー等に基づき明らかにしていきたい。

（5）ただし、すでに「昭和10年代の日本にも6人制大会の記録が残っている」という賀川浩の指摘もある（賀川 2013 : 48）。

（6）その一方で、現在でも多くのフットサル場で開設されている「習い事」としての「フットサル教室」は、「ミニサッカー」の文脈の延長線上にあるといえよう。

（7）「5人制サッカー、緑の中でいかが　山梨のリゾート施設にフットサル場完成」（『読売新聞』1994年7月25日朝刊）や、「ミニサッカー専用コートが完成　足利で県内初　／栃木」（『朝日新聞』1994年5月21日朝刊）など。

（8）同上。これらの記事のなかでは、「整地済みのテニスコートからの転用なので、本来なら約三千万円かかるはずの工費が半額ですんだ」点や、「このうち約20％が、リゾート施設などのテニスコートからの転用。テニス人口の減少を背景に、転用はまだまだ増えると思う」といった事情が語られている。

（9）実際にスポーツ施設の設計・施工会社の広告では「テニススペースをフットサル

（ミニサッカー）へ」「小さなスペースで誰もがサッカーのだいご味を楽しめる」と宣伝されている（『月刊体育施設』1996年3月号：2）。

(10)　近代スポーツの理念や日本的なスポーツ観については、西山（2006）などに詳しい。

(11)　同欄では、「「個サル」の普及で1人でもプレーできる」「「体を動かしたいけど、周りに同じような思いの仲間がいないからなぁ」そんな悩みを持っている人も、フットサルなら大丈夫。多くのフットサル施設で「個人フットサル（通称、個サル）」を開催している。ボールを蹴りたい人たちを集めて、フットサルを楽しむ機会をつくる施設主催のサービスである。参加費は2時間で1000〜2000円ほど。もちろん、仲間と誘い合わせて参加してもOKだ」と紹介されている。

(12)　一例として、神戸市の郊外にある「すずらんフットサルパーク」では、「毎週火曜日に開催していた個人参加フットサルですが、定期的な開催はしばらく見送らせていただくことになりました」として、現在では施設側が提供する個人参加プログラムは行われていない。

(13)　フットサルコートで小中高生向けのサッカースクールを開講している、最大手の「クーバー・コーチング・ジャパン」は、「2013年2月時点では、幼稚園生から中学生まで約2万人の子どもたちを対象として全国100ヵ所以上でサッカースクールを開催」している。

(14)　ただし、大都市の大阪・東京の「個サル」と、それ以外の地域での「個サル」の性格はやや異なっている可能性もある。福岡県北九州市のあるフットサル施設における「個サル」では、パスを回しながら「ニックネーム」を互いに呼ばせるような練習プログラムなども実施され、常連同士のコミュニケーションが活発に行われている。大都市圏のフットサル施設とは対照的に、プログラムの前後においてコートの内外でも積極的に声を掛け合い、雑談を行うような関係性が醸成されている。地域の規模などを考慮・比較したうえでの「個サル」の実践を検討していくことが今後の作業としては必要となる。

(15)　フットサルコートが提供する商品型個人参加は、フットサルを個人でプレーしたい利用者にとって最適化された環境設定として機能している。「個人参加」を提唱したフットサルコートのマネージャーも「どうしても日本人は仲間に入れてもらうのを遠慮しがち。だったら、そういう場を設定してあげれば、みんな楽しめるんじゃないかな、と思って」と述べている（朴2001：12）。

(16)　個人参加型フットサルという参与形態とそこでの「楽しみ」は、あくまで都市空間だから成立する点にはやはり留意が必要であろう。個人参加型フットサルの実践は、そのフットサルコートが置かれた地域性に大きく依存している。端的にいえば、個人参加型フットサルは一定の人口がいないと成り立たない。フットサルを行おうとする参加者の母数が限られる地域においては、そこでの人間関係は「一期一会」にはならないためである。地方部においてフットサルを行う場合は、従来のチームスポーツと同じように、同質性の高いメンバーと恒常的なチームの関係を築いていくことが前提となるだろう。その意味でチームスポーツの実践を検討するにあたっては、地域性を加味しなければならない。

解　説

本章では、個人参加型フットサルを例に、現代社会におけるスポーツの楽しみ方について検討してきました。そのなかで、特に焦点となるのは他者との関わりです。現在、都市空間を中心に行われている個人参加型のフットサルでは、参加者は他者とどのような距離感のもとで、プレーしているのでしょうか。

従来の日本社会においては「コミュニティスポーツ」と呼ばれてきたように、スポーツにはコミュニティ形成の役割が期待されていました。都市化が進み、地域のつながりが希薄化していることが社会問題として叫ばれるなかで、スポーツによる「コミュニティ形成」が注目されてきたのです。

あるいは、これまでの日本社会のなかでスポーツを行う主要な場となってきた部活動においても、チームスポーツか否かにかかわらず、チームの結束を図るなかで、濃密な人間関係を築くことが前提とされてきました。

このようにスポーツが人間関係やコミュニティとは切っても切り離せないものとして考えられてきたなかで、個人参加型フットサルではむしろ他者との関係性は最低限にとどめられます。他者との関わりを最低限にとどめる環境づくり＝「アーキテクチャ」が取り入れられているのが、現在都市部で行われている個人参加型フットサルの大きな特徴です。ゲームをプレーすることに専念し、見知らぬ他者との距離感を一定に保つために最適化された運営の方法がそこにはあります。

都市空間における個人参加型フットサルの動向を読み解くにあたっては、ベリンダが提示した「ライフスタイルスポーツ」の議論（Belinda 2013＝2019）も補助線となるでしょう。2000年代前後に注目されるようになった「ニュースポーツ」との接点を本章では紹介しましたが、現在では「ライフスタイルスポーツ」として展開されています。その特徴は、参加者自身が自らの活動を、「スポーツ」（勝利や記憶を追い求める競技としてのスポーツ）よりも、「ライフスタイル」として意識しながら実践している点にあります。ここでいうライフスタイルとは、時間やお金を何にどのように費やすのか、また生活スタイルのなかで何をどのように位置づけるか、というような消費行動を指します。そうしたなかでスポーツの実践は、年齢、階級、ジェンダー、エスニシティなどの社会的な属性とも結びつきながら、社会空間のなかでの各人のアイデンティティをデザインするものとなっているのです。

ディスカッション

1．個人参加型フットサルの「楽しみ」とはどのようなものか。説明してみよう。
2．本章で紹介した個人参加型フットサル以外に、それぞれのスポーツでは私たちはどのようにして他者と関わっているだろうか。自分自身のスポーツ体験を振り返りながら、スポーツを行ううえでの他者の意味を考えてみよう。
3．スポーツはさまざまな環境で行われているが、それぞれの環境のなかではどのような秩序や規範があるのか。具体例を挙げながら説明してみよう。

参考文献

浅野智彦 2011『趣味縁からはじまる社会参加』岩波書店。

天野正子 2005『「つきあい」の戦後史――サークル・ネットワークの拓く地平』吉川弘文館。

賀川浩 2013「ボールを奪えば即、チャンス若さあふれる攻防の魅力」『サロン2002公開シンポジウム報告書（2012年版）「U-18フットサル」を語ろう！』サロン2002、48。

北川勇人編 2000『改訂ニュースポーツ事典』遊戯社。

小林勉 2013『地域活性化のポリティクス』中央大学出版社。

榮隆男 1996「本質的にはコミュニティスポーツ」『月刊体育施設』1996年3月号、72-73。

相根澄・長谷川ゆう監修 2014『おとな×ブカツ　フットサル部』ベースボール・マガジン社。

高井ジロル 2012『アラフォー×フットサル――ひとりで始める、チームで続ける』第三書館。

田中研之輔 2016『都市に刻む軌跡――スケートボーダーのエスノグラフィー』新曜社。

田中亮平 2005「個人フットサル体験レポート」『はじめてのフットサル』ネコ・パブリッシング、79。

長﨑励朗 2013『「つながり」の戦後文化誌――労音、そして宝塚、万博』河出書房新社。

長沼修二編 2012『フットサル施設の事業化・運営戦略実務資料集』総合ユニコム。

中村恭平監修 2014『ゼロから始める人のフットサルBOOK』成美堂出版。

鍋島和夫 1981「ミニサッカー①スポーツれっすん」『読売新聞』1981年7月9日東京夕刊。

新倉貴仁 2015「都市とスポーツ――皇居ランの生-政治」『季刊iichiko』126:83-96。

西山哲郎 2006『近代スポーツ文化とはなにか』世界思想社。

野々宮徹 2000『ニュースポーツ用語事典』遊戯社。

朴琴順 2001「フットサルで都会っぽくお友達　体育会でなく、いい感じの人間関係」『アエラ』2001年8月13日号、12。

松崎康弘・須田芳正 2012『フットサル教本　改訂版』大修館書店。

松崎康弘 2015「フットサル」中村敏雄ほか編『21世紀スポーツ大事典』大修館書店、1234。

松村和則 1993『地域づくりとスポーツの社会学』道和書院。

文部科学省 1993『体力・スポーツに関する世論調査（平成25年1月調査）』文部科学省スポーツ・青少年局スポーツ振興課。

Belinda Wheaton 2013 *The Cultural Politics of Lifestyle Sports*, Routledge（市井吉興ほか訳『サーフィン・スケートボード・パルクール――ライフスタイルスポーツの文化と政治』ナカニシヤ出版、2019年）

Borden, Iain（2001）*Skateboarding, Space and the City : Architecture and the Body*, Berg.（齋藤雅子ほか訳『スケートボーディング、空間、都市――身体と建築』新曜社、2006年）

Goffman, Erving 1963 *Behavior in Public Places : Notes on the Social Organization of Gatherings*, Free Press.（丸木恵祐ほか訳『集まりの構造』誠信書房、1980年）

Putnam, Rovert 2000 *Bowling Alone : The Collapse and Revival of American Community*, Simon & Schuster.（柴内康文訳『孤独なボウリング――米国コミュニティの崩壊と再生』柏書房、2006 年）

参考資料

・雑誌

『男の隠れ家 別冊おひとり様のすすめ』三栄書房、2017 年。
『おひとりさま専用ウォーカー』KADOKAWA、2017 年。
『関西ウォーカー』KADOKAWA、2018 年 5 号。
『月刊体育施設』体育施設出版、1995 年 12 月号。
『月刊体育施設』体育施設出版、1996 年 3 月号。
『月刊体育施設』体育施設出版、2008 年 10 月号。
『日経ビジネスアソシエ』日経 BP、2016 年 12 月号。
『フットサル Life』インデックス・コミュニケーションズ、2007 年 2 号。
『フットサルナビ』2017 年 9 月号。

・ウェブページ

「アディダスフットボールパーク池袋」（http://www.tokyu-sports.com/football/adidas-futsalpark/ikebukuro.html　最終閲覧日 2020 年 1 月 24 日）
「クーバー・コーチング」（https://www.coerver.co.jp/about/　最終閲覧日 2020 年 1 月 24 日）
「すずらんフットサルパーク」（http://www.suzuran-fp.jp/riyou.html　最終閲覧日 2019 年 1 月 27 日）
「多目的フットサルコートキャプテン翼スタジアム「個サル」とは」（https://tsubasa-stadium.com/shin-osaka/individual　最終閲覧日 2020 年 1 月 24 日）

・新聞

『朝日新聞』1994 年 5 月 21 日朝刊。
『読売新聞』1994 年 7 月 25 日朝刊。

第8章

たまごっちは「暇つぶし」を超える

初期デジタルメディアの考古学にむけて

松井広志

1　問題設定

デジタルメディアによる暇つぶし

本書は、趣味実践について、社会学の視点から捉えていく論集である。そのねらいは、従来の「労働」と「余暇」の二項対立図式へのオルタナティブを提示することにある。この問題意識から本章が扱うのは「暇つぶし」の領域である。暇つぶしという言葉は、「空いた時間を適当な方法ですごすこと。また、そのような物事」(1)という意味をもつ。

本章では、こうした暇つぶしをもたらす「モノ」のうち、デジタル技術を使った機器に着目する。そのモノをめぐるコミュニケーションについて、メディア論の立場から分析していく。

現代社会はデジタルメディアが環境化しているが、そこで暇つぶしとして思い当たるのは、「スマートフォンでSNSを見るともなく見たり、ソーシャルゲームをポチポチやる」ような行動だろう。この種のふるまいは、明確な余暇や遊びのなかだけではなく、中学・高校や大学での授業や職場での労働の時間ですら広くみられる。では、現在では当たり前のものになっている「デジタルメディアによる暇つぶし」を深く理解するためには、どのようなアプローチが適切だろうか。

メディア考古学

そもそも、あるメディアを考える際には、現在の時点におけるある種の完成された形（＝メディアの現勢態）だけではなく、そのメディアのあり方がいまだ確立していないような状態（＝メディアの潜勢態）も視野に入れて分析していく必要がある。そこで本章でも、こうした歴史分析的なアプローチを採用する。

そのなかでも特に参考にしたいのは、近年盛んになってきている「メディア考古学」の視点である。メディア考古学は、W.ベンヤミンの「パサージュ論」やM.フーコーの「知の考古学」をはじめとするいくつかの思想潮流の影響によって成立している。本章に関係の深い点のみに限っても、以下の二つの側面が重要である。第一にメディア考古学は、E.フータモの表現によれば、それは「これまで注目されてこなかった連続性と断絶を強調することで、メディア文化とメディア理論から拒絶された歴史に取り組む」（Huhtamo 2011＝2015：8）アプローチだ。また、研究方法としては、（狭義の、文字）テキストだけでなく、さまざまなヴィジュアルや立体物、ときには建築や都市空間など、ときに外延を定めることの難しい多種多様な資料に依拠する。

こうしたメディア考古学の方法によって焦点化されるのが「トポス」という概念である。トポスは、端的には「装いを絶えず変えてさまざまな目的のために何度も繰り返し呼び出されるお決まりの文句」（ibid：31）をさすが、単なるレトリックには留まらない。フータモがトポスの役割として挙げるもののひとつに、「メディア文化に関わる形式・テーマ・空想の註釈と彫琢としてのトポス」（ibid：42）がある。また、トポスは文化を超えて存在する不変な原型ではなく、むしろ「特定の歴史的状況で作動する文化的諸要因によって創られ、伝達され、修正される」（ibid：41）ものだ。こうした内容を念頭におくと、先述した「スマホでインスタを見たり、ソーシャルゲームをポチポチやる」ような「暇つぶし」は、ある種の定型となったメディア文化であり、トポスのひとつとして把握することも可能だろう。

デジタルメディアとしてのたまごっち

こうしたアプローチと概念を確認したうえで、暇つぶしのメディア考古学

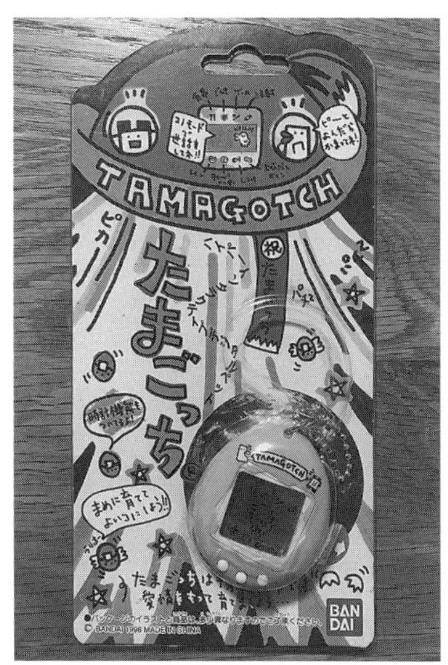

図8–1　初代のたまごっち（バンダイ、1996）＊著者私物

にとって、どういった対象が適切だろうか。本章がその対象として取り上げるのは、1996年11月に発売され、翌年を中心に90年代後半に流行した「たまごっち」である（図8–1）。たまごっちは、2018年11月に「たまごっちみーつ」という最新機種が発売された（図8–2）。今回のたまごっちは、同名のスマートフォンのゲームアプリとの連動機能ももっている（図8–3）。さらに、他のゲームタイトルとのコラボレーションも行っている。2019年1月には「ポケモン」の人気キャラクターのイーブイを用いた「イーブイ×たまごっち」が発売された。たまごっちがメディアミックスに基づくマーチャンダイジング戦略を取るのは今回が初めてではないが、ポケモンという（たまごっちと同時期の90年代後半に登場・定着した）キャラクターとのコラボということもあって、話題になった。

このようにたまごっちは、2020年現在も、本格的に普及したデジタルメディア／モバイルメディア時代に即した新たな姿で存在している。しかし、本章がたまごっちを主な対象とする理由は、このように何度目かのリバイバ

図 8-2　「たまごっちみーつ」ネットで発見！！たまごっち 公式ホームページ
出所）http://tamagotch.channel.or.jp/tamagotchi/　2018 年 12 月 18 日閲覧

図 8-3「たまごっちみーつアプリ」スタート画面
出所）iOS、バンダイ・ウィズ、2018

ルを果たしているから、だけではない。より大きな理由は、たまごっちが、デジタル技術による「暇つぶしのメディア」として、現在の多くのモバイルメディアを使った人々のふるまいやそれをめぐるコミュニケーション、さらには社会的な反応の、ある種の原型を示していると考えられるからだ。

初期デジタルメディアという論点

デジタルメディアやインターネットについてのメディア史は、次のような枠組で語られることが多い。すなわち、少数の送り手と多数の受け手からなるマスメディアと、少数対少数をつなぐパーソナルメディアという従来の区分が自明なものではなくなり、多数と多数を媒介するソーシャルメディアが普及してきたという図式である。これは、テレビからインターネットへという変化に注目して、「アフターテレビジョン」時代と呼ばれることもある（伊藤・毛利編 2014）。また、以前はパーソナルメディアと自明視されていた電話も、携帯電話（ケータイ）の登場、さらにデバイスがフューチャーフォン、あるいは「ガラケー」からスマートフォンへと変化するにしたがって、インターネットやデジタルメディアの普及がより進んで、モバイルメディアが日常に遍在する時代となった。そうしたデジタルメディアは、社会学では「環境化」というキーワードで捉えられている（土橋・南田・辻編 2011）。

だが、上記の大きな流れは妥当だとしても、電話からケータイ、スマホや、インターネットの社会的普及という道筋だけでは、今日のモバイルメディアをめぐる実践の由来を説明できないだろう。M. マクルーハンがかつて述べたように、現在のメディアの中身（コンテンツ）は過去のメディアであるならば、従来さほど論じられてこなかったタイプのデジタルメディアをめぐるコミュニケーションもまた、今日のメディア状況や人々のふるまいの前提になっているのではないだろうか。

もちろんこれまでも、ケータイだけではなく、1990年代後半に女子高校生を中心にコミュニケーションツールとして活用されていたポケットベル（ポケベル）を扱った（同時代の）研究は存在してきた（富田ほか 1997）。これらの情報通信機器は、デジタル化時代の端緒として重要なメディアであり、それをめぐるコミュニケーションと合わせて、今日のメディア状況の前提となっている。

しかし、もちろん出版や放送といったマスメディアではなく、また通信技術を用いた（狭義の）情報メディアではない、さまざまな「モノ」もまた「メディア」と捉えるならば、別の流れも見えてくる。こうした見方は、筆者がかつて述べた「モノのメディア論」という枠組に基づいている（松井 2017)。ただ本章では、モノやメディアについての原理的考察を行うのではなく、具体的な対象に即して論じていく。

実際、1990年代をひとつの題材として取りあげるならば、ポケベルやケータイだけではない、さまざまなデジタルなガジェットが多く存在していた。そのうち、たまごっちなどのキーホルダー型のゲーム機は、ポケベルと並んで、現在（モバイル／デジタルメディア時代）広く見られる種類のコミュニケーションを「先取り」した趣味実践だったのではないだろうか。具体的に言うと、たまごっちをめぐる実践は、仕事中や授業中に「スマホを頻繁にチェックする」ようなふるまいの、文化的前提となっているのではないか。

そうした問題意識のもと、本章では、たまごっちを「初期（early）デジタルメディア」と捉え、それが登場・流行した90年代後半を「初期デジタルメディア時代」と仮に呼ぶことにする。初期デジタルメディアという言葉は私の造語だが、歴史学における「近世化」論(2)に示唆された表現である。近年の日本史研究では、従来は、明治期からの（西洋化された）「近代」とは断絶する「前近代」であると考えられて江戸期＝「近世」を、西洋とは別のしかたでの近代的な原理を内在させていた時代として「初期近代（early modern)」と呼ぶことが多くなっている。そうした、後世への（断絶だけでなく）連続性を含意する概念が、近世＝初期近代である。これを現代のデジタルメディア時代に応用したのが「初期デジタルメディア」という言葉だ。つまり、たまごっちを初期デジタルメディアとして捉えることで、それをめぐる趣味実践の現在への連続と断絶を明らかにしていく。

なお、90年代は2020年代初頭の時点では比較的「近い過去」であり、歴史研究にふさわしくない、といった考えもあるかもしれない。しかし、メディア論の領域では、1900年代を（インターネット以前の最近の過去として）歴史化して語ろうとするような動きが出てきている（大澤編 2017；高野・加島・飯田編 2018)。これらの試みが示すように、20年以上経過した2020年代初頭のいま、90年代後半を「近い現代の歴史」として記述・分析の対象とするのは不自然ではないと考えられる。

2　方法と資料

問題設定を示した前節に引き続き、本節では、先行研究と具体的な歴史記述の方法について述べていく。まず、たまごっちをめぐる先行研究について、社会学やメディア論だけではなく、近年盛んになってきているゲームスタディーズも参照する。次に、資料を使った歴史研究のうち、本章で用いる記述方法や資料の概要について説明を加える。

社会学やゲーム研究におけるたまごっち

たまごっちはその社会的影響力にもかかわらず、社会学やメディア論の領域における研究はほとんどない。実は、90年代当時（他の領域の専門家と同等かそれ以上に）社会学者もたまごっちについてしばしば言及していた。例えば宮台真司は、（当時の）高校生がストリート系とオタク系に分かれているとしたうえで、「ストリート系とオタク系に共通なのは、学校では肯定的な感覚が持てないという点。『たまごっち』も『ときめきメモリアル』も、ゲームの中でそれを補う要素が埋め込まれている」と指摘している[(3)]。これらは、たまごっちを通した社会批評に当たるだろう。

ところで、たまごっちはデジタルゲーム[(4)]の一種でもあると考えられる。1990年代以降、固有の学問領域としてのゲームスタディーズ（Game Studies）が欧米を中心に制度化されてきた（松永 2017）。そこでも、たまごっちの研究は見当たらない。例えば、『ラウトレッジ ビデオゲーム研究必携集』（Wolf and Perron eds. 2014）のような、ゲームスタディーズにおいて定評のあるリーダーにも、たまごっちやその前史となるキーホルダー型ゲーム機の話題は掲載されていない。これはゲームスタディーズにおける「現代の古典」と言われるユールの『ハーフリアル』（Juul 2005＝2016）などの理論書も同様である。この背景には、そもそもPCゲームや家庭用ゲーム機、それに携帯用ゲーム専用機を主な対象としたゲームスタディーズの諸概念では、たまごっちのような「典型的なビデオゲームではないゲーム」をうまく捉えられないことがあるのかもしれない。

2000年代に入ると、日本でも欧米の影響を受けたゲーム研究が行われてきているが、そこでもやはりたまごっちのような周辺領域にあるゲームは研究対象となってはこなかった。その例として、小山友介『日本デジタルゲーム産業史』（小山 2016）が挙げられる。同書は日本初と言えるアカデミックなデジタルゲーム産業史だが、構成自体が「アーケード」「PC」「家庭用」「オンライン」「ケータイ」というハードあるいはその市場別になっている。こうした枠組では、たまごっちやその周辺のゲームを位置づけることは難しい[(5)]。

とはいえ、2010年代に入ると、これらの蓄積もふまえたうえで、日本の（デジタル）ゲーム史を記述しようとする試みがいくつか出てきており、そのなかではたまごっちについても少し触れられている。

例えば、中川大地『現代ゲーム全史』（中川 2016）は、社会学者の見田宗介（見田 1995）の時代区分である「理想の時代」（1945〜60年）、「夢の時代」（61〜75年）、「虚構の時代」（76〜90年）をもとに、戦後日本のデジタルゲーム史について概ねその順番で展開している。さらにその先の時期[(6)]について、90年代〜2000年代前半の「仮想現実の時代」、2000年代後半にはじまり2010年代現在続く「拡張現実の時代」とみなしたうえで、具体的なゲーム史を叙述する。こうした図式のなか、90年代後半のたまごっちは「バーチャル生命を宿すポケット端末－虚構世界の生き物たちが現実世界の街の中に重畳する〈拡張現実〉」として、後の拡張現実の時代を先取るものと位置づけられている。

また、シンポジウムの対談に基づいた中沢新一・遠藤雅伸・中川大地『ゲームする人類』（中沢・遠藤・中川 2018）では、日本で特異に発展した「育成ゲーム」（中川）や、無限縁起の結節点としての「私」（中沢）といったように、たまごっちが日本文化の独自性を反映したゲームであることが強調される。あるいは、そうした思想に基づく「死」がコンセプトになっていた「人工知能ゲーム」（中川）といったように、現在広く話題になっているAIとの類比が語られた。一方で、本章に特に関わる点については、「今の40代後半〜50代の女性が初めてやったゲーム」として、「最初は自分の子供のをやってたんだけど、そのうち自分のを買う、そういう当時の幼稚園のママたちが、今スマホでパズルゲームをやっている」といった、現在のゲームプレイへと連続するような性質も触れられている（遠藤）。さらに、「自分の日常の時間に溶け込み、しかも携帯できるというゲームカルチャーが、あのころから出てきた感じ」（中川）や「同じ時期に『ミニテトリン』があって、中高生の女子にすごい人気」（遠藤）という回想からは、90年代当時の文脈も配慮されている。

中川や中沢らによるこうした説明は、一定の評価が与えられるものだ。しかし、本章の立場からは問題点も指摘できる。まず、特定の理論枠組に当てはめた説明に留まっている。さらに、後者に関しては、興味深い指摘である反面（共同討議という性質上）印象批評的な性質が強い。

方法と資料の概要

そこで本章では、理論を外挿することはせず、まずは資料から分かることを整理したうえで、ボトムアップ的な歴史記述を行う。さらにそこで得られた知見を、社会学のデジタルメディア論やゲームスタディーズの成果に基づき、分析を加えていく。つまり、本章で行うのは、同時代の一次資料を使った歴史社会学的研究である[7]。具体的な資料としては、たまごっちが発売された1996年末から、ブームであった97年を中心に、90年代後半までの関連書籍、新聞、雑誌を網羅的に収集したものを用いる。

ここで、本章で用いる主な資料の概要について説明しておきたい。まず、新聞記事だが、全国紙のデータベース[8]で確認する限り、「たまごっち」を含む新聞記事件数は1997年が突出して多い（図8-4）。そのため、1997年を「たまごっちブーム」が起こった年と定義できよう[9]。

また、新聞記事だけでなく、雑誌記事や関連書籍も使用する。雑誌記事に関しては、大宅壮一文庫やCinii Articles、国立国会図書館のOPACに基づいて、書籍については同じく国会図書館や、Amazonなどの書店サイトの検索を用いて、できるだけ多くの資料を集めた。そうした「たまごっち関連書

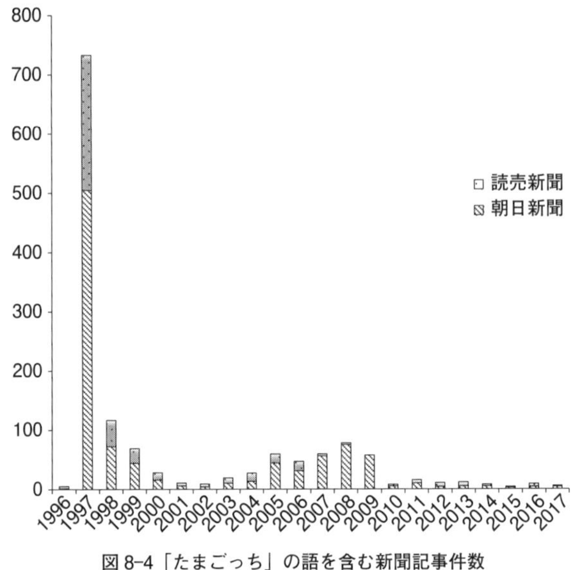

図 8-4「たまごっち」の語を含む新聞記事件数

籍」のうち、1997 年末までのブーム時に出版されたものが次ページの表になる（表 8-1）。

基礎事項の確認

上記のような資料を用いた歴史分析は次節から行っていくが、その準備として、たまごっちの商品展開の流れなどの基礎事項を確認しておきたい。初代「たまごっち」は、1996 年 11 月に株式会社バンダイより、6 種のデザイン・パッケージで発売された（図 8-5）。

商品の企画・開発は株式会社ウィズが担っており、その代表は横井昭裕という人物であった。また、マスメディア上のいくつかの報道でたまごっちの以降の「生みの親」とされて登場していたのは、バンダイの真板亜紀である。また、初代の発売以降も、1997 年 2 月に「新種発見‼たまごっち」、1997 年 5 月には「てんしのたまごっち」などのバリエーション商品が展開されていった。

表 8-1 「ブーム」時のたまごっち関連書籍（筆者作成）

＊以下たまごっち関連書籍については、この一覧表が引用元となる（巻末の文献表には二次文献のみを掲載している）。

書名	著者	出版社	年	月	ページ数
たまごっち育児読本	たまごっち父母の会	バラス	1997	2	209
「たまごっち」の研究	世田谷「たまごっち」研究会	データハウス	1997	2	218
たまごっち母子手帳	Wink up	ワニブックス	1997	2	83
たまごっちとあそぶほん	月刊ファミ通ブロス編集部	アスキー	1997	3	75
たまごっち大百科：たまごっちをそだてるっち	STUDIO HARD	勁文社	1997	3	78
たまごっち日誌	たまごっち父母の会	バラス	1997	3	207
インターネット 20 万人のたまごっちママ心得集	たまごっち倶楽部とその仲間たち	ごま書房	1997	4	111
たまごっちうちのコの場合	浅草くまちゃん秘密研究所	ブックマン社	1997	4	111
新種発見 !! たまごっち育児ブック	徳間書店企画開発室たまごっち研究所	徳間書店	1997	4	64
たまごっち２　育児読本	たまごっち父母の会	バラス	1997	4	162
新ネタ発見 !! ブッたまごっち！	ニッポン放送「つんくのオールナイトニッポン」	ニッポン放送プロジェクト	1997	4	175
たまごっちのことが全部わかる本	週刊ヤングジャンプ編集部	集英社	1997	5	111
たまごっちの一生	宮沢英子	東京ビビンバ倶楽部たまごっち育成研究会	1997	5	79
たまごっち学術考：イラストで語る商品創発	新誠一	オーム社	1997	5	134
新種発見 !! たまごっち母子手帳	Wink up	ワニブックス	1997	6	83
ゲームで発見 !! たまごっち公式ガイドブック	月刊ファミ通ブロス編集部	アスキー	1997	6	79
たまごっち星座占い	たまの実	鹿砦社	1997	7	94
ゲームで発見 !! たまごっち	STUDIO HARD	勁文社	1997	7	96
ゲームで発見 !! たまごっちスーパガイド：たまごっち保育園	アミューズメント書籍編集部	ソフトバンククリエイティブ	1997	7	78
たまごっちボン：たまごっち研究レポート		徳間書店	1997	8	50
GB（ゲームボーイ）たまごっちカンペキ育成ガイド	「コロコロコミック」特別編集	小学館	1997	8	87
てんしっちのたまごっち母子手帳	Wink up	ワニブックス	1997	8	91
たまごっち倶楽部のデジタルペット大図鑑インターネット「育て方・裏ワザ」最新レポート	たまごっち倶楽部とその仲間たち	光文社	1997	8	111
ゲームで発見 !! たまごっち：これが決定版 !!	V ジャンプ編集部	集英社	1997	10	81
たまごっち誕生記：超ヒット商品はこうしてつくられた！	横井昭裕	KK ベストセラーズ	1997	11	237
だいすき♡たまごっち	りっち	小学館	1997	12	87

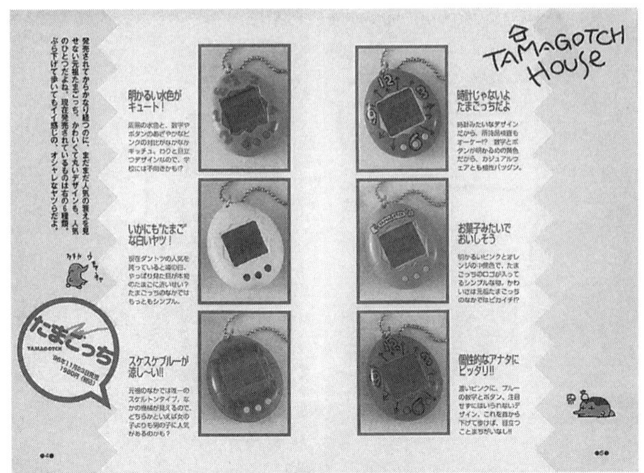

発売されてからかなり経つのに、まだまだ人気の衰えを見せない元祖たまごっち。かわいくて丸いデザインも、人気のひとつだよね。現在発売されているものは右の6種類。ぶら下げて歩いてもイイ感じの、オシャレなヤツらだよ。

たまごっち
TAMAGOTCH
96年11月23日発売
1980円（税込）

明かるい水色がキュート！

いかにも"たまご"な白いヤツ！

スケスケブルーが涼し〜い!!

TAMAGOTCH House

時計じゃないよたまごっちだよ

お菓子みたいでおいしそう

個性的なアナタにピッタリ!!

図 8–5　初代「たまごっち」の本体 6 種

出所）月間ファミ通ブロス編集部　1997 : 4–5

3　たまごっちをめぐるコミュニケーション

では、1990 年代におけるたまごっちというメディアの送り手と受け手、そのメディアをめぐるコミュニケーションは、どういった性質をもっていたのだろうか。

ターゲットとしての「女子高生」

たまごっちというメディアを考える端緒として、開発・発売側を中心とした「送り手」側の事情を確認しておきたい。まず、たまごっちは、女子高校生へ照準したマーケティング調査に基づく商品開発が行われていた。先述したウィズの横井はこう述べている。

> 水垣さん（水垣純子・ウィズ企画制作部）の情報収集力には、助けられた。いま若い世代に何が流行っているかを、すばやく吸い上げてくる。〔……〕水垣さんは渋谷のセンター街を歩いたり、タワーレコードや銀座のソニープラザを覗いたり、『プチセブン』などの女子高生が読む雑誌を

> チェックしたりして、こまめに情報を集めた。〔……〕あのボールチェーンをつけようと意見を出したのも水垣さんだった。〔……〕女子高生がカバンなどにたまごっちをつけようとしたとき、よくあるホック式のキーホルダーだと、太い部分にはつけられない。ボールチェーンなら、多少太い持ち手にもつけられる。(横井 1997 : 88-89)

1990年代半ばは、社会的に(さらに言うと社会学的にも)「援助交際」などのトピックで女子高校生が注目されていた時代である(宮台 1994)。例えば、辻泉は週刊誌記事に基づく分析から、当時の「女子高生」の記号化が援助交際にとどまらず広い領域で起こっていたことを明らかにしている(辻 2009)。

こうした時代背景を前提として、たまごっちは女子高生を中心にブームとなった。

> 調査は、たまごっち本体のケースの色彩とデザインはどんなものが好まれるかを尋ねることから始められた。……渋谷と原宿に集まってくる女子中・高校生たちをメインに聞き取り調査をしたのだ。ボードに試作段階のたまごっちを二十デザインほど掲示して、「どのデザインが好き？　どの色が好き？　いくらだったら買う？」かを直接、尋ねる。そのデータをもとに最終的なデザインや色などを絞り込んでいった。(横井 1997 : 104-105)

このように、たまごっちの本体のデザインやパッケージは、「女子高生」に照準したマーケティングによって決定されたものだった。そのねらいの結果として「かわいくて丸いデザインも、人気のひとつ」や「ぶら下げて歩いてもイイ感じ」(月間ファミ通ブロス編集部 1997 : 4)といった評判につながったと考えられる。

実際、発売後の96年の末から97年にかけて、たまごっちは大きな売り上げを記録することになる。下記の記事は、その様子を伝えている。

> 爆発的な人気の携帯電子ペット「たまごっち」が、インターネット上で数万円の高値で取引されている。品不足で店頭で買えない人がインターネットの売買情報に殺到しているのが原因で、一番人気の白色たまごっちは中古品でも定価の十五倍の三万円。（『朝日新聞』1997年2月26日「携帯電子ペットたまごっちと高値売買」）

では、たまごっちの「爆発的な人気」について、当時はどのように理解されていたのだろうか。マスメディアの報道でしばしば見られるのは、「女子高生」（あるいは中学生も含んだ「女子中高生」）に照準した結果という解釈である。

> 十一月末にバンダイが「たまごっち」のネーミングで発売したところ、「超カワイイ」と二日間で約六万個が売れ、品切れ店が続出。〔……〕デザインを女子中高生二百人に選んでもらうなど、徹底的なコギャル狙い。ヒヨコ風謎の生物が空腹時や遊びたくなると、ピーと合図。育て方次第で姿や性格が変わり、掃除をさぼれば病気になる。（松原慶「携帯電子ゲームに飼育シュミレーションが登場」『アエラ』1996年12月9日号：87）

とはいえ、女子高生へのマーケティング自体は意図されたものであったとしても、その売れ行きは送り手側の予想を超えるものであった。たまごっちの予想外のヒットについて、先述の横井は下記のように語っている。

> たまごっちは売れてほしかったけど、いや売れてくれると信じていたけれど、こんなに売れるとは思っていなかった。それは、僕やスタッフ、バンダイ社員の誰の予想も超えた大ヒットだった。うれしい誤算だったと言ってもいい。（横井 1997：121–122）

なお、横井以外にも、女子高生を中心とする若者の動向をリサーチしたスタッフとして、先述した真板亜紀が、報道ではしばしば取り上げられていた。

> 大手がん具メーカー「バンダイ」(本社・台東区) に勤める真板亜紀さん(30)〔……〕営業課員の真板さんは、売れ筋商品のデータ分析や、アンケートはがきの集計が「本業」だ。その仕事のかたわら、一年ほど前に、ペット人気にあやかったおもちゃを開発するチームに起用された。〔……〕チームを組んだ同世代の男性社員二名と、連想ゲームのように意見を出し合い、企画を煮詰めた。キーワードは「ペット」「携帯性」それに「女子高生」。(『朝日新聞』1997年3月7日「「たまごっち」生みの親 異常人気に憂うつ」)

このような報道では、すでに述べた水垣や真板など若手の女性スタッフが、たまごっちのマーケティングの「送り手」として報じられていた。こうした送り手の選ばれ方（と語られ方）も、90年代後半におけるたまごっちのイメージ形成に一定の役割を果たしたに違いない。

では、受け手の方の反応はどうだろうか。まず、たまごっちの人気にともなって、90年代後半に、日本で急速に普及する直前の時期にあったインターネット（正確に言うと、ワールドワイドウェブ）における「ファンサイト」の盛り上がりが生じた。たまごっち関連のウェブサイトは発売から数ヶ月で数十にのぼったという。以下の記事は、そうした事情を伝えている。

> たまごっちについての様々な情報をのせたインターネットのホームページって、五十ほどもあるんだから。メーカーが開設したのもあるけど、個人が圧倒的に多いし、どんどん数も増えている。〔……〕育て方とか、購入方法に関するものが多いわ。(『朝日新聞』1997年3月13日「みんなのQ&A たまごっち現象)

インターネット時代の初期であった当時は、ファンの個人によってたまごっちのウェブサイトが多数開設されていた（図8-6)。上記の記事にある通り、その内容には、当時入手困難を背景とした「購入方法」、あるいはゲームとしての攻略法に関わる「育て方」や「育児日記」があった。

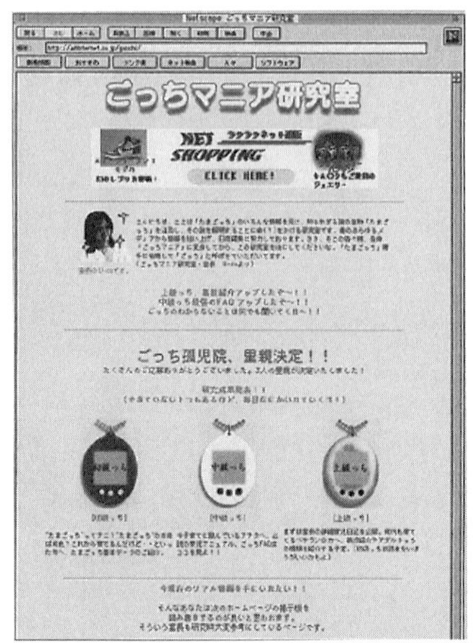

図 8–6　個人によるたまごっちのウェブサイトの例

出所）たまごっち倶楽部とその仲間たち　1997 : 54

なお、ファンサイトについては、まもなく書籍化されたものがいくつかある。例えば『たまごっちママ心得集』（たまごっち倶楽部とその仲間たち 1997）は、ウェブサイト「たまごっち倶楽部」に寄せられたメールを集めた書籍であり、『たまごっちうちのコの場合』（浅草くまちゃん秘密研究所 1997）は複数のファンサイトの内容を合わせたものだった（図 8–7）。

消費されるコミュニケーション

一方で、ポケベルや携帯電話とも共通するたまごっちのポータブル性やモバイル性が、当時から指摘されていた。社会学者の富田英典は、新聞紙上で「従来のメディアのように場所の制約を受けずに、生活のいろんな場面にバーチャルな世界を持ち込めるようになった」（『朝日新聞』1997 年 1 月 26 日）と述べている。

たまごっちが「生活のいろんな場面」でつねに持ち運べること自体は、ポ

Powered by 浅草くまちゃん秘密研究所

Special Thanks to Co-operation

17才のお部屋 [http://www.bekkoame.or.jp/~tkaori/]
POWER TODAY [http://www.PowerToday.com/]
Mitu's Home [http://www.bekkoame.or.jp/~mitu_san/]
sadayacco [http://www.sadayacco.com/]
かずやんのへんなホームページ [http://home.highway.or.jp/kazuyan1/]
たまごっちファンクラブ [http://www.kt.rim.or.jp/~wizdom/keiko/]
たんぽぽ庵 [http://www.bekkoame.or.jp/~anko/]
まつだじゅんのホームページ [http://www.urban.or.jp/home/jun/]

伊達杏子DK-96のG1 Grouper (TOKYO FM)

[順不同・敬称略] (1997/3/8現在)

図8-7　さまざまなファンサイトから作られた書籍
出所）浅草くまちゃん秘密研究所　1997：中表紙裏

ケベルや携帯電話などとも共通する「モバイルメディア」としての特徴である。こうしたモバイル性は、その後全面化した「コミュニケーションの消費」のさきがけとも言える性質だろう。

2000年代からのインターネットと携帯電話などのモバイルメディアの社会的普及を受けて、従来のコンテンツ中心的なあり方から、コミュニケーション中心的な消費が前面に出てきている。これは、モノやサービスを購入する「モノ消費」より、それらを使ってどのような体験をするかという「コト消費」に若者の関心がおかれている（消費者庁2017：第3章）といった言い方に象徴されている。社会学の領域でも、「消費の対象が、モノからつながりへと移行した」（土井2014:42）ということが指摘されている。

こうした議論を念頭におくと、たまごっちが示すのは、2000年代以降前面化（あるいは全面化）するコミュニケーションの消費、あるいはコミュニケーションを（過剰に）重視する文化実践についての原型だと考えられる。実際、マーケティングに関する実務の領域では、90年代にすでに、コミュニケーションを設計しようとする志向性が出ていた。

> 製品を企画するとき、考えるべきコミュニケーションは三つある。①製品と人、②人と人、③製品と製品、の三つのコミュニケーションである。

> たまごっちは、①に加え、②のコミュニケーションも念頭に製品を企画した。(田中正晴「「たまごっち」開発の軌跡を追う」『日経エレクトロニクス』1997年4月7日号：131-134)

上記の経済誌の記事では、人とモノの組み合わせによる「コミュニケーションの類型化」が示されたうえで、それを念頭においた製品の実例としてたまごっちが挙げられていた。このような視点で捉える例は、経済誌以外にもみられる。

> たまごっちそのものの楽しさやおもしろさだけではない、商品に付随する「何か」がそこにはあるのだ。求められているその「何か」とは、「コミュニケーション」の目に見える、手に届く形であった。(野田 1997:234)

ここでは、たまごっちの魅力が（モノそれ自体ではなく）それをめぐるコミュニケーションにあることが述べられている。このような「人と人」あるいは「人とモノ」のコミュニケーションは、ポケベルや携帯電話とも共通する、たまごっちのポータブル性を前提にしていると考えられる。

つまり、「生活のいろんな場面」のなかでつねに持ち運べるたまごっちのモバイル性は、人と人のつながりや、人とモノとの（虚構世界に没頭する）コミュニケーションの常時性をもたらしたのだ。しかし、ヴァーチャルな世界をいつでもどこでも持ち込めるという点に関しては、たしかにモバイルメディアの特性ではあるが、別の文脈では携帯型ゲーム機で継続してきた性質とも言える。

4　暇つぶしを超えるメディア

初期カジュアル革命としてのたまごっち

ここからは、デジタルゲーム、特に携帯型ゲームの歴史をふまえた「たまごっち」の位置を考察していく。たまごっちをめぐるコミュニケーションには、ゲーム文化のなかで形成されてきた部分もある。

まず、送り手である開発側においてみると、たまごっちにおけるドット絵へのこだわりや、ドット表示を見越したゲーム的なキャラクターデザインがある。実際、たまごっちの企画・開発には、家庭用ゲーム機（任天堂の『スーパーファミコン』）用の開発機材が使われていたことが知られている（図8-10）。

携帯型ゲーム機に関しては、そもそも80年代から任天堂の『ゲーム&ウォッチ』（1980）や『ゲームボーイ』（1989）がかなりの広がりをみせていた。そうした流れと共鳴しつつ、90年代半ばになると、より小型のキーホルダー型ゲーム機が登場・展開していた。その代表が、もともとはソビエト連邦発であった「落ち物パズルゲーム」の元祖『テトリス』（1984）を、日本独自でキーホルダー型にした『テトリン55』（ゲームテック、1996）や『テトリスJr.』（HIRO、1996）だ。

たまごっちの開発責任者であった横井昭裕自身も、ミニテトリンについて語っている。

> 横井さん、『ミニテトリン』というキーホルダー型のおもちゃがおもしろいんですよ。たまごっちを、ミニテトリンのようなかたちにしたら、どうですか」ミニテトリンは、八九年に流行った落下パズルゲームの『テトリス』を小型にした商品だ。おもしろいといったってどの程度のものかわからないと思っていたら、数カ月後にはそのミニテトリンが大流行した。水垣さんが情報は早いと思ったものだ」。（横井 1997：89）

この証言に基づくと、横井は、ウィズの水垣経由でテトリンを知り、ポータブル性の高いゲーム機の流行を受けて、たまごっちもまたキーホルダー型を採用したようだ。そのため、たまごっちを、キーホルダー型ゲーム機の展開のなかに位置づけることもできる。

テトリンやテトリスJr.はたまごっちに先行する時期に登場していたが、

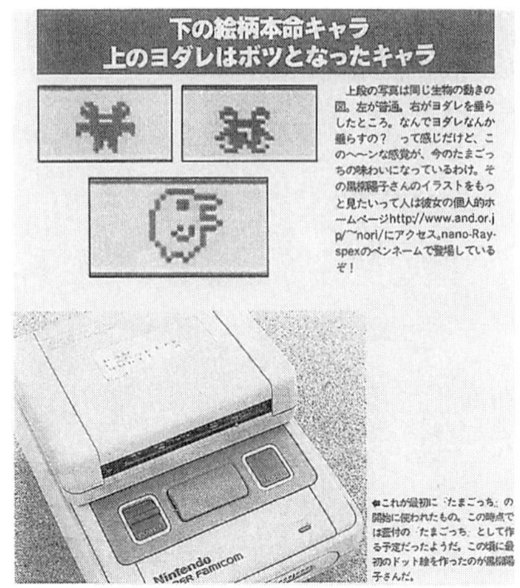

図 8-8　ドット表示を見越したキャラクターデザインとゲーム機用の開発機材

出所）『週刊テレビゲーマー』1997 年 5 月 30 日号：27

逆にたまごっちの後にも（ゲーム＆ウォッチの生みの親である横井軍平が開発した）『くねくねっちょ』（HIRO、1997）や、『スペースインベーダー』や『パックマン』といった 70～80 年代の名作ゲームをキーホルダー型にした「マメゲーム」シリーズ（バンダイ、1996～97）などが出てきた（山崎 2008：146-147）。あるいは、より直接的にたまごっちの影響を受けたと思われる『ぎゃおッ Pi』（1997）などの「デジタルペット」も複数存在した。

では、こうしたキーホルダー型ゲーム機は、それを持つ者の日常生活に何をもたらしたのだろうか。次の記事に書かれた当時の様子は、そのことを示唆している。

> 「シンプルで手軽。どこでも遊べる」。数々のミニゲーム機が競い合う中、「テトリス Jr.」で市場に打って出た「ヒロ」の開発部長、横田青史さん（36）は、人気の理由をこう語る。〔……〕同社が、テトリスのライセンスを取ってミニゲーム機を出したのは今年九月。さまざまな流行を引っ張る女子高生の間で火が付いて、今や小学生から OL、会社員にまで人気が広がり、わずか三か月余りで二百万個を出荷した。〔……〕

次々と新製品が登場するゲーム機市場だが、「はまり込む人ははまり込むけど、付いていけない人もいる。その分、手軽なものが求められたのでしょう」と、二極化するファン層を背景に挙げた。(『読売新聞』1996年12月19日「サンタの袋開けちゃった (3) ミニゲーム機手のひらに夢中」)

ここでは、キーホルダー型ゲームの人気の理由が「手軽なものが求められた」ことだと述べられている。こうした「手軽さ」は、ゲームスタディーズにおける「カジュアル革命」(Juul 2005) という概念と重なる。

ユールの言うカジュアル革命の重要な点は、ゲームにおけるルールとプレイヤーのシフトにある。前者については、身体性と密接に関係した「擬態的なインターフェイス」(mimetic interface) が重要な役割を果たしている。後者に関しては、これまでビデオゲームの主要なプレイヤーであった (ハードコアなゲーマーの) 若年男性層以外、すなわち女性や高年齢層といった「カジュアルプレイヤー」への広がりがある。

ユールは、カジュアル革命の議論を、主に『Nintendo DS』(2004) や『Wii』(2006) を対象とした2000年代以降の状況を念頭において展開している。しかし、キーホルダー型ゲーム機、あるいは、たまごっちを、こうしたカジュアル革命の先駆けとみなすこともできよう。

実際、たまごっちに関しては、女性中心で低年齢から高年齢へ、というユーザーの拡大がみられた。下記の資料は、そのことを示している。

娘の「たまごっち」の里親になって二週間がたつ。小学校に持っていけないので、その間、「しっかりと良い子に育ててね」と娘に真顔で迫られて、やむなく引き受けることになった。〔……〕「もう、この子かわいくないからリセットして消しちゃいたい」と叫ぶ娘に、「子育ては楽じゃないのよ。思い通りになんてならないのッ！」と、つい語気荒く返す自分にも苦笑する。手のひらの中で、ゲームに勝ってにっこりと笑うペットに、思わず私の口元が緩む。(東京都主婦37歳) (『朝日新聞』1997

年3月19日「ひとときⅰ「たまごっち」の里親)

この記事では、たまごっちが小学生の女子まで広がっていることもさることながら、当初は娘がやっていたゲームを母親の方が真剣にプレイするようになった様子が見て取れる。

上記のように、たまごっちに関しては、特に女子中高生を中心とした女性、さらには高年齢のカジュアルプレイヤーへのゲーム文化の拡大があった。これは、ユールの言う2000年代前半のカジュアル革命をふまえると、ゲームの「初期カジュアル革命」(early casual revolution) とでも言うことができる。

断片化・遍在化した余暇

しかし同時に、たまごっちをめぐる実践には、カジュアル革命に収まらない点もあったと思われる。これは、特に教育や仕事の場において現出した。

> 芦屋市の男子大学生(26)は、試験中は音を切っていたが、気になってポケットから取り出し、状態を確認していて、試験官に不審がられた。「油断していたら、うんちが三つもたまっていて、あわてました。子育ての気分ですね」(『朝日新聞』1997年1月21日「たまごっち母性くすぐる電子のペット」)

この記事では、大学生が、試験中も見てしまうこと、つねにたまごっちのことが気になっていたことが述べられている。また、同時代の身近な流行を取り上げるマンガ作品である『週刊少年ジャンプ』連載の『こちら葛飾区亀有公園前派出所』にも、たまごっちが登場した話がある(図8-11)。

1997年1月に雑誌掲載された「育て たまごっち」という話では、派出所勤務という仕事中に音が鳴り、登場人物のひとり・麗子がたまごっちにご飯をやる場面が描かれている。

これらの資料からは、勉強や仕事も含んだ生活時間と空間のなかで、断続的にゲームし続ける様子が読み取れる。これは、勉強や仕事の剰余であった

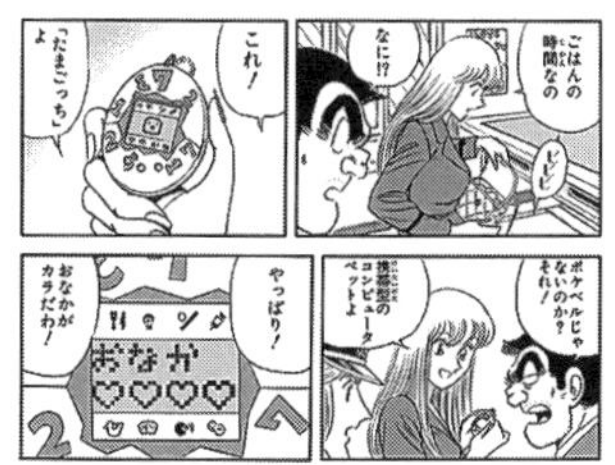

図 8-9　労働の時空間に入り込んだ「たまごっち」
出所)『こちら葛飾区亀有公園前派出所』「育て たまごっちの巻」(『週刊少年ジャンプ』秋本治『こちら葛飾区亀有公園前派出所（103)』集英社、1997 年、86-87 頁

はずの「余暇」が、労働の時空間に侵入している事態である。

さらに、次の資料は、あるウェブサイトに載った投稿（を書籍に掲載したもの）だ。

> 授業の合間にたまごっちを育てるというよりは、たまごっちの世話の合間に授業を受けているというのが実感です。(たまごっち倶楽部とその仲間たち 1997 : 19)

これは、上記の当時のたまごっちプレイヤーの実感が素直に述べられている。また、「あるたまごっちの一日」というマンガには、デートという「余暇」のなかにたまごっちのゲームプレイという別の余暇的なものが持ち込まれる様子が描かれている（図 8-10)。

こうした資料から分かる同時代のリアリティを考慮に入れるならば、たまごっちのプレイは「労働や勉強と余暇との区分を失効させた」という解釈は妥当ではないだろう。なぜなら、「たまごっちを育てる」というゲームプレイ（余暇）と「授業を受ける」という勉強（労働）との区分けは維持されているからだ。

たまごっちのプレイ実践から浮かび上がってくるのは、むしろ、余暇が小分けになったことと、いつでもどこでも行われるようになったことである。[(10)] これは、余暇の「断片化」と「遍在化」と仮に定式化することができよう。

図 8–10　余暇と並行するたまごっち

出所）浅草くまちゃん秘密研究所　1997

労働／余暇の越境というより、仕事や勉強、あるいは他の余暇と並走するかたちでの余暇。これは、労働を含めた日常生活と区分けされつつも、そのなかで細切れに存在している「断片化・遍在化した暇つぶし」である。本章で探求してきた「暇つぶしのメディア」としてのたまごっちの内実はこのようなものだ。

いや、より正確に言うと、ここまでの分析をふまえるならば、たまごっちは、通常の「空いた時間を適当な方法ですごす」といった意味での「暇つぶし」を超えている。本章で明らかになった「日常と並行し、生活のなかで断片的に存在する」という特性をふまえて再定式化するならば、「暇つぶしを超えるメディア」と言うことができよう。

もちろん、それはたまごっちのみに限ったわけではなく、一般化すると携帯型ゲーム機、特にポータブル性の高いキーホルダー型ゲーム機をめぐる実践にも共通していたとも考えられる。こうした、労働の時間・空間を含んだ日常に入り込んだ「断片的・遍在的な余暇」こそが、本章で探求してきた、現在のデジタルメディア、特にスマホによるゲームプレイに継続するトポスの内実だろう。以上が、初期デジタルメディアの考古学としての、本章の議論の暫定的な結論である。いずれにせよ、たまごっちのこうした実践のあり方は、カジュアル革命の先取りであったことに加えて、虚構世界／現実のルールの境界を侵犯するものでもあっただろう。

なお、本章の議論では、現在のスマートフォンゲームへと連続するトポスを捉えてきたが、たまごっちはまた、余暇の対象としての「ヴァーチャル生命」(とされるもの) の歴史のなかでも位置づけられるかもしれない。例えば、1990年代後半の時点でも、「ピンクのクマがメールを運」んでいるという演出がされた「愛玩電子メールソフト」の「ポストペット[(11)]」(ソネット、1997) や、テレビで「禁断のペット」を育てる家庭用ゲーム機 (ドリームキャスト) 用ソフトの「シーマン」(セガ、1999) が話題となっていた。

あるいは、「日常への侵入」という論点のうち、特に学校生活に忍び込む「遊び」に関しては、文房具のかたちをした (実際に、文具としての機能を備えた) 玩具やゲーム類の系譜があるだろう。「仕掛け筆箱」や「バトルえんぴつ」(エニックス、1993) をはじめとしたこうしたモノに関しては、いまだまとまった研究は存在しないものの、ムックや資料集は近年になって刊行されるようになってきている[(12)]。今後は、玩具と文具の境界を侵犯するようこうしたモノと実践の歴史を検討する研究が進められる必要があり、たまごっちはその流れにも位置づけることができるだろう。歴史をこうした複線的な系譜で捉えるのも、メディア考古学、ひいては歴史を対象とする社会学の醍醐味である。

注

(1) 『大辞林』の「暇潰し」の項目による。

(2) 『歴史学研究』(821) の特集「「近世化」を考える」(2006)、『アジア遊学』の特集「近世化」論と日本」(2015) などが例として挙げられる。

(3) 「恐るべし「バーチャル・ゲーム」〜今やコギャルから大人までハマる「たまごっち」「ときメモ」の危ない話」(『週刊ポスト』1997年1月31日号：49)。なお、この記事でたまごっちと並列されている『ときめきメモリアル』は、コナミから発売された恋愛シュミレーションゲームである。当初1994年にPCエンジン (SUPER CD-ROM 2) 用ソフトとして出されたが、翌95年にプレイステーション用ソフトに移植され、90年代後半により多くの人気を博した。

(4) デジタルゲームは、アナログゲームと対になる概念で、ディスプレイとデジタル技術を用いたゲームをさす。日本語ではコンピュターゲームやテレビゲームと呼ばれることが多いが、英語ではビデオゲーム（video game）やデジタルゲーム（digital game）という言い方が一般的である。

（5）もちろん小山も、現在については、こうしたハード別の産業史では語りにくい「市場間の影響はより強まった」（小山 2016：347）時代と述べている。しかし本章はむしろ、こうしたゲーム（ハード・産業）の越境や周辺的なゲームは過去から存在してきた、という立場を取る。

（6）見田の時代診断を引き継いだ枠組については、社会学や周辺領域からいくつか提出されている。なかでも有名なのは、大澤（2008）によるものだろう。同書では、見田図式を「理想の時代」（1945～70年）と「虚構の時代」（1971～95年）に整理したうえで、95年～が「不可能性の時代」とされている。ただ、中川はこの用語ではなく、宇野（2011）に由来する「虚構現実」「拡張現実」という時代診断の用語を用いている。

（7）なお、定量的な内容分析を取らない理由は、書籍・新聞などのメディアの内容（contents）自体を明らかにするのが目的ではないためだ。例えば、前田・秋谷・朴・木下編（2016）では、主に量的な内容分析のしかたを解説した論考が含まれている。そのため、定量的な内容分析の方法を学びたい読者はそちらを参照して頂ければと思う。

（8）データベースとしては、『朝日新聞』を収録した「聞蔵Ⅱ」と、『読売新聞』を検索できる「ヨミダス歴史館」を用いた。

（9）なお、2000年代後半にもやや増えているため、より正確に言うと、90年代後半は「第一次ブーム」、2000年代後半は「第二次ブーム」となるだろう。

（10）同時に、本章では深く考察できなかったが、たまごっちは当時、社会問題化の脈絡でも語られていた。例えば、「OLの本音」（『朝日新聞』1997年3月8日）というコーナーでは、「「ちょっといいですか」と相談を持ちかけておきながら、ベル音を聞くと話を中断させてえさをやり、終えれば平気で話を再開する新人類にはついていけない」（住宅設備・28歳）や、「新入社員が仕事終わってからたまごっちを見たら、死んでいたそうだ。しかし、仕事中にまで気にされたら困る。メーカーは仕事や授業を考えて、ストップモードをつけるべきだ」（信販・27歳）といった、より年長の世代から年下の人々へのクレーム申し立てが行われていた。これは、飛行機でのたまごっちのプレイが禁止された（浅草くまちゃん秘密研究所 1997：49）という社会制度の変更も関係するだろう。

（11）「ピンクのクマがメールを運ぶ」というのは、当時のポストペットに付けられたコピーである（「ポストペットとは」ポストペット オフィシャルサイト https://postpet.jp/about/）。

（12）こうした文具の原型は、本章の主な対象時期である1990年代より遡った70～80年代から存在しており、それらは「懐かしの文房具」を掲載したきだて（2016）のなかで紹介されている。また、文具でありながら本格的な世界観やルールを備えた遊び、ユールの概念で言うと「虚構世界」と「現実のルール」の両方を持ったゲームとしては「エスパークス」シリーズ（サンエックス、1989～1995）がある。エスパークスは90年代後半に一定の人気を博しており、最近、当時の資料集も出版（復刊）された（サンエックス・征矢 2009）。

解　説

あなたの趣味は何でしょうか？　それがどのような趣味であっても、物理的なモノを用いて成り立っているでしょう。また、そうしたモノは、時代とともに移り変わっています。現代では、情報技術と結びついたデジタルメディアも、多くの趣味活動に不可欠になっているでしょう。

本章で主な対象としたのは「たまごっち」ですが、あなたの身の回りにある趣味活動に不可欠なモノも同じようなアプローチで考えられるはずです。デジタルメディアに限っても、スマートフォンでソーシャルゲームをやっているのはかなり広くみられる趣味活動ですが、それ以外にも、動画をより迫力をもって観るためにiPadなどのタブレットを持っている、読書を趣味にしている人は長時間でも目が疲れにくいkindle paperなどの電子書籍リーダーを愛用している、音楽ではより高密度の楽曲データを扱えるハイレゾプレイヤーを使っている、といった人もいるでしょう。

これらの映像視聴、読書、音楽聴取のためのメディアの歴史はそれぞれ長くあります。例えば、比較的近年における音楽を聞くためのポータブルメディアに関しても、テープのウォークマンからMDプレイヤー、iPodなど、数多くのモノとともに存在してきた歴史があります。

これらのなかには、いまは忘れ去られているメディアもあるでしょう（例えば、上記のMDなどは、そこまでマイナーではないですが、ややそうした感じがあります）。こうしたメディアの歴史を資料から掘り起こし、それを（上からならぬ「後から目線」で）単なる失敗として考えるのではなく、同時代の文脈での意義を再確認し、メディア文化の趣味活動をより豊かにしていくのが、メディア考古学的な研究のねらいでした。

こうしたアプローチによって、あなたの趣味に関わるメディアの歴史を調べてみてください。そこには、思いもよらなかったあり方が発見されるかもしれませんよ。

ディスカッション

1．あなたの知り合いで、1990年代後半のブームのとき、たまごっちを持っていた人はいるだろうか。その人に、たまごっちに関する思い出を聞いてみよう。
2．あなたはスマートフォンをどのような趣味に用いて、日常のなかでどう楽しんでいるのか、説明してみよう。
3．スマートフォン以外のデジタルメディアをひとつ挙げ、その歴史を調べてみよう。

参考文献

伊藤守・毛利嘉孝編 2014『アフター・テレビジョン・スタディーズ』せりか書房。

宇野常寛 2011『リトルピープルの時代』幻冬舎。
大澤聡編 2017『1990 年代論』河出書房新社。
大澤真幸 2008『不可能性の時代』岩波書店。
きだてたく 2016『日本懐かし文房具大全』辰巳出版。
小山友介 2016『日本デジタルゲーム産業史――ファミコン以前からスマホゲームまで』人文書院。
さやわか 2012『僕たちのゲーム史』星海社新書。
サンエックス（監修）、征矢浩志（絵と文）2009『エスパークス スタンダードエディション』ブッキング。
消費者庁 2017『平成 29 年版 消費者白書』。
高野光平・加島卓・飯田豊編 2018『現代文化への社会学』北樹出版。
辻泉 2009「〈女子高生〉はなぜブームになったのか？」藤田真文・岡井崇之編『プロセスが見えるメディア分析入門』世界思想社。
土井隆義 2014『つながりを煽られる子どもたち』岩波書店。
土橋臣吾・南田勝也・辻泉編 2011『デジタルメディアの社会学』北樹出版。
富田英典・岡田朋之・高広伯彦・藤本憲一・松田美佐 1997『ポケベル・ケータイ主義！』ジャストシステム。
中沢新一・遠藤雅伸・中川大地 2018『ゲームする人類――新しいゲーム学の射程』明治大学出版会。
中川大地 2016『現代ゲーム全史』早川書房。
前田拓也・秋谷直矩・朴沙羅・木下衆編 2016『最強の社会調査入門――これから質的調査をはじめる人のために』ナカニシヤ出版。
松永伸司 2017「ゲーム研究の全体マップ」『平成 28 年度 メディア芸術連携促進事業「ゲーム研究の手引き」』文化庁、3-17。
松井広志 2017『模型のメディア論――時空間を媒介する「モノ」』青弓社。
見田宗介 1995『現代日本の感覚と思想』講談社。
宮台真司 1994『制服少女たちの選択』講談社。
山崎功 2018『懐かしの電子ゲーム大博覧会』主婦の友インフォス。
横井昭裕 1997『たまごっち誕生記―超ヒット商品はこうしてつくられた！』ベストセラーズ。

Huhtamo, E. 2011 *Media Archaeology : Approaches, Applications, and Implications*, University of California Press.（太田純貴訳『メディア考古学』NTT 出版、2015 年）
Juul, J. 2005 *Half-Real : Video Games between Real Rules and Fictional Worlds*, The MIT Press.（松永伸司訳『ハーフリアル』ニューゲームズオーダー、2016 年）
Juul, J. 2012 *A Casual Revolution : Reinventing Video Games and Their Players*, The MIT Press.
Steinberg, M. 2012 *Anime's Media Mix : Franchising Toys and Characters in Japan*, University of Minnesota Press.（中川譲訳・大塚英志監修『なぜ日本は〈メディアミックスする国〉なのか』KADOKAWA、2015 年）

Wolf, M. and B. Perron eds. 2014 *The Routledge Companion to Video Game Studies*, Routledge.

＊本論文は、愛知淑徳大学特定研究課題（2019 年度）「「メディアミックス・ハブとしてのゲーム」に関する理論的・歴史的研究」（代表・松井広志）の成果の一部である。

おわりに

秋谷直矩

1　趣味実践の社会学

人びとはいつどこで誰とどのように遊んでいるのか。また、なにをどのように楽しんでいるのか。これらは、私たちの社会の仕組みとどのようにかかわっているのか。本書を貫く問いはおおよそこのようにまとめることができます。こうした問いの形式は、とても社会学的です。だから、本書には「趣味実践の社会学」という副題が付けられています。この「おわりに」では、本書を貫く問いがいかなる点で社会学的であるのかを説明するところから順を追って本書のねらいについて示していこうと思います。

2　社会学とは？

先に述べたとおり、本書は社会学の論集および教材として編まれました。一見多様に見える個々の論考を特定の学問領域名でまとめたということは、そこには共有された問いと対象がある、ということの宣言でもあります。では、社会学において共有された問いと対象とは何でしょうか？　もっとも常識的かつ包括的な説明の一例を挙げてみましょう。

> 社会学そのものの概念規定は、厳密にはそのとる立場によって異なるきわめて難しい問題であるが、一般にはごく簡単に「人間の共同生活を研究する科学である」といわれる。(田野崎 1988 : 31)

人間存在の根源的な社会性のもたらす現実的な行為連関の成立が、一切の社会概念の原点をなしているといってよい。(佐藤 1988:39)

つまり、「社会」とは煎じ詰めれば「人間の共同生活」のことであり、それは、人びとが他我の生活営為に対してかかわりあうことによって成立しているという特徴をもつ、ということです。では、それは実際にどうやって成立しているのでしょうか。これを根本的な問いとしてその解明を目指す取り組みの総称が社会学なのです。

こうしてみると、実にさまざまな私たちの生活営為が社会学の対象となることがわかります。本書で取り扱った友人との遊興、創作活動、個人的な遊びなどもまた、社会とのかかわりあいのなかで、何らかの理解可能なやり方で成されるものです(この「おわりに」ではこれらの活動を便宜的に趣味的活動と呼びます)。となれば、それもまた社会学の探求対象になりえます。では、その成立に対してどのような切り口からアプローチしていくのか。これは研究実践上、重要な問いとなります。

3　趣味的活動を社会学する

労働と遊びの二項対立図式

社会学では、趣味的活動に対して、これまでどのようにアプローチしてきたのでしょうか。本書の「はじめに」で網羅的に触れたトピックのひとつではありますが、本書のねらいを明確にするために、単純化を承知で、ここでは趣味的活動に対する社会学のアプローチの仕方にしぼってまとめてみましょう。

ひとつのアプローチは、労働との相関としてこれらの活動を捉えるものです。これについては、以下のまとめが簡にして要を得たものになっています。

〔……〕「余暇」問題はさまざまな用語(余暇、遊び、娯楽、レジャー、レクリエーション、リゾート、そしてその対極にある仕事や労働)によって語られてきました。〔……〕もっとも基本的な枠組みは「労働」と「遊び」の二項対立です。一方に現実原則としての「労働（仕事）」があり、対するに快楽原則としての「遊び」があります。そしてこの間をつなぐものとして「余暇」領域があると考えてみます。

すると余暇の中に二つの方向が見えてきます。一つは仕事から解き放たれて自由と快楽の遊びへ向かう解放と没入のベクトルでありこれを「レジャー」という用語で代表させるのが語感から言ってもピッタリでしょう。他方で、遊び（非現実）から活力を得て仕事（現実）に立ち戻る覚醒と回帰のベクトルが存在して、仕事→遊び→仕事の循環が完結します。回帰のベクトルは「レクリエーション」と呼ぶのがふさわしいでしょう。〔……〕（薗田 2015：24-25）

社会学の「やり方」は多様ですが、その特徴的なもののひとつに、現代社会論的な視座からのアプローチがあります。それは、産業化やポスト工業化、さらには情報化といった社会の変遷とのかかわりにおいて現代社会のありようを省察するものです。そのありようだけでなく、その変遷のうちに生じてしまっている「歪み」を人間の共同生活のなかに見いだすことにより、その成立の仕組みと、そこに包含されている問題群をもあわせて明らかにしようとする点に特徴があります。

なかでも「労働」は、もっとも重要なトピックのひとつとして、社会学においてその草創期より現在に至るまで長く取り組まれてきました。その文脈上に、「労働－遊び」の二項対立的視点の導入があります。人びとの趣味的な活動を単に個々人の楽しみとして捉えるのではなく、労働という趣味的活動と対極にある活動とのかかわりからその特徴を明らかにするという視点を獲得することにより、趣味的活動を社会の変遷との関連で議論することが可能になりました（藤村 1995；瀬沼 2004 なども参照のこと）。

趣味的活動の実態を通した社会の把握

もうひとつは、人びとの趣味的活動の実態を通して、人びとの社会参加や社会的ネットワーク、ライフスタイル、価値や規範のありようを明らかにしようとするアプローチです。こちらについては、近年まとまった著作が立て続けに出版されています。

たとえば、浅野智彦『趣味縁からはじまる社会参加』（浅野 2011）では、現代社会の若者の趣味によって繋がる人間関係、すなわち「趣味縁」が社会関係資本となり、ひいては社会参加へと繋がっている側面があることを明らかにしています。これは、地縁や血縁といった伝統的な人間関係や、近代化以降を特徴づける職場を中心とした人間関係とはまた異なった社会的ネットワークの台頭を示すものでもあります。神野由紀・辻泉・飯田豊編『趣味とジェンダー――〈手づくり〉と〈自作〉の近代』（神野・辻・飯田編 2019）や片岡栄美『趣味の社会学――文化・階層・ジェンダー』（片岡 2019）では、ジェンダー不均衡・性別役割分業・階層性などと、人びとの趣味的活動との関係を明らかにしています。

これらの研究は、趣味的活動の実態調査を通して、さまざまな社会のしくみを見いだすことが可能であることを教えてくれます。これは、先述した「労働－遊び」の二項対立図式を超えたものであり、その点で、人びとの趣味的活動の社会学的探求の裾野の広がりを示していると言ってよいでしょう。

遊びの本質性の理念的検討による社会の把握

遊び概念の理念的検討を通して、その本質に迫り、そのうえで社会のありようを明らかにしようとする取り組みも重要です。

かつてエミール・デュルケムは、聖なるもの（儀式や道徳などの集合的なもの）と、俗なるもの（功利などの個人的なもの）を二分化する世界観が宗教の本質だとし、聖なるものの表象が社会統合の基盤であると述べました。ヨハン・ホイジンガや、その議論を批判的に継承したロジェ・カイヨワは、遊び概念の理念的検討を踏まえ、この聖俗二元論に「遊」を加えた三元論を提起します（Huizinga 1938＝1973；Caillois 1958＝1990）。井上俊『遊びの社会学』（井上 1977）や高橋勇悦・藤村正之編『青年文化の聖・俗・遊――生きられる意味空間の変容』（高橋・藤村編 1990）では、（当時の）青年文化の特徴をこの三元論から概括する試みがなされています。

4　本書について

「楽しみの技法」という視点

さて、ここまで読み進めてくれた読者の皆さんは、本書に収録された論考が、社会学を標榜しながらも、ここまで概観してきた趣味的活動に対する社会学的アプローチとは異なっていることに気づいたのではないでしょうか。

趣味的活動とみなされるような活動において、何がどのように行われているのか。そこではいかなる資源が用いられているのか。これらはどのようにして可能になっているのか。本書に収録された論考は、こうした観点のもと、趣味的活動の探求に取り組んだものです。考えてみれば、そもそも趣味的活動それ自体、人びとが他我の生活営為に対して理解可能なやり方でかかわりあいもつことで成立しているものです。ならば、趣味的活動を「通して」とか、その「本質性の理念的検討により」といった経路を歩むのとはまた別の本書のような方針――それ自体の理解可能性を個々の実践に即して明らかにすること――もまた、社会学の問いに対するひとつのありうるアプローチであると言えます[(1)]。

こうしたアプローチにおいては、趣味的活動の実践それ自体を可能にする論理や技法を、当の活動に参加している人びと自身が実際にやっていることに即して明らかにすること、これがひとつのありうるやり方になります。本書が「楽しみの技法」という書名なのは、この点を強調しているからなのです。エスノメソドロジーやメディア史研究の構えによって書かれた各論考は、以上の方針による趣味的活動の研究のひとつの実際的なあり方を示すものです[(2)]。本書がひとつのきっかけとなって、多様なフィールドでの趣味的活動の論理と技法の研究が積み重ねられていくようなことがあれば、編者としてこれほどうれしいことはありません。

実践の論理と技法のアーカイブスとしての社会学的記述

以上が本書の主たるねらいですが、実は、特定の時点・場所での趣味的活動の実践の論理と技法のアーカイブおよびそのやり方の提案という副次的なねらいもあります。

人間は記述する動物です。だから、私たちは本当にいろいろなことをさまざまなやり方で記述し、他者に示し、時に記録し、継承することができます。ところが、「何がどのように行われているのか。そこではいかなる資源が用いられているのか。これらはどのようにして可能になっているのか」……このような技法の詳細は、そうした記録の実践の網からしばしば抜け落ちてしまいます。

このことについては、こんな例を挙げるとわかりやすいかもしれません。90年代初頭より始まる携帯電話やスマートフォンの普及以前に、私たちはどのように他人と待ち合わせていたのか。待ち合わせに遅れてしまったときにどのように合流していたのか。こうしたことを詳細に覚えている人はどれほどいるでしょうか。物心ついたときから携帯電話やスマートフォンが当たり前に存在していた世代からすれば、もはやそんな状況は想像すらできないことでしょう。当時待ち合わせに使っていた道具（たとえば駅の伝言板や公衆電話、自宅の固定電話など）を残すことはできても、それを使って実際に何をどのようにやっていたのかは、それ自体実践とともに立ち現れてすぐさま消えゆくものですから、意識的になんらかの手段で記録に残そうとしなければ手元には残りません。

こうした実践の論理と技法は、当時を生きていた人びとのぼんやりとした記憶のなかに曖昧なかたちで残されることがほとんどで、時が経てば経つほど儚く失われてしまうものです。そもそも、そのとき当たり前にできていたことは、その当然性と状況の限定性・固有性ゆえに、わざわざ言語化して記録して残しておこうという動機が当事者には起きにくいものなのです。「あれはどうやっていたのだろう？」という疑問が価値をもつのは、それが失われてしまっているか、その解へのアクセスが限定的・断片的な状況においてでしょう。今まさにさまざまな人びとによってなされている趣味的活動の実践の論理と技法もまた、程度の差はあれ同じような性質をもったものだと言えます。

ところで、本書の完成間近というところで、新型コロナウイルス感染症の流行による緊急事態宣言の発令・解除を私たちは経験しました。この「おわりに」を書いている現在（2020年7月）も、このコロナ禍が収束したわけではなく、密閉・密集・密接をなるべく避けるかたちで私たちの生活や社会活動を再編せよという公式・非公式な要請が飛び交っている状況です。その渦中において、同一空間かつ対人を条件とするような趣味的活動の多くは制限される、個人で楽しむ趣味的活動の存在や工夫がクローズアップされる、社会的状況に適応したかたちで従来の趣味的活動が再編される……といった変化が生じています。

その変化は、日常生活の四方山話、テレビニュースのコメンテーターの説明、SNSの誰かの投稿……など、さまざま人・場所・メディアで、コロナ禍以前と以降との対照によりあふれんばかりに記述されています。それらを生活のなかで見聞きしていて思うのは、人びとがこれほどに趣味的活動の実践の論理と技法の来し方行く末について饒舌に語り、またその痕跡を各所に残してくれるのは、今がまさに非常時であり、変化を余儀なくされているからだろう、ということです。

「変化」や「問題化」を契機とした人びとによる趣味的活動の実践の論理と技法の言説は、人びとが社会を——ひいては社会における趣味的活動をどのように捉えていたのかを生々しく言語化したものです。一方で、「変化」や「問題化」を契機とした言説は、自身らの趣味的活動を記録する目的でなされるものではありません。「変わってしまったこと、変わってしまうこと」に対する慨嘆、非難、報告、提案等々の行為をするという目的のもとに産出されます。したがって、趣味的活動の実践の論理と技法は、これらの行為に関連することが言及されるなかで部分的に観察可能になっていると言えます。

そこで思うのは、こうした趣味的活動の実践の論理と技法についての人びとの言説の断片を集め、整理する仕事の重要性です。これは趣味的活動の歴史研究に期待されるものでしょう。もうひとつは、趣味的活動として理解すること――すなわち、趣味的活動の実践の論理と技法それ自体をトピックとし、人びとが実際にやっていることに即した記述により探求することの価値です。これはエスノメソドロジーに期待されるものでしょう。そしてどちらにおいても、非常時や世間において問題化されたときだけではなく、特定の時期・場所・状況にあった人びとにとっての「ふつう」に平時より向かい合い、その論理と技法を分析的に記録することを常日頃から重要なものとして考えていかねばならないとも思いました。なぜなら、論理や技法は状況的・歴史的に不変ではなく可変であるからです。非常時や問題化されたときは、すでにそれまでの「ふつう」が何らかの理由によってかたちを変えてしまったあとかその過程にあり、それ以前の具現化された様相の把握は、時が経てば経つほど難しくなります。趣味的活動において、何がどのように行われているのか。そこではいかなる資源が用いられているのか。これらはどのようにして可能になっているのか。コロナ禍の経験を通して、これらを探求し、分析し、記録に残すことが後世の人びとにとって非常に重要な営みであることを、個人的には強く再認識しました。

期せずして本書は、コロナ禍以前の趣味的実践の論理と技法の極めて詳細なアーカイブとして「も」読める仕立てになりました。私たちの社会が従前に戻り、「コロナ禍以前／以降」という区分があったことが忘れられる未来が待っているかもしれませんし、そうでないかもしれません。いずれにせよ、本書に収録された個々の論考が、結果として後世の人びとにとって、本書を手に取った時点から、本書製作当時の「実践が組織された状況・環境」「そこに参与していた人びとの具体的な手つき」「経験を可能にする論理」といったもののありようを伝えるものとしても読まれるようなことがあれば、大変ありがたいと思います。

さいごに

ほぼ若手だけで構成されている本書は、企画発足より約２年半ものあいだ、研究会で企画案や各論考の検討を繰り返して制作されました。出版不況が続くなか、このようなチャレンジングで贅沢な本づくりを許容してくださったナカニシヤ出版の酒井敏行さんに、心より御礼申し上げます。

注

（1） こうした方針のもとでの趣味的活動を対象とした社会学的研究の重要性の認識は近年高まりつつあります。たとえば岡澤康浩は、テイストの社会学を提起するなかで、次のように述べています。「〔……〕テイストのよしあしを気にしたり、気にしなかったりする私たちの論理を解明することがテイスト研究の目指すべき目標となるだろう。もし社会学の目標に私たちの生活と経験を可能にする論理の解明が含まれるならば、ここで述べたようなテイスト研究とはまさにそういったことを目指しており、その意味でテイストは社会学の重要な対象と言えるのだ」（岡澤 2017：43）。

（2） 実際のところ、こうした方針のもとでの趣味的活動の研究は、社会学外でも近年積極的に展開しています。たとえば、国内でいえば、文化心理学領域における有元・岡部（2013）などが挙げられます。本書では社会学に焦点化して趣味的活動についての研究のレビューを行いましたが、本書の掲げた方針自体は、社会学を超えて、その隣接領域においても共有可能なものであることは、ここで補足しておきます。

参考文献

浅野智彦 2011『趣味縁からはじまる社会参加（若者の気分）』岩波書店。

有元典文・岡部大介 2013『デザインド・リアリティ［増補版］――集合的達成の心理学』北樹出版。

井上俊 1977『遊びの社会学』世界思想社。

岡澤康浩 2017「テイストはなぜ社会学の問題になるのか――ポピュラーカルチャー研究におけるテイスト概念についてのエッセイ」北田暁大・解体研編『社会にとって趣味とは何か――文化社会学の方法的基準』河出書房新社、21–43。

片岡栄美 2019『趣味の社会学――文化・階層・ジェンダー』青弓社。

佐藤勉 1988「社会の基礎理論」本間康平・田野崎昭夫・光吉利之・塩原勉編『社会学概論――社会・文化・人間の総合理論』有斐閣、39–60。

田野崎昭夫 1988「現代社会学の領域と方法」本間康平・田野崎昭夫・光吉利之・塩原勉編『社会学概論――社会・文化・人間の総合理論』有斐閣、21–38。

神野由紀・辻泉・飯田豊編 2019『趣味とジェンダー――〈手づくり〉と〈自作〉の近代』青弓社。

瀬沼克彰 2004「なぜ「余暇学」か」瀬沼克彰・薗田碩哉編『余暇学を学ぶ人のために』世界思想社、1–17。

薗田碩哉 2015「余暇」渡辺潤編『レジャー・スタディーズ』世界思想社、12–26。

高橋勇悦・藤村正之編 1990『青年文化の聖・俗・遊――生きられる意味空間の変容』恒星社厚生閣。

藤村正之 1995「仕事と遊びの社会学」井上俊・上野千鶴子・大澤真幸・見田宗介・吉見俊哉編『仕事と遊びの社会学』岩波書店、179–202。

Caillois, Roger 1967［1958］*Les Jeux et les Hommes*（*Le masque et le vertige*）, Gallimard.（多田道太郎・塚崎幹夫訳『遊びと人間』講談社、1990 年）

Huizinga, Johan 1958［1938］*Homo Ludens, proeve eener bapaling van het spel-element der cultuur*, Tjeenk Willink.（高橋英夫訳『ホモ・ルーデンス』中公文庫、1973 年）

人名索引

事項索引

あ　行

か　行

さ　行

た　行

▩執筆者紹介（執筆順，＊印は編者）

＊**團　康晃**（だん　やすあき）　はじめに、第Ⅰ部解説、第2章
1985年生まれ。東京大学大学院学際情報学府博士課程修了、博士（社会情報学）。大阪経済大学人間科学部講師。文化社会学、メディア論、エスノメソドロジー。『社会にとって趣味とは何か』（分担執筆、河出書房新社、2017年）、『最強の社会調査入門』（分担執筆、ナカニシヤ出版、2016年）、『メディア社会論』（分担執筆、有斐閣、2018年）、ほか。

大西未希（おおにし　みき）　第1章
東京大学大学院学際情報学府博士課程単位取得退学。法政大学キャリアデザイン学部兼任講師。文化社会学。「小規模アートプロジェクトにおける持続性とコミュニケーション構造の関係――個別役割型から自発共有型へのコミュニケーション構造の変遷」（分担執筆、『情報文化学会誌』20巻2号、2013年）ほか。

松永伸太朗（まつなが　しんたろう）　第3章
1990年生まれ。一橋大学大学院社会学研究科博士後期課程修了、博士（社会学）。長野大学企業情報学部准教授。労働社会学・ワークプレイス研究。『アニメーターの社会学――職業規範と労働問題』（三重大学出版会、2017年）、『アニメーターはどう働いているのか――集まって働くフリーランサーたちの労働社会学』（ナカニシヤ出版、2020年）、ほか。

＊**秋谷直矩**（あきや　なおのり）　第Ⅱ部解説、第6章、おわりに
1982年生まれ。埼玉大学大学院理工学研究科博士後期課程修了、博士（学術）。山口大学国際総合科学部准教授。エスノメソドロジー。『ワークプレイス・スタディーズ――はたらくことのエスノメソドロジー』（共編著、ハーベスト社、2017年）、「エスノメソドロジーにおける信頼概念」（小山虎編『信頼を考える――リヴァイアサンから人工知能へ』（勁草書房、2018年）、ほか。

岡沢　亮（おかざわ　りょう）　第4章
1991年生まれ。東京大学大学院学際情報学府博士課程修了、博士（社会情報学）。明治学院大学ほか非常勤講師。法社会学、メディア論、エスノメソドロジー。「法廷の相互行為における素人の対抗――ある映画製作者の応答技法について」（『法社会学』84号、2018年）、「法専門家と芸術専門家の対立――テクスチュアル・トラベルと専門的知識」（『年報社会学論集』31号、2018年）、ほか。

吉川侑輝（よしかわ　ゆうき）　第5章
1989年生まれ。慶應義塾大学大学院社会学研究科博士課程修了、博士（社会学）。立教大学社会学部現代文化学科助教。エスノメソドロジー。「音楽活動のなかのマルチモダリティ――演奏をつうじたアカウンタビリティの編成」（『質的心理学フォーラム』12号、2020年）、「音楽活動のエスノメソドロジー研究――その動向、特徴、そして貢献可能性」（『社会人類学年報』46号、2020年）、ほか。

＊**松井広志**（まつい　ひろし）　第Ⅲ部解説、第8章
1983年生まれ。大阪市立大大学院文学研究科博士課程単位取得退学、博士（文学）。愛

知淑徳大学創造表現学部准教授。メディア論、文化社会学。『模型のメディア論』（青弓社、2017年）、『多元化するゲーム文化と社会』（共編著、ニューゲームズオーダー、2019年）、『ソーシャルメディア・スタディーズ』（共編著、北樹出版、2021年近刊）、ほか。

佐藤彰宣（さとう　あきのぶ）　第8章
1989年生まれ。立命館大学大学院社会学研究科博士課程修了、博士（社会学）。流通科学大学人間社会学部講師。文化社会学、メディア史。『スポーツ雑誌のメディア史』（勉誠出版、2018年）、『近頃なぜか岡本喜八』（分担執筆、みずき書林、2020年）、『趣味とジェンダー』（分担執筆、青弓社、2019年）、ほか。

楽しみの技法
趣味実践の社会学

2021年6月30日　初版第1刷発行　（定価はカヴァーに表示してあります）

編　者　秋谷直矩
　　　　團　康晃
　　　　松井広志

発行者　中西　良

発行所　株式会社ナカニシヤ出版
〒606-8161　京都市左京区一乗寺木ノ本町15番地
TEL 075-723-0111　FAX 075-723-0095
http://www.nakanishiya.co.jp/

装幀＝宗利淳一デザイン
印刷・製本＝亜細亜印刷

＊落丁・乱丁本はお取り替え致します。
ISBN 978-4-7795-1582-8　C1036

最強の社会調査入門
これから質的調査をはじめる人のために

前田拓也・秋谷直矩・朴沙羅・木下衆 編

社会調査は面白い！「聞いてみる」「やってみる」「行ってみる」「読んでみる」ことから始まる社会調査の極意を、失敗体験も含めて、一六人の社会学者がお教えします。面白くてマネしたくなる最強の社会調査入門！　二三〇〇円＋税

アニメーターはどう働いているのか
集まって働くフリーランサーたちの労働社会学

松永伸太朗

フリーランサーのアニメーターたちは、なぜ集まって働いているのか。アニメ制作の現場はどのように維持されているのか。あるアニメ制作スタジオでの綿密な参与観察を通して、労働の実態と「当事者の論理」に迫る。二八〇〇円＋税

地元を生きる
沖縄的共同性の社会学

岸政彦・打越正行・上原健太郎・上間陽子

階層格差という現実のなかで生きられる沖縄的共同性——。膨大なフィールドワークから浮かび上がる、教員、公務員、飲食業、建築労働者、風俗嬢……、さまざまな人びとの「沖縄の人生」。　三二〇〇円＋税

災禍をめぐる「記憶」と「語り」

標葉隆馬 編

大災害や大事故について「語る」とはどのようなことだろうか。公的な記録からこぼれ落ちていく、災禍をめぐる経験や感情、思考。それらを社会にとどめ、記憶を継承していくにはどうすればいいのか。　三六〇〇円＋税